« RÉPONSES »

Collection créée par Joëlle de Gravelaine

DU MÊME AUTEUR

COMPRENDRE ET SOIGNER SON ENFANT
nouvelle édition
entièrement remise à jour
(Robert Laffont)

MA GROSSESSE, MON ENFANT
en collaboration avec le Pr René Frydman
(O. Jacob, 1990)

Dr JULIEN COHEN-SOLAL

LES DEUX PREMIÈRES ANNÉES DE LA VIE

Nouvelle édition
augmentée d'une postface

ROBERT LAFFONT

ISBN 2-221-00942-8

SOMMAIRE

PRÉFACE

Le besoin d'écrire ce livre est né de ma pratique. J'ai cru remarquer, depuis de nombreuses années, à quel point le développement du petit enfant était beaucoup plus précoce qu'on ne le croyait communément, et combien ses relations immédiates avec son environnement, sa mère en particulier, jouaient un rôle considérable dans la structuration de son intelligence et de son affectivité. Ce n'était pas du tout des vues théoriques, tirées de lectures, mais le fruit d'une expérience et d'une observation. Ayant décidé de réaliser ce travail, il y a un peu plus de cinq années, j'ai alors observé avec plus d'attention qu'auparavant les nouveau-nés que j'avais en charge.

Durant cette période, j'ai personnellement suivi plus de cinq cents nouveau-nés que j'ai vus évoluer et grandir dans leur environnement naturel et familial. J'ai dépouillé ces cinq cents dossiers. Il ne s'agit pas d'une étude scientifique au sens strict. J'avais pensé remettre aux parents de chacun de ces enfants un important questionnaire qui leur aurait permis de répondre aux centaines de questions que je me posais à propos du développement et des relations entre le bébé et son entourage.

J'ai reculé à la fois devant l'ampleur de cette tâche et surtout devant l'idée de transformer mère et père en observateurs plus ou moins objectifs de leur propre enfant. J'ai préféré utiliser des renseignements, beaucoup moins complets mais plus spontanés, résultant de nos entretiens.

Tout en me faisant ainsi, par mes observations, une opinion sur l'importance de ce premier développement, j'ai pris connaissance, très incomplètement, des importants et nombreux travaux, surtout anglo-saxons, fruits du travail de plusieurs écoles prestigieuses et de plusieurs groupes bien équipés qui maintenant étudient, de façon objective, le nourrisson et ses aptitudes. J'ai retrouvé, exprimé différemment ou de la même manière, prouvé par des études scientifiques, ce que je pensais moi-même à partir de mes propres observations. Le moment était peut-être venu de tenter une approche explicative de ces observations à la lumière de données classiques ou modernes de la psychologie, de la psychanalyse et de sciences en plein développement, neurophysiologie, neurobiologie, génétique, éthologie.

J'ai conscience qu'il s'agit d'un projet trop ambitieux. Il eût fallu, pour écrire un tel livre, être en même temps un spécialiste de toutes ces disciplines, et je ne suis que pédiatre. J'ai conscience du caractère schématique d'un tel essai.

Mais ce livre s'adresse à des parents, même s'il comporte une tentative d'approfondir quelques vues théoriques, telles les notions de concordance, de dépendance affective ou de la qualité de l'objet d'attachement. Le rôle du pédiatre est actuellement de connaître aussi bien les problèmes de la santé physique que de la santé mentale de l'enfant tout au long de sa croissance et de son développe-

ment. Alors que tant de problèmes dramatiques de vie et de mort persistent dans les pays en voie de développement, la pédiatrie change en partie d'objet d'étude dans nos pays avancés en prenant en charge tous les aspects de la prévention, y compris de la maladie mentale. Il est impératif que le pédiatre connaisse bien le développement de l'enfant normal car c'est lui qui le voit et le suit régulièrement dans ses milieux habituels.

Ce livre est la contribution à cette connaissance d'un médecin qui, depuis près de trente ans, s'occupe seulement d'enfants et de leurs parents.

J'avais projeté de mettre en exergue la phrase suivante : « Ce qu'il y a de meilleur en l'homme, c'est l'animal », soulignant ainsi la primauté d'un certain nombre d' « instincts » de base. Mais ce terme n'a plus guère de signification, je m'en explique dans cet ouvrage, car même pour l'animal, et a fortiori *pour l'homme, bon nombre de comportements fondamentaux (en dehors des grands besoins tels que recherche de nourriture, d'abri, de sommeil) sont d'ordre culturel.*

Je suis tout à fait persuadé que ces deux premières années de la vie au cours desquelles se poursuit, pour l'essentiel, la maturation du système nerveux central jouent un rôle majeur dans l'édification de la personnalité future. Non que tout soit achevé à deux ans, mais il apparaît bien probable que s'installent durant cette période quelques données de base qui vont commander beaucoup de comportements ultérieurs.

Quand des mères demandent : « Mon bébé de trois mois pleure, faut-il le prendre ? », quand un système éducatif est fondé sur l'idée que l'on peut « dresser » un nourrisson de quelques mois, je crois utile de mettre l'accent sur la perte, par « l'homme moderne », de quelques connaissances fondamentales qui font cruellement défaut à de jeunes couples affectivement isolés.

Les idées couramment admises sur la structuration des rapports du petit enfant avec l'adulte me paraissent être, à l'heure actuelle, contraires à la réalité. Par exemple, ce n'est pas à huit, dix ou douze mois que l'on apprend à un enfant à être indépendant. C'est le bébé le plus « collé » à sa mère à douze mois qui sera le plus indépendant à douze ans, étant entendu qu'il s'agit de relations normales, non pathologiques.

Tout se passe comme si le bébé avait besoin, jusqu'à deux ou trois ans, d'une certaine quantité d'affection. S'il ne l'a pas reçue, il sera, toute sa vie, revendiquant à cet égard, consciemment ou inconsciemment. Il est extrêmement important d'écouter les mères et un de nos défauts courants, en tant qu'observateurs, est bien souvent de ne savoir ni écouter ni regarder. Les mères donnent de précieux renseignements qu'on néglige parce que « ce n'est pas de la science ». Mais, dans les domaines abordés ici, il reste trop à faire pour ne pas tenir compte de l'observation pure et simple.

I

LE DÉVELOPPEMENT DU PETIT ENFANT

*J'ai divisé ce développement des deux premières années en cinq phases qui me paraissent correspondre aux réalités les plus importantes. La limite chronologique donnée à chacune n'est qu'*une moyenne *et par exemple l'acquisition de la marche est aussi banale à 15 mois qu'à 12 mois, et celle de la propreté obtenue aussi souvent à 28 mois qu'à 22 ou 23 mois. Mais cette* datation *est indispensable à l'exposé du développement.*

Les cinq phases sont :

— *le stade sensori-moteur (terminologie empruntée à Piaget) :* 0 — 4 mois et demi ;
— *la manipulation et le stade oral actif (terminologie empruntée à la psychanalyse) :* 4 mois et demi — 10 mois et demi ;
— *l'acquisition de l'indépendance motrice :* 10 mois et demi — 16 mois ;
— *l'acquisition de la propreté et le début de la maîtrise du langage :* 16 — 22 mois ;
— *la fin de l'angoisse primaire :* 22 — 24 mois.

Ces cinq stades correspondent aux acquisitions tout à fait fondamentales du comportement humain que sont la préhension, la station debout et le langage. Le terme même de stade est critiquable, le terme de période est préférable, dans la mesure où rien ne peut être fixé de façon très précise et où se font une quantité d'acquisitions interdépendantes, la progression dans chaque domaine dépendant des progrès déjà effectués dans les domaines directement en cause et proches.

Mais il faut bien adopter une terminologie pour définir certains concepts.

A/ LE STADE SENSORI-MOTEUR
(jusqu'à l'âge de 4 mois et demi)

Jusqu'à deux mois, le bébé est appelé nouveau-né. Il est ensuite, jusqu'à deux ans environ, un nourrisson. Jusqu'à 5 à 6 mois, il acquiert, progressivement, la maturité des grandes fonctions biologiques, qui travaillent auparavant d'une manière particulière. Foie, intestins, reins ont des caractéristiques différentes de celles de l'adulte, et les systèmes enzymatiques nécessaires à un fonctionnement normal se mettent en place progressivement. *La biologie du développement humain* est désormais une science qui occupe généticiens, accoucheurs, néo-natologistes, pédiatres, et c'est sur la base de connaissances récemment acquises, par exemple, que pédiatres et nutritionnistes insistent tant sur la valeur irremplaçable du lait maternel, que sont mis au point les laits dits maternisés.

Piaget appelle période sensori-motrice celle qui s'étend jusqu'à 2 ans environ, début de l'acquisition du langage. Mais à partir de 4 mois/4 mois et demi, date du début de la préhension, apparaît nettement une activité intentionnelle et cette dénomination de stade sensori-moteur m'a paru la meilleure pour désigner les quatre premiers mois de la vie. Dans l'esprit de Piaget, elle correspond à une intelligence essentiellement pratique, au cours de laquelle « l'enfant sent et appréhende le monde au moyen de sa propre activité motrice » (Cobliner). Mais il me semble qu'à partir du moment où est apparue la connaissance de l'autre et où l'on observe, par exemple — à 8 mois habituellement —, le nourrisson prendre l'objet si sa mère le lui tend et le refuser si c'est un étranger, se sont installées des différences dans les relations, évidentes à travers la préhension. Il ne s'agit plus de la même réaction immédiate à la stimulation extérieure constatée *durant les premiers mois, qui correspondent donc bien à la dénomination de stade sensori-moteur.*

Il y a encore une vingtaine d'années, les pédiatres pensaient que le nouveau-né menait une vie exclusivement végétative. Rien n'est plus faux, et le nouveau-né est *une véritable éponge sensitive et sensorielle.* Je vais essayer de le démontrer.

1/ La crise de la naissance

La naissance est une crise. Le bébé qui baignait, à l'intérieur de l'utérus, dans le liquide amniotique, nourri à partir du placenta, va être plus ou moins brutalement expulsé, et la crise se situe essentiellement à partir du moment où son oxygénation va lui venir de ses propres poumons rendus fonctionnels à partir du premier cri et de la première respiration aérienne. C'est plutôt un petit sanglot que le bébé pousse, encore encombré de liquide amniotique, indiquant que la respiration s'établit. Dès que l'on a désencombré et dégagé les voies respiratoires, un deuxième cri, plus vigoureux, indique que le bébé est là, bien présent, tout prêt à vivre.

Beaucoup de problèmes sont posés actuellement sur ce que perçoit le fœtus dans l'utérus maternel, sur la manière dont peuvent retentir l'état physique et psychologique de la mère sur son développement, sur les conditions mêmes de l'accouchement et leur rôle dans le devenir de l'enfant.

A partir de 3 mois/3 mois et demi de grossesse, l'embryon, qui est complètement formé mais encore très petit, va devenir fœtus et connaître une phase de croissance importante. Le placenta est devenu mature, très fonctionnel, et souvent, à partir de cette phase, la mère commence à sentir bouger son enfant.

Le fœtus est très réactif et d'autant plus qu'il va vieillir. Chaque mère sait qu'à 7 mois/7 mois et demi de grossesse, si elle pose sur son ventre un livre un peu lourd, par exemple, son enfant bouge, donne des coups pour chasser cet importun. Dans l'utérus, les bébés sucent leur pouce. Ils entendent sans doute mais assez mal, et des bruits confus, car leur oreille moyenne est remplie de liquide amniotique. Il faudra que celui-ci soit chassé au moment de la naissance pour que la perception auditive devienne très fine. Il est probable qu'ils entendent de nombreux bruits provenant de la digestion, de la circulation de la mère, et, sans aucun doute, les battements cardiaques.

Des expériences récentes ont montré que les nouveau-nés sont calmés si la mère les prend contre le côté gauche de la poitrine et par les bruits rythmés reproduisant les battements cardiaques auxquels ils ont été habitués au cours de leur vie intra-utérine. Le fœtus est donc très réactif, mais le monde dans lequel il vit ne peut être comparé, sur le plan du nombre des stimulations, avec celui qui sera le sien à partir de la naissance. Les Tziganes affirment que, pour qu'un enfant soit plus tard un bon musicien, il faut commencer à lui faire entendre du violon dans l'utérus maternel. Après la naissance, il serait trop tard pour qu'il acquière une bonne connaissance de la musique ! Notion discutable à la lumière de ce que l'on pense actuellement à propos de l'audition des bruits extérieurs par le fœtus. Mais plusieurs mères mélomanes m'ont certifié que, vers la fin de la grossesse, le bébé ne réagissait pas du tout de la même manière, par ses mouvements, selon la musique qu'elles écoutaient.

Toute mère doit savoir également que le bon fonctionnement du placenta conditionne le bon développement du bébé, et l'on a bien prouvé que l'alcool, le tabac, consommés de façon exagérée pendant la grossesse, ont des effets néfastes sur le développement fœtal, entraînant prématurité et dysmaturité. De même, la fatigue, l'absence de bonne surveillance de la grossesse, une activité exagérée sont des facteurs indiscutables de prématurité.

Si le retentissement des conditions physiques sur le développement du bébé est assez clair, beaucoup de questions sont posées sur les conséquences éventuelles de tel ou tel état psychologique. Sans aucun doute l'essentiel tient à la manière dont mère et père perçoivent et acceptent ce bébé qui grandit, se développe, et comment ils le recevront à la naissance.

Avoir un enfant sera de moins en moins accidentel avec les progrès de la contraception. Cela constitue une révolution extraordinaire : c'est vraiment la première fois, dans l'histoire du monde, qu'une espèce peut programmer sa reproduction, et nous n'avons sans doute pas fini d'en mesurer les conséquences.

Il est dans le Zohar, vieux texte hébraïque, deux phrases que je trouve superbes :

« *La femme devient enceinte de l'homme par le désir réciproque. Lorsque le désir de l'homme provoque également le désir de l'âme mâle pour l'âme femelle, l'enfant qui naît de cette union aura une âme supérieure à celle des autres hommes, car sa naissance a été provoquée par le désir de l'arbre de vie.*

On ne saurait mieux exprimer combien l'amour des parents entre eux, l'équilibre de leur couple conditionnent le bon développement de l'enfant. L'entente du couple importe autant que l'amour maternel lui-même et le rôle des conditions psychologiques d'ensemble. Nous reviendrons sans cesse sur ces notions.

Mais la science moderne apporte d'autres données. On sait, par exemple, à l'heure actuelle, opérer sur les fœtus d'importantes malformations détectées dans l'utérus. Cette technique extraordinaire, rendue possible par les progrès de la microchirurgie, ouvre des perspectives considérables car le fœtus, pendant ce temps, se trouve en état de circulation et de réanimation parfaites.

On peut, de la même manière, expérimenter sur le fœtus animal, enregistrer son électrocardiogramme, son électro-encéphalogramme en soumettant la mère à un certain nombre de stimulations. Sur la brebis, par exemple, la peur de la mère entraîne des modifications de l'électrocardiogramme et de l'électro-encéphalogramme fœtaux, par intermédiaires chimiques interposés bien évidemment. Lorsqu'on enregistre l'électro-encéphalogramme du fœtus mouton, dans l'utérus de sa mère, on observe d'importantes modifications réactionnelles à l'entrée d'un chien dans la bergerie, par exemple.

L'état psychologique de la mère peut donc retentir directement sur le fœtus, mais ces faits paraissent bien peu importants au regard de la relation qui va s'établir dès le moment de la naissance par le contact physique, la parole, le regard, l'allaitement et de *tous les liens psychologiques qui vont continuer à se tisser.* C'est peut-être pourquoi on a vu fleurir récemment toute une série de thèses sur les conditions mêmes de l'accouchement dont la plus connue est l'accouchement sans violence.

Mais la naissance elle-même est une crise pour le nouveau-né et les immenses progrès faits dans la surveillance des contractions maternelles, de l'état cardiaque et biologique fœtal, dans le déroulement même de l'accouchement, représentent, eux, un acquis considérable devant conditionner l'accouchement lui-même.

Et pendant l'expulsion, que fait le bébé ? Les enregistrements électro-encéphalographiques l'ont bien montré : il dort !

Cela dit, il est sans doute très important que le père puisse assister à l'accouchement si les conditions le permettent et, surtout, *que le nouveau-né soit rapidement en contact avec sa mère et que celle-ci n'ait pas d'inquiétude quant au bon état de santé de son enfant, qu'elle le voie et le tienne rapidement dans ses bras.*

Les médecins n'ont pas souvent conscience de l'importance d'une parole prononcée dans ces moments-là. J'ai suivi un jeune garçon en parfaite santé pour lequel le médecin qui a fait l'examen des premières heures avait dit à la mère : « Il semble avoir une petite tête. » Il a fallu plus d'une année pour que la mère soit convaincue que son enfant était normal.

2/ Les premiers jours

Bien que le bébé vienne au monde avec un système nerveux très immature, il est cependant *déjà très attentif* et pourvu d'une série de réflexes primaires qui lui permettent de survivre et dont le bon état témoigne de son bon fonctionnement général.

Chacun connaît les études filmées aux Etats-Unis de nouveau-nés de quelques instants qui, placés sur le ventre de leur mère, ébauchent un mouvement de reptation vers son visage et son sein comme pour s'alimenter spontanément. Le bébé possède, à la naissance, un réflexe de succion et de déglutition qui lui permet de s'alimenter très vite. Il faut d'ailleurs lui donner à boire dès qu'il a quelques heures, dès qu'il est moins encombré de liquide amniotique, et ne pas attendre 24 heures pour le mettre au sein si la mère doit l'allaiter. Il y a encore trop de maternités qui attendent excessivement pour donner du lait aux nouveau-nés.

Les premiers jours sont parfois déroutants, surtout lors de la première naissance, car il s'agit vraiment d'une adaptation à une nouvelle vie. Il y a d'abord, à la suite de l'accouchement, pendant 24 ou 48 heures, une sorte de sidération durant laquelle le bébé dort presque tout le temps. Elle est accentuée s'il y a eu anesthésie générale, que le bébé a subie aussi ; elle est probablement plus marquée si l'accouchement a été long, difficile, un peu traumatisant. Il n'y a pas beaucoup de travaux effectués pour établir une relation entre la qualité de l'accouchement et l'état du bébé durant les premiers jours, en dehors des cas pathologiques. Il a beaucoup de troubles vasomoteurs, les mains, les pieds sont bleus, peuvent le rester plusieurs jours. Il se refroidit facilement ; toutes les grandes fonctions mettent quelques jours à bien s'établir en même temps que prennent, peu à peu, un fonctionnement normal tous les systèmes enzymatiques qui caractérisent l'organisme mature. C'est une des raisons, par exemple, de la fréquence de la jaunisse « physiologique » du nouveau-né.

Ses mouvements sont parfois brutaux : un bruit, une excitation le tirent de son état de sommeil et il bouge globalement, avec ce qu'on appelle *une mobilité de masse,* par membres entiers.

Ses réveils sont rythmés par la faim. Dans toutes les maternités où les bébés sont séparés de leur mère pour la nuit, on vous dira qu'ils dorment parfaitement bien entre la dernière tétée ou le dernier biberon et le réveil du matin. Mais les bébés pleurent et on les laisse pleurer. Dès le retour à la maison, vous verrez bien qu'il faut lui donner à boire la nuit. Les uns vont d'emblée pleurer régulièrement toutes les trois heures environ, d'autres auront de longues périodes de sommeil, quatre, cinq heures, et ensuite, pour une partie de la journée, des réveils plus rapprochés.

Cette période d'adaptation dure, selon les bébés, de 10 à 15 jours. Il y a là, manifestement, une première étape particulière dans la phase du développement, appelée phase du nouveau-né, qui dure jusqu'à 2 mois.

Soit dès les premières heures, soit après les quelques heures de sidération qui suivent l'accouchement, outre la capacité à téter et à déglutir, le bébé possède d'autres réflexes primaires.

La marche automatique est une ébauche de marche que l'on fait pratiquer en tenant le bébé debout, le corps un peu incliné vers l'avant, les pieds bien à plat. Il ébauche alors quelques pas qui le font avancer.

Mis sur le ventre, un nouveau-né soulève la tête par un *réflexe de redressement de la nuque.*

Dès le deuxième ou troisième jour, le bébé se présente en permanence les poings fermés. Si on glisse l'index entre ses doigts, il le serre très fort, et on peut le soulever complètement par les deux index glissés dans ses poings serrés. *C'est le « grasping » des mains,* l'équivalent de l'agrippement qui permet au singe de se balancer longtemps, suspendu à une branche par un seul membre, sans faire de gros efforts.

Si, le nouveau-né étant posé bien à plat sur le dos, on le soulève un peu brutalement par les pieds, ou bien, soulevant un peu sa tête, on la laisse tomber un peu vivement, il écarte violemment les bras puis les ramène devant lui, en pleurant souvent comme si la recherche de ce réflexe était désagréable pour lui. *C'est le réflexe de Moro.*

Tous ces réflexes témoignent du bon état neurologique de l'enfant et disparaissent normalement en quelques semaines, excepté celui de succion, bien sûr.

Certains bébés ont du mal à téter les premiers jours et il faut leur apprendre à bien placer le mamelon ou la tétine sur la langue. Mais ils apprennent très vite et vous remarquerez que le chatouillement du pourtour des lèvres dessus, dessous ou par côté entraîne une déviation de la bouche et un mouvement de la tête à la recherche de la nourriture.

A la naissance, ce bébé est une chose à la fois très fragile et très solide. Il y a en lui un élan vital qui le pousse à grandir. Les enfants sont comme les arbres : avec la terre, l'eau et le soleil, ils poussent de leur propre élan. *Le tuteur ne les fait pas grandir, mais les aide à pousser droit.*

Le rôle majeur des parents est là. Abandonnez l'idée que vous pouvez façonner votre enfant. Il fera peut-être le contraire de ce que vous désirez, mais sachez être heureux de le regarder pousser tout en sachant que c'est dans ses relations profondes avec vous qu'il puise les raisons de ses comportements. On peut dire qu'un nouveau-né existe et n'existe pas. Il existe en tant qu'individualité indépendante, absolument unique (sauf s'il a un vrai jumeau). Mais s'il était isolé, il ne pourrait survivre et mourrait aussitôt.

C'est pourquoi le bébé est inconcevable en dehors de la mère qui le nourrit et qui va être, pour lui, le premier et le plus important objet d'attachement. Nous reviendrons sur cette notion fondamentale.

3/ La précocité de l'éveil

Le public et les médecins aussi, il faut bien le dire, vivent encore sur l'idée que le nouveau-né est une sorte de petite larve, qui ne voit pas, entend à peine, ne comprend rien, perçoit peu de chose et a seulement besoin de nourriture, de soins physiques et qu'on le laisse dormir.

Un traité de pédiatrie célèbre écrivait dans un article daté de 1967 : « Pendant les premières semaines, le bébé va mener une vie purement végétative. »

Or, rien n'est plus faux. Certes, comme nous l'avons vu, il dort beaucoup pendant les premiers jours après cette sorte de phase de sidération qui suit immédiatement l'accouchement, mais, lorsqu'il est réveillé, tous ses sens sont en alerte et il perçoit tout.

Le nouveau-né est une éponge sensorielle, et je me demande si, pour les capacités d'enregistrement de la mémoire, de tous les jours de la vie le plus important n'est pas le premier, puis le deuxième, le troisième et ainsi de suite. Cela est compréhensible sur le plan de la neurophysiologie, car il est bien probable que c'est le premier jour que se formeront le maximum de connexions nerveuses. Mais cela doit être tempéré par la notion de phases sensibles et surtout par la faible quantité de temps d'attention dont le bébé est capable durant les premiers jours.

Il reste que l'éveil du nouveau-né est extraordinaire ; c'est évident pour un observateur un peu attentif ; mais ce que nous croyons savoir nous masque souvent la réalité.

Heureusement, depuis quelques années, à travers de très nombreux travaux anglo-saxons surtout, on a étudié le nouveau-né avec davantage de précision.

Personnellement, j'ai eu pour la première fois la perception de cet éveil précoce lors de la naissance de ma fille, il y a dix-neuf ans. L'accouchement avait été très facile et il n'y a pas de doute qu'un bébé né facilement par un accouchement court, sans traumatisme et se présentant lisse, frais, sans bosse sérosanguine, aura tendance à être plus présent. Ceux dont l'accouchement aura été un peu difficile sont plus excitables ou plus endormis. Je suis arrivé à la maternité alors que l'accouchement avait déjà eu lieu ; ma fille avait deux heures. Tout était tranquille et lorsque je me suis approché de son berceau, en parlant, *elle a ouvert les yeux et m'a regardé,* longuement, fixement et en suivant un peu mes mouvements. Il était évident qu'elle me voyait et me regardait.

L'observation simple montre facilement les faits suivants...

Les bébés voient, c'est évident. Certes, ils n'ont de vision aussi précise que celle de l'adulte qu'à partir du troisième ou quatrième mois, temps nécessaire pour que la rétine ait terminé son évolution et soit parfaitement mature. *Un bébé de 3 ou 4 heures est capable de suivre des yeux, dans un champ limité ;* son regard n'accompagne pas un objet s'éloignant trop vers l'extérieur ou l'intérieur, mais il suit des yeux et son visage tourne un peu en même temps que ses yeux.

Il est beaucoup plus attiré par les visages que par de simples objets, et lorsqu'un bébé de quelques jours vous fixe, vous pouvez avoir l'impression qu'il regarde au-dessus de vos yeux.

Toutes les mères savent que lors de la tétée ou du biberon, leur bébé les regarde, attentivement, fixement, scrute presque leur visage. Et il est même capable d'abandonner la tétée si quelque chose de captivant attire son regard. Evidemment, il n'a cette capacité d'attention que quelques instants chaque jour, lorsqu'il est calme, sans faim, sans colique, éveillé.

C'est d'abord une période de quelques minutes qui va augmenter un peu chaque jour et cela a pu désorienter les chercheurs.

On a toujours su que le bébé entendait dès la naissance et, actuellement, on détecte la surdité dès l'examen des premiers jours. Le nouveau-né est même extrêmement sensible aux bruits, sensibilité qui semble s'accroître durant les premières semaines. Très rapidement, il sursaute facilement au moindre bruit, supporte mal les bruits violents qui déclenchent une réaction motrice de type réflexe de Moro, et parfois des pleurs. Par contre, il est attentif à la parole douce, et manifestement cherche la source de cette parole.

Déjà en 1961, un chercheur, M. Wertheimer, démontra qu'un bébé, *âgé de quelques secondes,* était capable de tourner les yeux à droite ou à gauche selon qu'il lui faisait entendre un « clic » d'un côté ou de l'autre. Cela indique non seulement que le bébé localise la source de l'émission sonore, mais cherche aussi *du regard* du côté du bruit. Dire qu'*il s'attend* à voir quelque chose (Bower) est peut-être excessif, mais il dispose déjà de corrélations intersensorielles.

Sensible et attentif aux sons, le bébé va être calmé par la voix de sa mère. Je suis persuadé, par la simple observation, qu'il la reconnaît par la voix dès l'âge de cinq à six semaines ; les recherches prouvent que cela survient encore plus tôt ; je vais y revenir. Mais surtout, il faut souligner combien de douceur est nécessaire dans l'approche du petit bébé, dans la voix, l'éclairage, la manipulation. Compte tenu de l'importance de ses perceptions auditives, je suis convaincu *qu'un des éléments les plus structurants de la future personnalité est la qualité de la voix de la mère avec tout ce qu'elle comporte de douceur, de chaleur affective, d'amour, de compréhension, de non agressivité et plus tard de raisonnement logique* ou non. *Tout s'imprime dans le cerveau tout neuf du nouveau-né.*

Ce n'est pas tout. Tous ses sens sont en éveil et l'odorat semble jouer un rôle particulier. On sait bien maintenant que des enfants de 2 à 3 ans reconnaissent facilement l'odeur de leur mère en choisissant par exemple parmi d'autres un maillot de corps porté un ou deux jours par elle. Mais on a prouvé, il y a quelques années (A. Mac Farlane), que des bébés de six jours reconnaissaient l'odeur du lait maternel. Les travaux récents de Montagner prouvent qu'ils reconnaissent très tôt l'odeur corporelle de leur mère. Et si le goût n'est pas formé, le nouveau-né rejette les goûts désagréables. L'odorat joue probablement un rôle plus considérable qu'on ne croit dans l'établissement des relations entre le bébé et son environnement.

Mais le plus fondamental dès la naissance, et pour

plusieurs années, est, avec la relation par la parole, le contact charnel établi avec la mère.

Une des raisons qui m'ont poussé à écrire ce livre est une question posée un jour par une charmante grand-mère à propos de sa petite-fille de trois mois : « Quand elle pleure, je la prends ; ce n'est pas bien, docteur ? » Il m'a semblé alors que le monde était devenu si complexe que les gens avaient perdu leurs réactions et leurs instincts élémentaires. Certes, à 3 mois, le bébé doit commencer à être capable de rester seul sans pleurer, et s'il peut le faire, cela indique peut-être une bonne évolution de sa personnalité. Mais regardez un bébé de quelques jours collé à sa mère, et celui de 14 ou 15 mois qui se jette contre elle et s'agrippe lorsqu'un étranger s'approche de lui. C'est la même recherche de chaleur et du refuge protecteur des bras. Il est manifeste que le nouveau-né aime la chaleur du contact intime, d'emblée, dès les premiers jours de la vie. Nous reviendrons sur ce point dans le développement de ce chapitre, et aussi en étudiant les problèmes du comportement animal (*cf.* page 256). C'est sans aucun doute un des arguments à mettre en avant en faveur de l'allaitement maternel. Certes, la douceur de la manipulation est fondamentale, mais je ne crois pas que, pour le bébé, de ce point de vue, l'allaitement au biberon et le contact intime avec le sein maternel soient identiques. Je ne peux l'affirmer, mais les bébés élevés au sein me semblent plus calmes et mieux équilibrés, indépendamment de ce que peut représenter, pour une mère, le désir d'allaiter. Mais il faut aussi souligner que si vous ne pouvez ou ne voulez allaiter, pour des raisons personnelles, il ne faut en éprouver aucune culpabilité. *Compte surtout, dans les premières semaines de la vie, ce dialogue intime, par tous les sens du bébé, entre vous et votre enfant, et l'allaitement au sein n'en représente qu'une partie.*

Lorsqu'on examine un nouveau-né, tout nu, en bonnes conditions, comme cela doit être fait, il arrive souvent qu'il pleure. On l'irrite, on l'énerve, on cherche ses réflexes. Mais s'il pleure couché sur le dos, sur le lit d'examen, il suffit de le prendre, et de le suspendre dans sa main sur le ventre pour qu'il se taise, se calme, et montre ses capacités d'attention. Les nouveau-nés sont maintenant couchés sur le ventre, et sont donc habitués à cette position. Mais je suis persuadé que le contact de la main joue un rôle important pour le calmer.

L'étude sensorielle met en évidence la précocité extrême de l'éveil. Il y a beaucoup plus et on a pu révéler des capacités d'imitation, une aptitude extraordinaire à se servir de ses membres, et des possibilités d'apprentissage très rapides.

A moins de 8 jours, lorsqu'il est bien éveillé, attentif, non soumis à des tensions internes (coliques, faim, sommeil), le bébé est capable d'imiter l'adulte qui le tient dans ses bras : tirer la langue, battre des cils (Bower). Il est capable vers 10 jours, dans certaines circonstances précises de soulever les bras dans la direction d'un objet, aptitude qui disparaîtra vers 4 semaines ; il est bien évident pour chaque mère qu'il pose la main sur le sein qui le nourrit, et si un objet s'approche d'une manière menaçante, il est capable de déplacer sa tête en arrière et d'interposer une main (Bower).

La capacité à tendre la main vers un objet attractif a été appelée « mouvement de pointage » du nouveau-né. Et Bower souligne que, pour observer cette réaction, il faut soutenir son tronc de manière qu'il soit fixe.

Affinant cette technique, A. Grenier, de Bayonne, a

parfaitement démontré ceci : lorsqu'on le maintient assez longtemps en position assise, en solidarisant bien la tête, le cou, le tronc, un bébé d'une quinzaine de jours fixe longuement un objet intéressant et coloré, tend les mains vers lui, le touche, ébauche le geste de l'attraper. Et ce contact avec l'objet peut durer plusieurs minutes.

Cette expérience signifie que *le bébé de quelques jours est capable d'avoir des mouvements intentionnels,* ce que l'on ne croyait pas possible avant l'âge de 3 mois, si l'immobilisation de la nuque empêche les réflexes « de masse », type phénomène de Moro. *Le bébé de quelques jours n'a donc pas seulement une mobilité de masse, il a une mobilité fine.*

Les expériences suivantes ont été faites sur des nouveau-nés dont les plus jeunes avaient douze heures. Il s'instaure, dès cet âge, un réflexe conditionné au son permettant de recevoir un peu d'eau sucrée dans la bouche. En quelques essais, le nouveau-né est capable de désapprendre une première tâche pour en apprendre une seconde. Il se meut de façon assez rythmée en relation avec la parole et ne le fait pas en présence de sons isolés.

Cela confirme tout à fait l'impression que l'on a, par la simple observation : une seule stimulation est parfois susceptible d'apprendre quelque chose au bébé, et, dès la naissance, tout s'imprime dans la mémoire du nouveau-né.

Tout cela, la précocité de la perception sensorielle, les capacités développées d'apprentissage conduisent à l'apparition, dès les premiers jours de la vie, de véritables comportements sociaux et à l'instauration de relations étroites, bien plus rapidement qu'on ne l'a pensé jusqu'alors, entre l'enfant et son entourage. Et l'on comprend, nous reverrons plus en détail pourquoi, sur le plan neurophysiologique (*cf.* page 239), quels peuvent être l'impact et l'importance de l'établissement de ces relations précoces.

Ces deux anecdotes apportent un témoignage éclatant.

Une mère m'a assuré que son bébé, dès l'âge de vingt jours, n'avait pas du tout le même comportement selon qu'elle le prenait contre elle, sur le bras droit, ou sur le bras gauche, position pour donner le biberon. Dans ce dernier cas, le bébé s'agitait, était manifestement impatient car il avait sans aucun doute établi une relation entre cette position précise et le biberon. C'était le troisième enfant de cette famille, et la mère avait dû faire aussi un apprentissage des relations avec ses nourrissons pour remarquer ce fait.

L'autre événement est plus significatif. Un bébé est hospitalisé dès la naissance pour une infection néonatale. Il sort de l'hôpital au douzième jour et, dès l'arrivée à la maison, refuse obstinément de manger. Au bout de quelques jours, on l'hospitalise à nouveau car il dépérit. A l'hôpital, il mange normalement. Les parents le reprennent ; nouveau refus de téter suffisamment. La mère se désespère quarante-huit heures, lorsqu'une amie vient la voir et propose de donner elle-même le biberon au bébé. Il tète normalement. C'était l'été. L'amie avait une robe blanche. Le bébé avait pris l'habitude d'être alimenté par des infirmières en blouse. La mère a compris cela tout de suite et à partir de ce moment a donné le biberon avec une blouse blanche. Il a mangé normalement pendant les quelques jours nécessaires pour qu'il s'habitue à être nourri par sa mère. La blouse était devenue inutile.

C'est une expérience hospitalière commune, si on veut bien y prêter attention, que d'observer des bébés protester, moins bien manger si une nouvelle personne s'occupe d'eux.

Une différence fondamentale apparaît ici entre le monde intérieur du petit bébé et celui de l'enfant plus grand ou de l'adulte, différence qu'il faut bien saisir pour comprendre les comportements infantiles précoces : la parole, perçue dans sa musicalité, mais non comprise, ne peut expliquer pour le petit enfant des attitudes logiques dans l'optique de l'adulte. Le bébé, habitué à manger avec une infirmière en blouse blanche, n'est pas convaincu, si sa propre mère essaie de le nourrir en lui disant qu'elle est sa mère, qu'elle l'aime, etc. Il devra s'en apercevoir lui-même, par sa propre expérience, exigeant un certain temps. Ceci peut nous paraître évident pour le nouveau-né. Mais c'est tout aussi vrai pour l'enfant de quelques mois, voire de un à deux ans, et il y a là une source d'incompréhension importante entre l'adulte et le petit enfant.

4/ Cris et pleurs les premières semaines

Ce qui m'a le plus surpris, en observant des bébés, a été de découvrir que, très rapidement, dès quatre à six semaines, ils avaient des cris différenciés, chargés de signification, et que l'on pouvait avoir un dialogue vocal très riche avec un bébé de cinq à six semaines.

Dès la naissance, le bébé dispose d'une série de bruits vocaux : pleurs, cris plus ou moins aigus, soupirs, sortes de grognements. Les cris et les pleurs sont à l'évidence rythmés par la faim, mais aussi par deux autres stimulations d'origine interne qui jouent un grand rôle jusqu'à trois mois. Les difficultés digestives parmi lesquelles il y a les coliques, le rot pénible, l'apparition du hoquet et, semble-t-il, des contractions digestives (de l'estomac ou de l'intestin) qui le gênent. De plus, les nouveau-nés les plus normaux ont souvent quelques difficultés gastriques : ébauche de plicature, petit reflux vers l'œsophage, génératrices de gêne ou douleurs.

Et la recherche du sommeil qui arrive parfois brutalement, d'un coup, parfois avec quelques difficultés.

Et puis vers trois à quatre semaines vont apparaître les vagissements, petits cris très doux, bruits de gorge faits de voyelles isolées, ha, heu, avec rapidement un début de modulation. A partir de ce moment, on entre véritablement dans le système des vocalisations et de certaines possibilités qui très vite, en quinze à vingt jours, vont se développer en dialogue vocal.

Vers cinq à six semaines au plus tard, pour la grande majorité des bébés, existent au moins six cris différenciés.

La faim : ce sont souvent des pleurs, qui vont en s'accentuant très vite, devenant de véritables cris de rage, calmés seulement par le sein ou le biberon sur lequel le bébé se jette littéralement. A six semaines les cris de rage de Céline se transformaient en mouvements de satisfaction et *petits cris de joie* en voyant le sein de sa mère.

La satisfaction entraîne un deuxième type de signaux : soit petits cris, soit début du gazouillis. Gregory a commencé à gazouiller dans le bain qu'il adorait à six semaines.

La recherche du sommeil se traduit par des bruits mêlés de grognements, de pleurs parfois spasmodiques accompagnés d'agitation, de mouvements de tête à droite et à gauche.

Beaucoup de mères savent que *la gêne* — en particulier lorsque bébé a fait une selle, qu'il est sale — entraîne un appel fait de petits pleurs répétés.

La douleur, soit par coliques, soit par gêne gastrique, comme je l'ai expliqué plus haut, provoque des pleurs particuliers, moins spasmodiques et rageurs que la faim, qui se calment et reprennent au rythme des contractions digestives.

Enfin très tôt *se manifeste l'appel;* il peut avoir plusieurs significations. Le bébé, seul dans une pièce, demande de la compagnie : petits cris répétés chez Céline, grognements chez Gregory ; celui-ci, de la même manière, demandait vers sept semaines, alors qu'il était dans un petit « relax », à retrouver son lit quand il avait sommeil. Mais le cri d'appel est bien plus souvent la manifestation d'un désir de compagnie. A moins de deux mois, Gaelle a appelé son frère, un matin, dès qu'elle l'a entendu. Cela a été évident pour sa mère. Cette tentative d'analyse des cris ou des pleurs du nourrisson de quelques semaines relève de l'interrogatoire de dizaines et de dizaines de mères qui font ces remarques, soit de façon spontanée, soit si l'on a attiré leur attention sur ce moyen de comprendre leur nourrisson. Une mère attentive et attentionnée comprend parfaitement son bébé dès qu'il a cinq ou six semaines après avoir perçu, bien auparavant, de façon difficilement dicible, ses appels par les mouvements ou les gestes. Ces découvertes ont été confirmées par des chercheurs qui, ayant enregistré spectrographiquement les cris et les appels, en ont montré les différences graphiques.

A partir de quatre ou cinq semaines pratiquement, *tous les bébés pleurent le soir,* un peu avant la tombée de la nuit, phénomène rarement mentionné par les observateurs. Cela survient après le quatrième ou après le cinquième repas, avec une fréquence équivalente. La durée de ces pleurs est variable mais toujours assez longue : de quelques dizaines de minutes à deux ou trois heures, leur intensité est souvent grande, véritables cris de rage que rien ne calme. Ils peuvent s'interrompre si vous prenez votre bébé dans les bras et le promenez, *et la mère seule, dans quelques cas, a ce privilège.*

Ce n'est pas une manifestation de faim même si une tétée ou un biberon supplémentaires les interrompent parfois, mais temporairement. La sucette aussi, dite « pacificateur » aux Etats-Unis, peut avoir cet effet. Mais tout cela est provisoire et certains bébés vont ainsi pleurer chaque soir, à la même heure, pendant plusieurs semaines. L'horaire en est différent et certains pleurent plus tard dans la nuit, réservant leur rage pour les alentours de minuit.

Pourquoi ces pleurs de la soirée ? Est-ce une angoisse de la tombée de la nuit que tous les animaux connaissent ? Est-ce en liaison avec l'instauration progressive du rythme jour/nuit qui met deux à trois mois à s'installer ? Certains bébés continuent à pleurer alors qu'ils ont déjà eu une longue nuit de bon sommeil.

Je suis des triplées qui ont maintenant quatre ans, qui m'ont beaucoup appris et dont j'aurai l'occasion de reparler. Elles pleuraient le soir vers 18 heures, à l'âge de trois mois, lorsqu'on a établi l'heure d'été. Le jour même, elles ont pleuré à 19 heures, décalant leurs cris d'une heure exactement.

Les pleurs du soir ont donc quelque chose à voir avec le rythme nycthéméral, qui, on le sait, s'accompagne de modifications biologiques régulières dans l'organisme. Et puis ils vont se calmer peu à peu pour disparaître entre deux et quatre mois, selon les bébés.

Il reste que les nouveau-nés ont, très tôt, six ou sept cris différents pour exprimer des sentiments ou des sensations variés et qu'il est tout à fait fondamental d'en avoir conscience.

5/ L'évolution des phases sommeil-éveil

De très nombreuses études et de nombreux enregistrements électro-encéphalographiques ont été effectués sur le sommeil du nouveau-né. L'observation montre que le sommeil se répartit chez lui en 6 ou 8 périodes de 2 h 30 à 3 heures et il faudra attendre trois à quatre mois pour que s'installe un rythme de jour et de nuit régulier.

Exceptionnels sont les bébés qui, durant les premières semaines, ne se réveillent pas vers 2 ou 3 heures du matin, entre un dernier repas vers minuit et un premier repas vers 6 ou 7 heures.

Ils ont faim, il faut les nourrir et, habituellement en quatre à six semaines, ce réveil nocturne va se rapprocher peu à peu du matin. A cet âge, le bébé pleurera vers 5, 6 heures du matin. On peut alors lui donner la première tétée ou le premier biberon et il passera donc spontanément alors à 5 ou 6 repas selon *son rythme propre.*

Il y a donc une correspondance très étroite entre le sommeil et l'alimentation, en fonction *d'un rythme propre au bébé qu'il est très important de respecter.* Même s'ils se classent en 3 ou 4 grands types de fonctionnement, tous les bébés sont différents, et découvrir leur rythme naturel est une condition fondamentale de leur bon équilibre (*cf.* page 83).

Le sommeil est constitué de phases alternantes de sommeil profond ou calme et de sommeil agité ou paradoxal qui, chez l'adulte, représente environ 20 %

du temps global de sommeil. Alors que le prématuré n'a pas encore d'organisation rythmique régulière, le nouveau-né à terme présente des phases de sommeil calme durant une vingtaine de minutes, des phases de sommeil agité d'environ 30 minutes, le sommeil agité représentant 50 à 60 % de son temps global de sommeil. Pendant ces périodes, vous le voyez s'agiter, bouger bras et jambes et, sous les paupières closes, les yeux bougent. Parfois, dès huit jours, il ébauche un sourire, petite grimace tendre et douce.

Vous remarquez combien l'endormissement est facile, parfois dans le cours du biberon, puis, réveillé par son rot, le bébé reprend sa tétée et s'endort ensuite d'un sommeil plus prolongé. En fait, celui-ci n'est pas très profond et au cours des premières semaines c'est davantage un assoupissement.

On sait qu'à trois ou quatre semaines, les bébés dorment moins qu'il n'était courant de le penser, la durée globale quotidienne ne dépassant pas quinze à seize heures pour décroître très lentement et se maintenir à treize ou quatorze heures par jour durant le deuxième semestre.

Peu à peu, dans le cours du premier trimestre, les phases de sommeil vont avoir tendance à se rapprocher et un rythme nycthéméral, c'est-à-dire réglé par le jour et la nuit, va tendre à s'installer progressivement. Ceci ne se fait pas à la même cadence pour tous les enfants.

Il existe d'importantes variations individuelles. Je connais nombre de bébés de deux à trois mois qui dorment dix à onze heures par nuit, font dans la journée deux à trois sommes de une à deux heures, étant ainsi parfaitement réglés. La majorité, par contre, n'a à cet âge qu'un temps de sommeil nocturne de sept à huit heures, se réveille toujours à 5 ou 6 heures le matin. *Il est souvent indispensable de leur donner 5 repas aussi longtemps que le réveil matinal est précoce,* car ils auraient du mal à supporter de trop longs intervalles entre les repas, et c'est bien souvent l'heure un peu plus tardive du réveil matinal qui commandera le passage à 4 repas. D'autres encore continuent à se réveiller la nuit une ou deux fois. *Bien des parents n'ont pas passé une nuit complète jusqu'à ce que leur bébé ait dix-huit ou vingt mois. Cela n'est pas normal et nous en discuterons ultérieurement.*

Peut-on déterminer la part d'un fonctionnement naturel, inné, et de l'environnement dans l'installation d'un bon sommeil avec une période nocturne prolongée ? L'existence d'un rythme de phases de sommeil calme et agité paraît bien être innée. Par contre, les modifications progressives de ce rythme jusqu'à l'âge de deux à trois mois et surtout la qualité du sommeil agité me paraissent être grandement sous la dépendance des conditions d'ambiance. Tous les psychologues et psychanalystes insistent sur la relation mère-enfant, sur l'angoisse maternelle plus ou moins importante, dans l'instauration éventuelle de troubles du sommeil. De même, il est bien certain que, mis à part le cas où l'enfant dort dans le bruit, une ambiance agitée, des conditions nocturnes particulièrement néfastes ou bien un problème médical particulier gênant le sommeil et qu'il faut savoir découvrir (otite latente, régurgitations, par exemple), c'est dans les conditions de la journée qu'il faut découvrir les causes des perturbations du sommeil nocturne.

Mais par quel mécanisme s'installe le trouble ? J'ai été frappé par la relation existant entre la qualité du sommeil paradoxal ou agité et les réveils nocturnes, et par le fait d'avoir rencontré, souvent, des bébés qui se réveillaient plusieurs fois par nuit, avec une certaine régularité à l'arrivée de chaque phase de sommeil paradoxal.

Et il me semble que si l'alternance de sommeil calme et de sommeil paradoxal est génétiquement nécessaire, par contre, la qualité même du sommeil paradoxal est sous la dépendance des conditions d'ambiance, et c'est dans l'intensité de l'agitation au cours de ce sommeil paradoxal qu'il faut rechercher la cause des réveils nocturnes.

Il me semble donc (je ne peux le prouver, mais cette proposition me paraît vraie), que les enfants calmes et bien équilibrés dans la journée ont tendance à établir une bonne qualité de sommeil. Il faut sans doute aussi qu'ils puissent *dormir dans une ambiance de calme et de tranquillité, sans agitation ni bruits trop intenses autour d'eux.* Nombre de bébés ont beaucoup de peine à établir un sommeil normal parce que leur chambre donne sur une rue trop passante et trop bruyante. Il faut veiller à cela aussi.

La régularité, l'équilibre de vie contribuent à permettre l'installation d'un sommeil normal. Très vite le bébé s'habitue à son cadre et le reconnaît. Un changement, même à cinq ou six semaines, peut-être même plus tôt, est capable d'entraîner une perturbation du sommeil.

Et si certains bébés, emmenés le soir par leurs parents chez des amis, par exemple, s'endorment sans histoire et ne s'éveillent pas durant le retour à la maison, beaucoup d'autres n'acceptent de dormir bien et régulièrement que dans leur berceau et dans leur environnement familier.

Johanna et Judith ont vingt et un mois de différence. Johanna était agitée, avec des troubles du sommeil importants. La cadette est calme, paisible, ne pleurant jamais, ne manifestant guère d'angoisse à six mois. Dès le 18e jour, l'aînée était transportée en permanence, dans son couffin, dormait tantôt chez ses parents, tantôt chez sa grand-mère. Cette instabilité de la vie quotidienne a retenti sur la qualité du sommeil. C'est la mère qui me l'a fait remarquer.

Il est devenu habituel de coucher le bébé sur le ventre, dès la naissance, surtout pour éviter qu'un petit rejet n'entraîne une fausse route alimentaire, c'est-à-dire l'envoi de lait dans les bronches. Les bébés semblent aimer cette position et vont en prendre très vite l'habitude, ne pouvant dormir qu'ainsi.

Si cette position est bonne pour les hanches, elle est moins favorable pour les pieds qui s'incurvent facilement en dedans et dès deux à trois semaines, *lorsque bébé, dans ses périodes d'éveil tranquille, demande à découvrir son environnement, elle ne lui offre aucune perspective.* Aussi faut-il, je crois, dès qu'il grandit, la réserver pour les longues phases de sommeil, et le coucher aussi sur le côté, alternant la droite et la gauche pour éviter qu'il ne tourne la tête de façon prédominante d'un seul côté.

Jusqu'à quand faire dormir bébé dans la chambre des parents ? Cela tient surtout aux conditions de logement. Mais s'il peut avoir sa chambre à lui, où il peut facilement dormir dès six à huit semaines, qu'elle soit toute proche de la vôtre, il s'y habituera très bien. Et beaucoup de bébés, même s'ils se réveillent parfois la nuit, n'aiment dormir que dans leur chambre. Cependant, dès six à sept mois, il pourra commencer à ne pas aimer s'endormir seul ou à se réveiller parce qu'il est seul.

Le sommeil est avec l'appétit et l'humeur une des grandes fonctions dont l'installation normale et régulière, durant le premier trimestre de la vie, témoigne, je crois, du bon équilibre général du bébé ; il dépend, pour l'essentiel, de l'atmosphère de calme et d'équilibre qui règne autour de lui.

6/ Le contact charnel et le « dialogue tonique »

Il y a sans doute quatre éléments fondamentaux pour un nouveau-né : l'amour, réel, qui lui est porté, par sa mère d'abord, et par le couple de ses parents ; la nourriture qu'on lui donne de la façon qui lui convient ; la douceur de la manipulation de ceux qui s'occupent de lui, et la douceur de la voix de ceux qui lui parlent.

Si cela lui est donné on peut affirmer qu'il sera un bébé calme et équilibré.

J'ai déjà souligné la précocité des perceptions sensorielles. La peau est l'organe sensoriel le plus important, en tout cas le plus étendu, et le toucher, la manipulation que le bébé perçoit jouent un rôle considérable dans le développement.

Tous les observateurs sont d'accord sur ce point.

Un bébé a besoin d'être pris, tenu dans les bras et caressé.

Il y a là deux phénomènes étroitement liés : les caresses et la manipulation. Un bébé est en permanence manipulé ; il ne fait rien par lui-même ; vous le prenez pour le nourrir, le changer, le laver, l'habiller ou le déshabiller, le bercer, le coucher. Sept à huit fois par jour, ces manœuvres se répètent et durent à chaque fois de vingt à trente ou quarante minutes, et dans la journée, cela représente quatre à six heures de contact intime, de pressions, de caresses et de mouvements, plus ou moins doux, plus ou moins brusques, qui lui sont imposés.

Et bébé perçoit tout cela ; il ressent indiscutablement la douceur ou la brusquerie, le caractère adéquat des gestes répondant ou non à ses besoins, à sa sensibilité. Pendant les premières semaines, il a besoin d'être bien soutenu, sa tête en particulier, lorsqu'il est pris dans les bras.

Cette aptitude maternelle à manier son bébé de façon adaptée et agréable pour lui, tellement importante, c'est ce qu'Ajuriaguerra nomme d'une excellente appellation, le « *dialogue tonique* ». Et si la manière de faire n'a pas la douceur nécessaire, le bébé pleure ou s'agite. Regardez comme un bébé de quelques semaines supporte mal d'être pris brusquement, soulevé brutalement, un peu lancé en l'air ; alors qu'à cinq ou six mois, cela le fait rire aux éclats ; à cinq ou six semaines, cela le fait crier d'angoisse.

J'ai eu l'occasion de suivre, dans la même période, trois nouveau-nés, premiers nés, deux garçons et une fille, agités, excités, exagérément trémulants, pleurant beaucoup trop fréquemment, présentant des sortes de spasmes en extension, à tel point que pour chacun des trois je m'étais demandé s'il ne s'agissait d'une affection neurologique grave. Les trois mères étaient profondément angoissées, malhabiles avec leur bébé, comme perdues et inquiètes devant leur nouveau-né qu'elles n'osaient pas manipuler.

Un jour, alors que je pesais un de ces enfants, âgé de six semaines environ, la mère m'a signalé que c'était la première fois qu'il ne pleurait pas au cours de la pesée. Je me suis enquis de la technique qu'elle adoptait : elle pesait le bébé tout nu sur le plateau de la balance, froid, dur, inconfortable.

Dans les trois cas, en parlant avec la mère et le père des besoins du nouveau-né, en mettant en évidence la nécessité de la douceur de la manipulation, du calme nécessaire aux moments importants de sa vie à lui (repas, changes), en persuadant les parents que les bébés n'avaient rien, aucune anomalie, aucune maladie, j'ai vu peu à peu s'améliorer l'état du bébé, disparaître cet état si inquiétant d'hyperirritabilité ; et à trois ou quatre mois, ils étaient devenus trois bébés normaux, encore un peu excitables mais mangeant bien, dormant bien. Celui dont je vous ai conté l'histoire prenait un air inquiet, à deux mois et demi, si on le manipulait un peu trop fort.

Je suis absolument persuadé que cette difficulté de la relation précoce à la mère avait rendu les bébés malades et qu'ils le seraient restés si les mères n'avaient pas compris assez tôt leurs besoins fondamentaux. Peut-être étaient-ils au départ plus hyperexcitables ou plus réactifs que d'autres ; mais c'est dans la manière dont la mère répond aux comportements innés que se joue une bonne part du développement et des comportements futurs.

Je suis aussi toujours choqué de la façon brutale dont on manipule parfois les nouveau-nés dans les maternités et du fait qu'on n'y apprend pas suffisamment aux jeunes mères à s'occuper de leur nourrisson, surtout lorsqu'il s'agit du premier-né.

Dans cette relation charnelle si importante avec la mère, il y a aussi le contact étroit et les caresses. Celles-ci représentent un véritable langage ; nous verrons combien l'éthologie, science du comportement animal, a fait faire de progrès à la compréhension de ce langage. Les mères très proches encore de la nature, comme les mères africaines, le savent bien ; elles connaissent l'importance du contact peau à peau ; lorsqu'elles prennent leur petit bébé sur les genoux, elles soulèvent leur jupe pour qu'il soit placé au contact de leurs cuisses. Et l'on dit là-bas « *que s'il n'y a pas ce contact intime quand le bébé est petit, il n'y aura pas d'affection plus tard* ».

Un bébé qui pleure est bien souvent calmé par une caresse sur le ventre, ou une pression un peu ferme sur une jambe ou un pied.

« Et comme on a eu souvent l'occasion de le constater, une des causes principales du développement imparfait des bébés élevés en institution est le peu de manipulations qu'ils reçoivent. » (F. Caplan.)

Toutes ces choses sont faites naturellement, sans y réfléchir, par toute mère amoureuse de son bébé comme il est normal ; mais c'est dans les circonstances pathologiques ou anormales que l'on se rend compte du rôle déterminant qu'elles jouent.

On a dit qu'il existait des bébés câlins et des bébés non câlins. Je n'y crois guère. Les non-tendres ne répondent pas ou répondent mal, à juste titre, à une manipulation peu agréable ou sans chaleur, et *sont devenus* ainsi en fonction de la qualité des relations très précoces qu'ils ont nouées.

7/ L'évolution de l'appétit

Qu'il soit au sein ou au biberon, il faut parfois quelques jours pour que bébé sache bien téter, et pour que s'installe un rythme dans son appétit. Certains sont très endormis durant une à deux semaines et il faut beaucoup les stimuler au début et dans le cours de la tétée. Il existe des différences indiscutables selon le poids de naissance et c'est bien compréhensible. Les plus petits nouveau-nés se réveillent souvent avec régularité toutes les trois heures et donc deux fois durant la nuit.

Jusqu'à 4 kilos, bébé aura le plus souvent six repas de jour et une tétée de nuit dont il n'a plus besoin, en même temps qu'à 4,200 kg-4,300 kg, il pourra passer à cinq repas espacés d'environ 3 heures et demi-4 heures.

La vérité ne me paraît être ni dans l'alimentation exactement à la demande ni dans des horaires stricts. Lorsqu'on dit qu'un bébé mange toutes les 3 heures, cela signifie entre 2 heures et demi et 4 heures. Mais la régularité semble bénéfique.

Ni mécanique ni métronome, chaque bébé a indiscutablement un rythme propre, personnel, concernant appétit et sommeil qu'il est fondamental de découvrir. Sinon, il s'instaure une sorte de malaise traduit par la mauvaise humeur, les pleurs trop fréquents, les cris de douleur ou de gêne que l'on met sur le compte de coliques. La mère et le pédiatre doivent arriver à percevoir ce rythme, dépendant des besoins propres du nouveau-né de quelques semaines, et à y adapter le régime, garantie importante de son bon équilibre.

Passé la période des premiers jours, durant laquelle, surtout au biberon, l'instauration d'un rythme (régulier) de repas est parfois très difficile, l'appétit lui-même est très variable et bien souvent les bébés sont tout à fait boulimiques *jusqu'à cinq ou six semaines.*

Le biberon, qui propose une ration fixée à l'avance, peut poser problème alors que, s'il se nourrit au sein, le bébé obéit à son instinct et prend ce qui lui convient ; certains, à quatre semaines, sont capables de prendre, parfois, 150 à 160 grammes en une tétée.

Les uns vont être très vite rassasiés et désoler leur mère en ne finissant jamais un biberon ; les autres vont sembler insatiables, et gagneront souvent à passer rapidement à cinq repas plus consistants.

Quoi qu'il vous semble de l'appétit de votre bébé,

l'important est sa prise de poids régulière prouvée par la balance. Les uns se contentent de 25 à 30 grammes, moyenne quotidienne habituelle. Il est très rare qu'un bébé au sein, dont la mère a du lait en quantité normale, prenne moins que cela, 200 à 250 grammes par semaine, ce qui semble prouver la validité de ces chiffres, et leur utilisation lors de l'alimentation au biberon. Mais il peut se produire, au sein, ou au biberon, des prises de poids supérieures. Certains peuvent prendre jusqu'à 50 grammes par jour pendant les cinq à six premières semaines. Puis, après *cette phase de très grand appétit,* au cours de laquelle certains paraissent insatiables, ils mangeront moins et seront plus facilement rassasiés.

Les cris de faim sont parfois difficiles à interpréter. On a montré récemment qu'il peut s'agir de soif et non de faim, mais comme habituellement les tout petits nourrissons refusent l'eau, sauf en période de très grande chaleur ou s'ils ont vraiment un important besoin d'eau lié à des circonstances pathologiques, il sera difficile de faire la différence.

Mais surtout, les bébés qui pleurent après le biberon peuvent le faire non parce qu'ils ont faim, mais par besoin de sucer, de téter. Le sein comble mieux ce besoin que le biberon, souvent vite terminé, alors que la tétée est plus longue, plus durable et apaise vraiment votre bébé. Ceux qui ont « *trouvé* » leur pouce, un doigt, le bord de la main, vont alors s'apaiser et s'endormir de cette manière. *D'autres seront calmés par la sucette,* un peu revenue à la mode ces derniers temps pour ces raisons ; les plus récentes semblent entraîner moins de déformations de la mâchoire supérieure ou du palais.

Il est difficile de donner un conseil. Si le bébé suce son pouce, il faut évidemment le laisser faire, c'est indispensable. La sucette peut être utile pour ceux qu'un besoin intense de sucer rend irritables ; il n'y a pas de raison d'être systématiquement pour ou contre. C'est moins commode que le pouce et certains se réveillent la nuit chaque fois qu'ils perdent leur sucette, situation bien inconfortable pour les parents !

Si l'appétit s'installe comme une grande fonction de l'organisme, s'il est normal qu'un bébé ait faim naturellement, à cet âge plus qu'à n'importe quel autre peut-être, ses relations avec les conditions d'administration du repas sont fondamentales. De ce point de vue, le sein ne pose aucun problème et il n'y a pas de bébés qui fassent de difficultés avec le sein. Au biberon, le goût du lait, plus ou moins sucré, va jouer un rôle.

L'histoire (racontée page 35) du bébé qui ne voulait manger que si sa mère mettait une blouse blanche éclaire bien comment se nouent des relations entre le repas, la qualité de celui-ci et la mère qui le donne, avec la chaleur de son sein ou de ses bras, en regardant et en parlant tendrement et, ce faisant, satisfait un besoin fondamental : se nourrir.

Il va devenir patent que le petit enfant jouera de son appétit vers seize, dix-huit, vingt mois et encore davantage à trois ans. L'instauration d'un appétit normal suppose d'excellentes relations entre le bébé et sa mère qui le nourrit ; il est bien évident que le sein est le meilleur intermédiaire et de ce point de vue, l'on comprend ainsi l'importance de l'allaitement maternel ; mais si celui-ci n'est pas possible, tout ce qui rapproche le bébé de sa mère au moment du repas compte tout autant et « *on est une bonne mère même si on n'allaite pas* ».

L'appétit du nourrisson répond donc à un besoin normal qui s'installe, comme chaque fonction, dans un ensemble relationnel essentiel à son établissement. *Y a-t-il des différences individuelles, des bébés avec peu ou beaucoup d'appétit, de façon innée, indépendamment de l'ensemble des relations du bébé ?*

Autant il me semble qu'il n'y a ni bébé triste ni bébé de mauvaise humeur de façon innée, autant il semble exister des différences naturelles sur le plan de l'appétit, problème de degré n'allant pas jusqu'à l'anorexie (absence totale d'appétit, refus de manger) qui, elle, est absolument pathologique. Les différences individuelles paraissent être liées à la morphologie générale, qui conditionne en partie les besoins de base, et à des modalités de l'organisation neurophysiologique.

8/ L'évolution motrice

Entre le nouveau-né de quelques jours collé contre votre poitrine, le petit bonhomme de cinq mois-cinq mois et demi bien assis sur vos genoux qui commence à attraper les objets et celui de douze à quatorze mois, marchant seul, toujours en mouvement, acharné à conquérir son indépendance, se fait toute une évolution motrice commandée par l'évolution du tonus (c'est-à-dire de l'état musculaire) et l'acquisition progressive de mouvements volontaires de plus en plus précis.

Après la phase de quelques heures succédant à la naissance, le bébé est *hypertonique :* il se présente, dans l'éveil en tout cas, poings fermés, avant-bras et jambes fléchis et l'on a beaucoup de mal à lui ouvrir les mains ; on ne peut allonger complètement bras ou jambes ; on ne peut complètement écarter les cuisses ni les bras du corps. C'est pourquoi, entre autres, il faut prendre soin de bien nettoyer et essuyer les plis (aines, aisselles, cou) où une macération a tendance à se produire.

Cette hypertonie des membres s'accompagne d'une *hypotonie,* d'une mollesse, *du tronc,* et si vous essayez de l'asseoir, il s'écrase complètement, portant le front sur les genoux.

Si, couché sur le ventre, il redresse la tête, il ne la tient pas lorsque vous le mettez en position assise, et il faut toujours bien veiller à soutenir sa nuque.

Ses mouvements sont globaux, *mouvements de masse,* dit-on, c'est-à-dire mouvements d'ensemble de membres ou du tronc et pas encore mouvements fins. Cela n'est que partiellement vrai comme nous l'avons vu page 34.

L'hypertonie des membres va très lentement s'atténuer, de façon variable selon les enfants. Les uns sont très hypertoniques et le restent longtemps, ayant encore à trois mois les poings souvent fermés, et les bras tendus facilement vers l'arrière. Chez d'autres, l'hypertonie va s'atténuer plus vite, mais la phase hypotonique qui lui succède ne sera jamais complètement installée avant huit à dix mois.

En même temps que l'hypertonie des membres s'efface progressivement, les muscles du tronc vont voir leur tonus s'améliorer et progressivement un tonus normal apparaître ; mais le processus est très long et il est rare qu'un bébé puisse être assis avec le dos bien droit avant sept ou huit mois.

Un élément fondamental dans l'évolution de ce tonus est la tenue de la tête. Selon les notions habituellement admises, un bébé tient bien sa tête, est capable de la tourner dans tous les sens, à partir de trois mois. *Or, ce phénomène m'est apparu notablement plus précoce en moyenne.* Vers six semaines, un bébé tenu assis commence à tenir la tête droite et à être capable de la tourner pour regarder. Certes, de temps à autre, elle a tendance à chuter en avant ou en arrière, mais il parvient à la redresser et *actuellement c'est autour de neuf à onze semaines que les bébés tiennent leur tête, peut-être du fait qu'ils sont plus stimulés qu'autrefois.*

Avant six ou sept semaines, lorsque, couché, vous le tirez pour le mettre en position assise, il laisse tomber la tête en arrière. A partir de cet âge, il fait un effort pour la garder dans le prolongement du tronc et, à partir du moment où il est capable de tenir sa tête, il l'amène en rectitude jusqu'à la position assise.

La vérification de la capacité à tenir la tête est, pour les médecins, un signe important de l'évolution motrice. Mais là encore, *comme tout au long du développement, il ne s'agit que de moyennes,* et nombreux sont les bébés qui ne tiennent bien leur tête qu'à trois mois ou trois mois et demi.

A partir de trois mois, bébé, incapable de tenir assis sans appui, aime beaucoup cette position qui lui permet de voir ce qui se passe autour de lui et de participer à la vie de la maison. Et il y a quantité de petits sièges à dossier inclinable qui vous permettent d'adapter sa position plus ou moins assise à ses possibilités motrices. Déjà avant, vous pouvez le mettre dans un siège en forme de hamac facilement transportable lorsqu'il réclame une présence (*dès six ou sept semaines*) dans les moments d'éveil calme et tranquille.

A partir de trois mois-trois mois et demi, deux autres éléments moteurs apparaissent : bébé devient capable de tendre la main vers les objets, comme dans un mouvement de joie, dans le plaisir d'une découverte ou de voir son jouet préféré ; on est encore loin de la capacité réelle d'attraper. Nous avons vu, (*cf.* page 34) combien précoce est l'aptitude à tendre la main vers les objets et à les toucher. Elle réapparaît à ce moment, et va constituer la première étape des tentatives de préhension. Le second mouvement consiste à tendre les jambes lorsqu'on prend bébé et qu'on le tient bien droit ; il se dresse alors et aime beaucoup plier et étendre ses jambes dans un mouvement de sautillement, certains veulent toujours être mis debout lorsqu'on les tient sous les bras.

Beaucoup de bébés *sursautent facilement* au moindre bruit, s'agitent lors de certaines excitations. *Ne pensez pas, si votre bébé est ainsi, qu'il est nerveux. Il est normal, et très réactif, comme tous les petits animaux.*

Beaucoup de bébés présentent, durant les premières semaines et même jusqu'à deux mois et demi-trois mois, des *trémulations,* petits mouvements répétés, spasmodiques, du menton, d'un bras, d'une ou des jambes, survenant lors d'une excitation ou d'un mouvement brusque. Elles sont parfois très intenses au début de la vie, pouvant être prises pour des convulsions. Il est indispensable de détecter un trouble du métabolisme du calcium ou du magnésium. En fait, elles en sont exceptionnellement un symptôme et il paraît logique de penser que les trémulations, si fréquentes chez les nouveau-nés, ne sont qu'un mode de réaction physiologique chez lui à une excitation un peu vive, soit extérieure soit d'origine interne.

Une évolution motrice normale, si elle a un déroulement programmé, dépend beaucoup des stimulations que le bébé reçoit dans chacun des épisodes de la vie quotidienne, du jeu, et en même temps de toutes les stimulations sensorielles (les bébés aveugles de naissance ont un certain degré de retard moteur par rapport aux normalement voyants). Elle est inséparable de ce que nous avons dit des contacts charnels et du « dialogue tonique ». Et il apparaît évident que les bébés trop stimulés sur le plan moteur dont on s'occupe en permanence peuvent, comme ceux trop stimulés sur le plan intellectuel, devenir agités et hyperactifs.

Il ne faut pas toujours prendre un nourrisson ; lorsqu'il gazouille tranquillement dans son berceau, écoutant sa voix et s'adressant à ses jouets, laissez-le, ne le découragez pas dans cette activité qui lui permet de développer sa capacité à rester seul, à jouer seul.

9/ L'attention, le sourire et le dialogue du regard

Nous avons vu que le bébé voit dès la naissance, est capable de tourner les yeux et la tête pour regarder une source d'intérêt. Sa vision s'améliore progressivement jusqu'à quatre mois-quatre mois et demi, fin du stade sensori-moteur, âge auquel la rétine a terminé sa maturation.

Il faut savoir également que les petits enfants sont hypermétropes, c'est-à-dire voient mieux de loin que de près ; qu'ils « louchent » facilement en dedans, durant les premières semaines, comme s'ils regardaient le bout de leur nez, le tonus des muscles attirant l'œil en dedans étant plus important que celui des muscles attirant l'œil vers l'extérieur. Le strabisme peut être fréquent ; les bébés dont les yeux sont assez rapprochés ou très foncés donnent également une impression de strabisme.

S'il existe un strabisme manifeste vers six ou huit semaines, il faut faire pratiquer un examen ophtalmologique pour vérifier l'intégrité de l'œil. En général, les légers strabismes de la naissance s'arrangent seuls.

Les nouveau-nés ont parfois des mouvements un peu incoordonnés des yeux, dans le bâillement, au début du sommeil, lorsque leur attention faiblit.

A partir du moment où apparaît, vers quinze jours, cette attention dans le regard, on voit bien que cela s'accompagne d'une détente des traits du visage qui est le premier stade du *sourire intentionnel.*

Il existe, durant les deux premières semaines, ce fameux *sourire aux anges,* petite grimace de la bouche et du menton, qui apparaît après le repas, juste avant l'endormissement, ou sans cause détectable pour nous, lorsque le bébé est calme ; est-il provoqué par une stimulation interne, une sensation de plénitude, ou déjà une représentation mentale ?

Le sourire aux anges n'affecte que la partie inférieure du visage et ne semble pas dirigé *vers* quelque chose ou quelqu'un.

Et puis, vers trois semaines parfois, en moyenne vers quatre semaines, ou un peu plus tard, au sourire de l'adulte qui se penche vers lui, bébé répond par un merveilleux sourire, mouvement de bouche, plissement des yeux et du front. D'abord rares, les sourires vont devenir de plus en plus fréquents et l'on s'aperçoit que les éléments déclenchants sont divers : les visages, un mouvement accompagné de parole, un objet, et bientôt, surtout, ce qui deviendra l'objet familier.

Les psychologues et les chercheurs ont beaucoup étudié le sourire du bébé. On a montré qu'il était suscité d'abord par la voix humaine, surtout féminine, avant de s'adresser véritablement aux visages.

On a montré qu'il apparaît, assez régulièrement, à un certain âge conceptionnel, quarante-six semaines, semble-t-il ; et de fait, les prématurés ne vont pas sourire à quatre semaines mais nettement plus tard, indépendamment de leur âge chronologique, en fonction de leur âge conceptionnel.

Mais personnellement, j'ai observé souvent *un sourire-réponse à trois semaines,* donc avant l'âge conceptionnel de quarante-six semaines.

On a beaucoup étudié ce qui, dans le visage, faisait naître le sourire et on s'est aperçu que celui-ci était provoqué dans le même temps par le front et les yeux surtout, ou des masques reproduisant un visage, et surtout des points fortement contrastés pouvant représenter les yeux. Il faut attendre plus tard pour qu'un visage de profil, ou le bas du visage seulement le déclenchent.

On s'est aussi aperçu que des bébés aveugles, n'ayant donc pas appris à sourire par imitation, souriaient vigoureusement dès huit semaines, lorsqu'ils étaient capables de provoquer eux-mêmes un bruit par exemple. Et cela souligne que le sourire est une capacité innée, capable de survenir spontanément, pas seulement en réponse à un autre ; les tout petits bébés sont capables d'effectuer quelque chose par eux-mêmes et cela semble leur procurer un plaisir, une satisfaction. Ils ont déjà établi, à quelques semaines, la relation entre une activité personnelle et un événement se produisant dans leur environnement (Papousek-Bower).

Lorsqu'on observe des bébés de six à huit semaines, on ne peut manquer d'être frappé par le fait que le sourire naît de nombreuses situations, que la réponse au sourire de l'adulte est l'une d'elles. Il s'accompagne bien souvent de vocalises, de gazouillis et dans le dialogue vocal que l'on tient avec le bébé, sourires, mouvements du tronc, agitation des bras, mimiques diverses sont tous ensemble l'expression de l'intensité de la communication, comme, chez l'adulte, tout discours s'accompagne de mimiques et de gestes.

A partir de deux mois-deux mois et demi se produit une modification dans le regard et le sourire du bébé. *Le regard est plus attentif et le sourire n'est plus aussi facile ; je crois que cela coïncide avec le début de la reconnaissance par la vue.* Alors qu'un bébé de six à sept semaines sourit très vite en réponse au sourire de l'adulte quel qu'il soit, à partir de huit à neuf semaines, il y a d'abord une phase d'observation attentive avant le déclenchement du sourire. Vers trois mois, il arrive que celui-ci ne se produise pas ou même qu'une sorte d'inquiétude se lise dans le regard, comme s'il était nécessaire que le visage plaise pour provoquer la réponse. *Bien souvent des mères m'ont signalé qu'à trois mois, la qualité du sourire est différente selon qu'il leur est adressé ou non.* C'est l'âge auquel commence *le vrai rire,* avec un petit gloussement de la voix, début du rire aux éclats, qui s'épanouit vers trois mois et demi-quatre mois, dans le dialogue, surtout dans le jeu. Mais dans le regard, l'importante modification, après celle du sourire, se produit vers deux mois-deux mois et demi lorsque, manifestement, il y a reconnaissance.

10/ L'évolution du langage et le dialogue vocal

Dès six semaines à deux mois, après les vagissements des premiers temps, apparaît le gazouillis. Il est extraordinaire de tenir un dialogue avec un nourrisson de cinq à six semaines.

Si vous l'avez en face de vous, tranquille, calme,

détendu, s'il n'a ni faim, ni sommeil, il vous regarde, répond à votre sourire, s'agite un peu en signe de satisfaction. Et si vous lui parlez un langage semblable au sien, fait de petits bruits de bouche, de syllabes douces, il va moduler de la même manière et cet échange peut durer très longtemps. Car c'est manifestement un échange et le bébé, qui a émis des petits sons, attend votre réponse, y fait écho. C'est tout *un dialogue vocal.* Toute mère le sait bien, après la tétée, quand elle tient tout contre elle son nourrisson qui la regarde, entame cette conversation, qui accompagne les autres dialogues de caresses, du contact intime, de chaleur corporelle.

Dès les premiers jours de la vie s'installe la communication entre le nouveau-né et sa mère, avec un équilibre entre les cris, les pleurs et les autres modes de communication. *Il semble bien que le fait de répondre vite et de façon adaptée à l'appel du bébé entraîne pour lui un sentiment de bonheur, de sécurité qui seront facteurs d'équilibre plus tard.*

Le gazouillis, cette merveilleuse phase des « areu », apparaît certainement de façon innée, sans qu'il s'agisse d'une réponse à la parole de l'adulte car les bébés sourds gazouillent, mais leur gazouillis s'arrêtera assez vite.

A partir de ce moment surtout, on a le sentiment que le bébé découvre sa capacité à émettre des sons, le plaisir de faire jouer ses cordes vocales, et en même temps, il perçoit sa voix et il va la moduler différemment en réponse à la voix de l'adulte et en fonction de ce qu'il exprime. Et à partir de là va se modeler le langage futur en fonction du bain de paroles dans lequel l'enfant va évoluer. On s'aperçoit très vite que la douceur et la musique de la voix de sa mère le calment et l'apaisent ; il faut parler aux bébés ; ils ne comprennent évidemment pas le sens des mots, mais ils perçoivent sans aucun doute le ton général ; tous pleurent si on parle autour d'eux trop fort ou de façon agressive, et j'en connais qui, à quatre mois, supportaient la voix irritée de la mère mais pas du père, et pleuraient lorsque le père parlait fort.

Parler au bébé quand il est tout petit, c'est établir avec lui une communication qui se développera, *et je suis tout à fait persuadé qu'un des éléments les plus structurants pour la personnalité future est la qualité de la voix de la mère.*

Il peut paraître surprenant d'affirmer tout de go pareille chose. Mais réfléchissez à ce que véhicule la voix. Elle est vraiment le reflet de la personnalité. Par son ton, elle est représentative du comportement affectif de l'être. Par ce qu'elle représente de compréhension, et, dans le déroulement logique ou non de la pensée qu'elle interprète, elle reflète l'intelligence et la culture. Lors du développement du nourrisson, la chaleur affective joue le rôle essentiel, en rassurant et en permettant à la personnalité naissante la confiance nécessaire aux acquisitions. Au fur et à mesure que grandit la connaissance, elle assure la capacité logique d'une découverte du monde et d'une réflexion sur une réalité bien ou mal observée, et la capacité à établir les liens entre les divers éléments du réel.

Je crois donc vraiment que la qualité de la voix de la mère et des diverses personnes avec lesquelles le bébé a un lien d'attachement joue un rôle fondamental dans sa structuration.

Tous les bébés, quelle que soit leur patrie d'origine, gazouillent de la même manière. Le gazouillis est indifférencié, et l'on ne peut distinguer les gazouillis de bébés d'origines ethniques différentes. Diverses expériences sont significatives à ce sujet.

C'est seulement à cinq ou six mois, lors de l'apparition du babillage, qu'on détectera des différences en relation avec les diverses langues maternelles.

Ils ont donc tous, au départ, toutes les capacités nécessaires pour apprendre et prononcer n'importe quel langage, du chinois à l'hébreu. Cinq cents pages ont été consacrées à une discussion entre Noam Chomsky et Jean Piaget, concernant les théories du langage et les théories de l'apprentissage. Toute une partie contradictoire de la discussion est centrée sur le problème de savoir s'il existe chez l'homme « un noyau fixe inné » (terminologie signifiant « structures spécifiques existant à la naissance ») permettant l'apprentissage du langage. Dans la mesure où le langage humain est propre à son espèce, et où il semble difficile d'apprendre à parler à un cheval, cela paraît assez évident. Et puisque le gazouillis est indifférencié, semblable chez tous les bébés, quel que soit le langage parental, y compris si les parents sont sourds-muets, ces structures spécifiques existent à la naissance et sont probablement semblables chez tous les êtres humains, puisque n'importe quel bébé peut apprendre n'importe quelle langue.

Le débat est évidemment plus complexe dans la mesure où l'imitation seule ne rend pas compte de l'aptitude à développer un langage humain et où il semble exister des structures communes, des « universaux », aux différentes langues parlées.

« En fait, les jeunes bébés sont doués de capacités linguistiques qui vont en décroissant avec l'âge. Il apparaît que le jeune enfant vient au monde tout préparé pour communiquer avec n'importe quelle communauté verbale dans laquelle il se trouvera. Le langage qu'il finira par développer dépend du langage parlé par ceux avec lesquels il apprend à communiquer, dans un cadre non verbal, longtemps avant l'apparition du langage. » (T.G.R. Bower.)

Et l'on a démontré (Eimas cité par Bower) qu'ils sont capables de discriminations linguistiques très subtiles, par exemple entre les sons b et p, résultats confirmés par les travaux de Jacques Mehler.

Il m'a toujours paru également extraordinaire de considérer que chaque individu est caractérisé par sa voix autant que par sa morphologie générale.

Vous reconnaissez la voix de proches ou de gens que vous connaissez peu. Il y a autant de voix que d'individus et toutes sont différentes. Et chaque bébé va former sa voix, aussi bien dans sa musicalité, que son ton et sa manière, avec ses capacités propres et dans l'imitation et l'adaptation au bain de langage dont il va s'imprégner.

S'il n'y a pas cette stimulation permanente, il n'y aura pas de développement du langage. « L'expérience » de Frédéric II, rapportée page 281 le montre bien. Si l'homme a toutes les capacités acquises au cours du lent développement de son espèce pour manier le langage humain, il ne peut l'acquérir que s'il subit dans sa première enfance les stimulations adéquates.

Cette évidence marquera tous les aspects du développement, et nous tâcherons de démontrer dans la deuxième partie de cet ouvrage que le fonctionnement définitif des organes sensoriels, en particulier, est lié à la mise en place de structures conditionnées par le bon fonctionnement précoce.

11/ Le besoin de sucer
Stade oral passif

Il arrive souvent qu'un bébé normalement nourri, finissant d'importants biberons, prenant de 30 à 40 grammes par jour en moyenne durant les premières semaines, pleure après chaque biberon ou peu de temps après l'avoir terminé. Il s'agit souvent de bébés voraces, terminant très vite leur repas, et qui semblent presque insatiables. On peut remarquer que les bébés nourris au sein présentent beaucoup moins ce symptôme et restent plus souvent tranquilles entre les repas. Or, il se produit fréquemment que la mère, pensant que le bébé a encore faim après un repas très substantiel, lui donne encore à manger, le nourrisse trop et lui fasse prendre du poids de façon exagérée. Si tout cela ne dure que les six ou sept premières semaines, période d'appétit parfois considérable, ce n'est pas grave. Mais si cette habitude se prolonge, le bébé prendra trop de poids durant plusieurs mois, conservera l'habitude de trop manger, deviendra trop gros ; ainsi pourront se constituer les bases d'une obésité future (installation d'un appétit exagéré, constitution de cellules graisseuses en trop grand nombre), avec toutes les conséquences qui peuvent en découler. *On insiste de plus en plus, dans la prévention des surcharges pondérales de l'adulte, sur le rôle des bonnes habitudes alimentaires installées au cours de la première enfance.*

Or, le point de départ de ce mauvais engrenage, dont les conséquences ultérieures peuvent être considérables, réside dans la *confusion entre la faim et le besoin de sucer, de téter.* Le risque est moindre avec l'allaitement maternel, car, à chaque repas, bébé a pu prendre sa ration en quelques minutes, continue à téter souvent près d'un quart d'heure, et satisfait ainsi son besoin naturel de sucer.

On a déjà vu que, dans l'utérus, le bébé suce parfois son pouce. *Ce besoin de sucer est donc un besoin fondamental, indépendamment de la nécessité de s'alimenter.* Dès les premiers jours de la vie, le nouveau-né qui pleure et s'énerve se calme s'il arrive à téter un doigt, le bord de la main. Certains trouvent leur pouce très tôt, dès les premiers jours ou semaines ; d'autres mettent davantage de temps et on peut les y aider ; à partir du moment où ils ont pris l'habitude de téter soit le pouce, soit le bord de la paume de la main droite ou de la main gauche, soit un ou deux doigts comme ils le font souvent (index et majeur réunis), ils gardent cette habitude et continueront à satisfaire leur besoin de sucer de la même manière.

Nombre de parents posent encore la question de savoir s'il faut ou non laisser un enfant sucer son pouce, et jusqu'à quel âge : *Il n'y a aucune raison de le lui interdire à un moment ou un autre.* L'évolution naturelle se fait vers une diminution progressive du temps global de succion dans la journée ; tout petit, presque constamment entre les tétées, puis de moins en moins longtemps et seulement durant les moments où il n'est pas actif, avant de s'endormir, lorsqu'il est triste ou fatigué. Beaucoup d'enfants ne suceront plus guère leur pouce après douze ou quatorze mois et pourront alors garder longtemps cette habitude, pour s'endormir ou en cas de fatigue, jusqu'à cinq, six ans ou davantage. Souvent toutes les tentatives des parents pour les en dissuader seront vaines, mais il suffira parfois que le dentiste leur conseille une seule fois de cesser pour y réussir.

Sucer son pouce est finalement pour l'enfant le moyen le plus simple, le plus physiologique, entraînant le moins d'inconvénients pour satisfaire son besoin naturel intense de sucer. Certes, on observe parfois un certain degré de déformation de la mâchoire supérieure ou la gêne à la sortie d'une incisive médiane supérieure qui descend moins que l'autre. Mais le pouce a moins d'inconvénients que la sucette. Celle-ci peut s'avérer indispensable durant les premières semaines de la vie chez les nouveau-nés agités et criards, qui ne « trouvent pas leur pouce » spontanément, et qui ne se calmeront en dehors des repas qu'en suçant. L'évolution du besoin de sucer va se faire comme pour le pouce ou les doigts, avec cependant deux inconvénients supplémentaires. La sucette déforme souvent davantage le palais, car les bébés la coincent derrière les dents du haut, obliquement, et poussent avec leur langue. Et surtout, il arrive qu'au cours d'un bon sommeil ils abandonnent la sucette dès après l'endormissement, se réveillant plusieurs fois par nuit, chaque fois qu'elle tombe, et ne se rendorment qu'avec elle. Le pouce, lui, se trouve spontanément.

Il semble bien que la manière dont le bébé répond à son besoin naturel dépend de sa manière d'être et de son comportement général. Le fait de téter sa langue pour assouvir le besoin de sucer, de sucer deux doigts plutôt que le pouce par exemple correspond peut-être à certains niveaux d'angoisse.

Mais on retrouve toujours ce besoin qui implique une manière, pour lui, de se donner un certain plaisir. C'est pourquoi, dans la terminologie psychanalytique, tout ce moment de l'organisation du développement jusqu'au cinquième-sixième mois, au cours duquel la succion comble le besoin de se nourrir et le besoin de se donner son plaisir essentiel, est appelé *stade oral passif;* par opposition au stade suivant, *stade oral actif,* au cours duquel *le bébé porte* tout à la bouche, éprouve le besoin de mordre. En fait, ce stade n'est pas si passif puisque le bébé introduit lui-même son pouce dans la bouche, le stade actif étant permis par l'acquisition de la préhension.

Et c'est pour cela qu'il me paraît plus conforme à la réalité de l'observation de l'enfant, le reste étant interprétation d'adulte, de considérer *la préhension* comme l'événement fondamental marquant la transition entre ces deux phases de l'évolution.

12/ Les débuts de la « connaissance »

L'expérience clinique m'a montré qu'un bébé reconnaît à coup sûr sa mère, parfois son père, ses frères et sœurs ou ceux qui s'occupent de lui, *par la voix,* dès cinq à six semaines, et un peu plus tard par la vue, vers huit à dix semaines. Cela paraît absolument certain ; on peut en apporter de nombreuses preuves et se référer aux témoignages de toutes les mères.

Mais les travaux des observateurs semblent démontrer que ces reconnaissances sont encore plus précoces que de simples constatations ne l'indiquent. On a vu que les modifications dans le regard du bébé, des variations dans son attention soulignent bien cette connaissance.

Par ailleurs, la relation entre le bébé et sa mère, son père, les gens de son environnement est rarement simple ; elle dépend de stimulations de tous les sens, y compris l'odorat et en même temps de la parole, des contacts, de la manière d'être pris.

Les dialogues vocal, visuel, tonique jouent tous un rôle dans les phénomènes de connaissance qui s'installent dans la vie courante, mais les travaux d'observation, de sollicitation monosensorielle permettent l'étude de chacun des facteurs.

F. Caplan, synthétisant les travaux du Centre de recherche de Princeton, note, entre de très nombreuses autres constatations et en soulignant le caractère non rigide du calendrier :

— « à *un mois* peut reconnaître la voix de ses parents ;

— « à *deux mois* discrimine clairement les voix, les gens, les goûts, les distances, les objets ; sourit non seulement à la mère mais au père, aux frères et aux sœurs ;

— « à *trois mois* commence à reconnaître et différencier les membres de la famille.

Il y a une différence très marquée entre sa façon de pleurer quand la mère le quitte et la façon dont il pleure quand d'autres le laissent ;

— « à *quatre mois :* temps de mémoire de cinq à sept secondes. Regarde fixement l'endroit où il a laissé tomber un jouet.

Commence à adapter ses réponses aux gens. »

En moyenne, tous les enfants normaux que j'ai suivis montraient à l'évidence cette capacité de discrimination des voix à cinq ou six semaines, des visages à huit ou neuf semaines.

Lorsqu'on examine un bébé de deux mois-deux mois et demi, on peut avoir avec lui un intense dialogue visuel et vocal. Il m'est arrivé de faire l'expérience suivante, presque à mon insu : regardant et parlant avec une petite fille très éveillée de deux mois et une semaine, au milieu de sourires mutuels, je me mis à la regarder durement, sourcils froncés, en arrêtant de parler. Après deux ou trois secondes d'observation, elle éclata en cris et en sanglots et il a fallu que sa mère la prenne et la console. Etait-ce la peur et pourquoi ? Etait-ce la perception de la dureté d'un visage, ou simplement mon changement d'attitude qui avait entraîné une stimulation aussi violente qu'un mouvement brutal capable de faire pleurer un bébé. La modification du regard exprimant l'angoisse avant les pleurs s'observe également à la suite d'une stimulation mécanique trop brutale et n'a donc pas forcément la signification d'une compréhension consciente. Mais, très ému par cette réaction, je n'ai pas renouvelé l'expérience.

B. Brazelton, qui dirige à Boston l'équipe étudiant les comportements du bébé, a très bien montré par des films comment le bébé tout petit qui gazouille et sourit en direction de sa mère s'agite, change de comportement, devient inquiet et finalement détourne le regard si celle-ci reste de glace, et ne répond ni par le sourire ni par la parole à ses avances.

Voici toute une série de remarques tirées de l'observation clinique soulignant la précocité de cette connaissance. John B. est à cinq semaines un garçon gai et gazouilleur. Lorsqu'il avait trois semaines, la mère, très fatiguée, est partie deux semaines, le laissant à sa propre mère, dans son cadre habituel. Il n'y a pas eu de réaction particulière, mais lorsqu'elle est rentrée, John qui avait cinq semaines reconnaissait la voix de sa grand-mère, lui souriait et il a fallu quelques jours pour que s'établisse cette même relation avec sa mère.

Agnès et Julien sont jumeaux prématurés. Il y a eu environ deux à trois semaines de différence d'éveil entre le garçon et la fille. Celle-ci reconnaissait les voix à six ou sept semaines, il a fallu attendre dix semaines pour le garçon.

Gaëlle, à deux mois, se calme instantanément à la voix de sa mère qui lui parle, moins vite si c'est le père.

Toutes les observations des mères attentives soulignent cette reconnaissance de la voix vers six semaines ainsi qu'un autre phénomène intéressant. Les bébés sont très sensibles à des bruits violents qui les font facilement sursauter et pleurer ; beaucoup de mères m'ont fait la remarque que leur bébé supportait sans pleurer, dès six ou sept semaines, leur propre voix, forte ou criarde, mais non celle de leur père par exemple, ainsi que je l'ai déjà mentionné.

Johanna est la quatrième d'une superbe fratrie, deux sœurs plus âgées et un frère ayant deux ans de plus qu'elle. A deux mois, dès qu'elle entendait la voix de son frère proche, elle fermait les yeux, car il avait l'habitude de se précipiter sur elle pour essayer de l'étreindre.

Il arrive bien souvent que le bébé reconnaisse particulièrement, outre la voix de sa mère qui s'occupe de lui, celle de l'aîné proche, qui, s'il y a peu de différence d'âge, est constamment à la maison. Cette connaissance dépend, à l'évidence, à la fois du plaisir apporté par la mère qui nourrit, caresse, berce et manipule, et aussi de la répétition des contacts qui permettent l'intégration des données, alors qu'une relation faible ou sporadique, comme elle peut l'être malheureusement avec le père, le permet moins.

Mais la connaissance vient très vite et il en va de même pour la vue. J'ai souligné les modifications du regard vis-à-vis de l'observateur étranger à partir de deux mois-deux mois et demi, comme si le bébé regardait fixement pour reconnaître ou non le visage penché vers lui, avant de sourire.

Céline, à deux mois juste, souriait en voyant passer sa mère même silencieuse, et restait indifférente devant un étranger.

Laurent, à deux mois et vingt jours, lorsqu'il était

dans un groupe d'enfants et avait faim, tournait la tête vers sa mère, la reconnaissait et pleurait.

La reconnaissance par la vue ne se limite pas aux personnes proches ou qui prennent soin du bébé. Deux remarques s'imposent à ce propos, très importantes pour l'analyse des comportements, et peut-être pour la compréhension de la notion d'objet permanent que nous analyserons (*cf.* p. 124).

Les bébés connaissent parfaitement les lieux où ils sont élevés, où ils dorment ; ils se sentent bien et sont calmes dans les lieux dont ils ont l'habitude, comme la présence d'objets familiers les rassurent. Tous les parents font la constatation que le bébé que l'on fait voyager met du temps à s'acclimater à un nouvel endroit, et pendant les deux-trois premiers jours de vacances, par exemple, dort moins bien. Cela peut être dû à un « changement d'air », lorsqu'on l'emmène à la mer ou à la montagne, mais bien plus souvent, semble-t-il, c'est le changement de lieu et la nécessité de connaître puis reconnaître l'endroit où il vivra qui entraîne cette perturbation du sommeil.

Pour un départ en vacances dans une maison de campagne, la mère d'Alexandre a dû, au bout de deux jours, faire venir le lit et les objets familiers d'Alexandre, qui avait alors quatre mois, afin d'obtenir un bon sommeil, immédiatement retrouvé.

Laurent restait facilement chez lui avec un étranger à trois mois et demi, mais ne supportait pas d'être gardé par un étranger dans une autre maison ; il était malheureux et pleurait tout le temps.

Cécile, à six semaines, avait déjà acquis la tenue de la tête et un sommeil nocturne de huit heures environ. Elle « parlait » à ses jouets, et, de façon évidente, pour ses parents, *au même jouet* de prédilection depuis l'âge de quatre ou cinq semaines. Elle avait donc la capacité de reconnaître ce jouet, ce qui suppose de grandes aptitudes perceptives. De même Elodie, à six semaines, cherchait manifestement sa sucette. J'ai insisté sur la précocité perceptive du nourrisson. Elle est, dès les premières heures de la vie, contrariée par le long temps de sommeil du nouveau-né, mais durant les premières semaines, et surtout à partir du dixième-quinzième jour, le temps d'éveil quotidien est de plus en plus important. Les phases d'éveil calme apparaissent, au cours desquelles, lorsque la faim est apaisée, le nourrisson est sensible à tous les événements extérieurs et pas seulement à ses sensations internes.

Si l'on pense que, durant le temps où l'attention se fixe de plus en plus, les capacités de mémorisation sont extraordinaires et qu'une ou deux sensations suffisent probablement à imprimer un souvenir, on comprend parfaitement la rapidité et la précocité d'installation de phénomènes de connaissance et de reconnaissance par chacun des sens en éveil. *Et très vite apparaissent des « sentiments ».*

13/ L'apparition des « sentiments »

Tout le monde accepte et comprend qu'un petit chien de quelques mois, élevé par un seul maître, pleure et refuse de s'alimenter si celui-ci s'absente quelques jours. Il m'a fallu longtemps pour comprendre qu'il pouvait en être de même pour un bébé. Et c'est seulement depuis peu d'années que les médecins et les parents prennent conscience de ce problème et de son importance éventuelle. En fait, la prise en compte de la psychologie du nourrisson par ceux qui ont la charge de s'en occuper en est à ses tout débuts, malgré ce que disent depuis des décennies quelques précurseurs dont certains psychanalystes d'enfants.

Et pourtant, comme j'aurai sans arrêt l'occasion de l'écrire, cela revêt sans doute une importance considérable.

La mère de Vanessa est partie huit jours alors que celle-ci avait deux mois et trois semaines, la laissant chez elle avec la personne qui la gardait depuis la naissance. La mère ne sait pas bien si elle l'a reconnue à son retour, mais pendant quarante-huit heures, elle a pleuré et crié lorsque sa mère l'approchait, elle « lui a fait la tête », et lui a montré clairement qu'elle préférait sa nourrice. « Ça m'a rappelé les réactions de mon chat », m'a dit la mère.

On peut très tôt, chez le bébé, détecter des manifestations de ce genre, alors qu'un peu plus tard, vers six ou sept mois, elles sont évidentes, et frappent encore les mères par leur intensité. Mélanie a été laissée huit jours par sa mère, très attentive, très attentionnée mais fatiguée par sa deuxième grossesse, alors qu'elle avait six mois, et a été gardée par sa grand-mère dans sa maison. Elle n'a donc apparemment pas souffert de cette séparation. Mais lorsque sa mère est rentrée, elle l'a regardée fixement et assez longuement, comme pour la reconnaître, puis s'est jetée des bras de sa grand-mère dans ceux de sa mère et a pleuré. Elle avait six mois, je le répète, et cette anecdote est émouvante mais ne surprendra guère ceux qui ont l'habitude des nourrissons.

Il se manifeste très tôt toute une série de comportements d'une *qualité différente* de ceux qui commandent aux besoins, faim ou sommeil par exemple, ne répondant pas à des appels internes mais déjà en relation avec des phénomènes liés à la connaissance et peut-être à une certaine représentation mentale d'objets ou de personnes. Nous reviendrons à ce propos aux chapitres sur l'objet permanent et sur la notion d'attachement (*cf.* page 267). Car toutes ces manifestations, que l'on peut appeler, je crois, sentiments, dans la mesure où ils témoignent de choix et de préférences apparus en même temps que l'installation d'une certaine connaissance, dépendent *de liens de type affectif* créés entre le nourrisson et les objets ou personnes de son entourage.

Lorsque je racontais au chapitre précédent que Cécile gazouillait particulièrement, à six semaines, à son objet préféré, et que cette préférence était évidente pour ses parents, cela signifie l'installation déjà à cet âge de liens de type affectif.

Bénédicte, à sept semaines, faisait une fête particulière à son père lorsqu'il rentrait après deux jours d'absence.

« On remarque que des bébés de deux ou trois mois peuvent adopter un comportement " étrange " lorsque leur mère modifie soudain sa coiffure ou porte des lunettes de soleil pour la première fois devant eux. » (C. Trevarthen et coll.)

Ce n'est pas encore là la manifestation d'un sentiment mais une réaction à une perception inhabituelle.

Et lorsqu'on réfléchit aux capacités de perception si précoces des nouveau-nés, à leurs fantastiques aptitudes d'enregistrement, et à la mémorisation probablement immédiate, sous l'effet d'une seule stimulation, on comprend facilement l'apparition si précoce de « *sentiments* ».

Jérôme avait trois mois et demi lorsque, au mois de juillet, ses deux frères sont partis en vacances. Il a été évident pour la mère qu'il s'ennuyait et cherchait leur présence. A cet âge, un bébé *n'a donc pas seulement, comme on l'a dit, une connaissance qui s'estompe et s'efface lorsque l'objet ou la personne connus disparaissent de son champ de vision.*

Le cri d'appel du bébé de six semaines, pour que sa mère vienne lui tenir compagnie, même s'il n'est *pas intentionnel* au sens où nous le verrons plus loin, témoigne déjà d'une représentation mentale perceptible par l'enfant et n'a pas la même signification que l'appel du biberon déclenché par la faim.

L'observation des triplées dont j'ai déjà parlé a été une mine d'enseignements. Lorsqu'elles avaient trois mois, le père s'est absenté deux jours. C'est lui qui les couchait d'habitude, et le soir, à l'heure où il avait coutume de rentrer, elles l'ont cherché et se sont endormies beaucoup plus difficilement. L'une, Ariane, a toujours été la plus réactive ; vers deux mois et demi, elle manifestait « *des sentiments de jalousie* », dit la mère, lorsqu'une des deux autres était dans les bras de sa mère. Vers quatre mois, lorsque son père lui donnait son repas et que la mère en prenait une autre pour le biberon, elle s'arrêtait de manger, détournait la tête, et refusait longtemps de reprendre le biberon.

Il me paraît bien évident que commencent à se manifester, dans tout ce que j'ai décrit, des attitudes induites par une connaissance déjà très fine et très élaborée, et l'existence de liens privilégiés avec d'autres personnes. *On peut déjà donner à ces attitudes la dénomination de sentiments.*

Dire, comme dans le cas d'Ariane, qu'il s'agit de jalousie consiste à nommer, avec notre langage, ces attitudes et nous verrons que si dans certains cas nos appellations paraissent légitimes, bien souvent les adultes ont le tort de considérer les comportements des bébés comme s'ils dépendaient déjà de qualités ou de défauts d'ordre moral ou affectif. *Lorsque l'on dit d'un bébé très réactif qu'il est peureux ou nerveux, on commet une erreur qui ne sera pas sans retentissement sur ses comportements futurs, et surtout on prête au bébé des intentions qu'il n'a pas en considérant des comportements réactionnels à un changement d'habitude, par exemple, comme le fruit d'une intention ou d'une manière d'être délibérée.*

En réalité, c'est nous adultes qui, en considérant et en nommant de telle ou telle manière les comportements réactionnels du bébé, de joie ou de tristesse, de contentement ou d'insatisfaction, de plaisir ou de déplaisir, forgeons en grande partie, sur la base de manières d'être de plus en plus complexes au fur et à mesure que l'enfant grandit, la trame de ce que seront ses qualités ou ses défauts, souvent en fonction de critères conventionnels.

J'ai vécu toute mon enfance et mon adolescence dans la superbe ville d'Alger, durant les heureuses années d'avant-guerre, et les dures mais parfois exaltantes années de la guerre. On voyait des enfants de cinq ou six ans, boîte de cireur à l'épaule, se débrouiller seuls dans la grande ville pour y gagner leur vie, dormir sur les trottoirs les soirs d'été, rentrant chez eux de temps à autre. Il leur fallait d'autres aptitudes que celles exigées pour être le bon petit élève docile du cours préparatoire. Ils devaient développer leur indépendance et leur comportement débrouillard que bien souvent l'on réprime lorsqu'ils se manifestent chez des enfants de deux à trois ans. La vie exigeait d'eux des qualités comme en avaient un certain nombre de nos concitoyens, « placés » à sept ou huit ans dans des fermes pour commencer à gagner leur vie.

Le bébé manifeste très tôt des « sentiments », c'est évident. Ce sont des manifestations d'abord élémentaires centrées sur le plaisir et le déplaisir. En devenant de plus en plus complexes, et en se modulant sur les réponses et les réactions de l'entourage, elles deviennent peu à peu des comportements psychologiques.

14/ Quelles sont les différences individuelles ?

On peut très facilement apprendre une quantité de choses sur les différences de comportement des nouveau-nés en interrogeant des puéricultrices de maternités.

Tout de suite après l'accouchement, les bébés ont des manières d'être différentes, dans le sommeil, l'éveil, la réactivité, la capacité d'attention. Ces comportements sont, probablement, *en grande partie induits par les conditions du travail et de l'accouchement même normal.* Depuis quelques années, des progrès considérables ont été effectués dans la prévision des conditions de l'accouchement, dans la connaissance du retentissement sur le bébé d'un travail long et difficile, dans la surveillance, biologique et cardiorespiratoire du bébé au moment de la naissance, et dans la réanimation immédiate ; même dans les cas apparemment les plus bénins, les accoucheurs et les néo-natologistes ont contribué à faire diminuer considérablement les risques de l'accouchement pour le nouveau-né. C'est un des grands progrès de la pédiatrie.

Les diverses conditions de l'accouchement normal retentissent plus ou moins nettement sur le bébé qui vient au monde. Il n'y a guère de travaux français sur le problème et le score d'Apgar, noté dès la naissance et ensuite de minute en minute, renseigne seulement sur les grandes fonctions. Virginia Apgar a proposé en 1953 de noter 0,1,2, les cinq critères suivants : respiration, couleur de la peau, rythme cardiaque, état musculaire, réponses aux excitations pour donner un chiffre allant de 0 à 10 que vous voyez inscrit sur le carnet de santé. La somme maximale est de 10 pour le nouveau-né tout à fait normal et se comportant exactement comme il doit. Mais un Apgar à huit ou neuf à la première minute n'a en général guère d'importance, et correspond à un état satisfaisant.

Dès 1973, T.B. Brazelton a proposé une échelle de 26 tests, appréciant diverses réponses à des stimulations et des modes de comportement. Par les appréciations portées, grâce à cette échelle, aussi bien dès la délivrance que dans les jours qui suivent, on peut objectivement noter la cessation progressive des effets de l'accouchement, l'adaptation au monde ambiant, et l'installation des capacités réactives.

Il existe donc, dès après la naissance, pendant un ou deux jours, des variations dans les comportements en grande partie induites par les conditions de l'accouchement.

Ensuite, le bébé ayant « récupéré », les comportements paraissent semblables le deuxième ou troisième jour.

Puis commencent à apparaître des différences. Les remarques des puéricultrices sont très instructives : « A ce moment-là, quand les différences commencent à apparaître, nous savons combien les comportements maternels influencent les différences des comportements des bébés. » Elles savent parfaitement qu'à une mère particulièrement inquiète ou anxieuse *peut* correspondre un bébé agité. On a montré que la simple vue du bébé s'apprêtant à téter pouvait être un stimulant pour la sécrétion lactée. Le désir ou non d'allaiter peut influer grandement sur cette sécrétion. Et cela, évidemment, à partir des tout premiers jours de la vie.

Certes il y a des différences individuelles, indiscutables, détectables. Mais on peut raisonnablement avancer l'hypothèse que ces différences sont d'ordre neurophysiologique ; il ne s'agit ni de caractère, ni de tempérament, ni d'intelligence, et cela est tout à fait compréhensible.

Comment veut-on que des gènes qui commandent à des réactions chimiques déterminent des caractères au sens psychologique du terme ? En revanche, ils commandent à des modes de réaction qui vont devenir des modes de comportement et, par l'interaction entre ces comportements et la réponse de l'entourage, des traits de caractère.

Il me semble que ces différences d'ordre neurophysiologique reproduisent les différentes capacités de la cellule nerveuse elle-même :

— Plus ou moins grande excitabilité.

— Plus ou moins grande réactivité.

— Plus ou moins grande capacité d'inhibition.

— Et probablement plus ou moins grande capacité de mémorisation.

On peut penser que ces capacités de base, en partie innées, jouent un rôle dans le développement de la personnalité. Dans un chapitre ultérieur, nous aborderons quelques données de neurophysiologie qui éclairent ces conceptions en matière de développement du bébé. Il est parlé, par exemple, de la myélinisation. La myéline constitue la gaine qui entoure chaque prolongement de cellule nerveuse ; or, la vitesse de conduction de l'influx, dont dépendent probablement toute une série de capacités fondamentales en pratique sportive par exemple, est liée à la qualité et à la quantité de myéline. On découvrira de la même manière, par exemple, quels éléments chimiques ou d'organisation neurophysiologique ont une influence sur des capacités innées de mémorisation.

Avec un nombre limité d'éléments chimiques constituant la matière des gènes, la nature a fabriqué un nombre infini d'espèces vivantes. Il n'est pas plus difficile de concevoir qu'avec un nombre très limité de caractéristiques neurophysiologiques mais une énorme quantité de cellules nerveuses l'évolution de chaque être humain dans son contexte particulier puisse façonner une multitude de comportements. Encore peut-on remarquer que ces comportements sont bien plus stéréotypés qu'une observation superficielle ne le laisserait penser. Il n'est que d'observer, par exemple, des enfants « à problèmes », vers deux-trois ans, ou même plus tard vers sept-huit ans, pour s'apercevoir que l'on rencontre chez tous, avec une extrême fréquence, les mêmes symptômes cliniques fondamentaux.

La majorité des chercheurs s'occupant actuellement de psychologie du nourrisson semble bien d'accord sur l'importance des interrelations précoces dans l'installation des comportements des bébés.

T.G.R. Bower est très affirmatif sur ce point.

« On a détecté des différences de personnalité ou de tempérament chez des bébés de quelques heures seulement (Freedman et Freedman). A la fin de la première année, on peut observer des différences très nettes et très constantes. Ces différences concernent la manière dont le bébé se comporte dans des situations sociales, avec sa mère, avec les étrangers, etc.

« Il semble probable que les différences de personnalité apparaissant vers la fin de la première année chez les jeunes enfants dépendent elles-mêmes de la manière dont ils sont traités par les adultes qui prennent soin d'eux. La preuve la plus évidente de cela nous est fournie par une étude sur le développement de la personnalité chez des jumeaux identiques (Kringlen et Jorgenson, 1975). Les jumeaux identiques sont génétiquement identiques. Toute différence dans leur personnalité doit par conséquent être mise au compte des différences dans la manière dont ils sont élevés. Tous les jumeaux de cette recherche constituaient des couples élevés ensemble. Néanmoins, il y avait entre eux des différences de personnalité et le degré de différence variait avec le degré de différence dans leur aspect physique. Les jumeaux identiques présentent parfois une apparence identique, parfois simplement similaire ; ils n'en sont pas moins, dans ce dernier cas, génétiquement identiques. Cependant, il est virtuellement impossible de se conduire de façon différente envers deux bébés jumeaux qui ont l'air pareils, alors que c'est possible envers des jumeaux dont la ressemblance est moins parfaite.

« D'après cette recherche, ce sont ces différences dans la manière de les traiter qui, manifestement, produisent des différences de personnalité.

....

« Dans le cas des caractéristiques de personnalités décrites jusqu'ici, il semblerait que ce soit le milieu social quotidien qui détermine la manière dont le bébé se comporte. Les différences individuelles entre bébés dans les situations sociales habituelles sont donc, selon toute vraisemblance, fonction des environnements sociaux dans lesquels les bébés vivent tous les jours de leur vie. »

Sur les différences très précoces entre garçons et filles, C. Trevarthen et coll. s'expriment de la façon suivante :

« Les bébés eux-mêmes ne se comportent pas de la même façon : à deux mois, les garçons s'agitent beaucoup plus que les filles et tendent à " dominer " les échanges avec leur mère. Les petites filles au contraire s'expriment surtout avec le visage et des gestes délicats de la main. Toutefois, *les différences de personnalité* entre les pères, les mères et les bébés des deux sexes demeurent un facteur essentiel du type de comportement intersubjectif. »

Nous reviendrons sur les différences garçon-fille.

De la même façon, il existe sans aucun doute des différences innées dans le mode d'installation des grandes fonctions, appétit, sommeil, humeur, commandées par la nature physique et le métabolisme général du bébé. Mais chez l'homme, plus que chez tout autre être vivant, l'interaction immédiate, dès la naissance, entre des aptitudes innées et la réaction de l'environnement rend très difficile, sinon impossible, d'établir leurs parts respectives.

Si l'on prend l'exemple de bébés hyperréactifs, il est hors de doute que la rencontre entre un tel enfant et une mère anxieuse, et par là difficilement tolérante, inapte à développer une atmosphère lénifiante, réagissant mal à des pleurs ou des cris excessifs, conduira le bébé à encore davantage d'hyperexcitabilité.

Il est par ailleurs évident que les aptitudes motrices, en liaison avec l'évolution du tonus musculaire manifestement influencé en majeure partie par le programme génétique, vont jouer un rôle dans les comportements, l'irritabilité, l'humeur.

Mais je veux souligner dans ce chapitre, mis à part des cas tout à fait exceptionnels d'aptitudes elles-mêmes exceptionnelles, qu'il est, dans le cas des développements moyens, impossible de faire la part des données du programme génétique et de sa modulation sous l'influence des conditions de l'environnement.

Il paraît logique de considérer que les aptitudes de départ sont d'ordre neurologique et non psychologique. Les enfants normaux, sans tare particulière, ne viennent pas au monde agités, difficiles ou paresseux, mais ils le deviennent et pourraient ne pas le devenir.

15/ Les rythmes propres, la réponse aux demandes et la « notion de concordance »

Il s'agit d'une notion extrêmement importante regroupant toute une série de données et permettant de comprendre comment se construisent peu à peu, mais très vite, les comportements précoces des bébés. Chacun a un rythme propre dans l'installation de ses grandes fonctions, et *la concordance* entre le rythme propre et les réponses données par l'environnement — la mère en particulier — aux besoins manifestes va faciliter ou contrarier l'installation de ces fonctions qui comprennent en tous les cas l'appétit, le sommeil, l'humeur et l'équilibre général du bébé. Autrement dit, la manière dont il est répondu d'abord à des besoins puis aux diverses demandes, qui peuvent se manifester de façon différente selon les bébés, va jouer un rôle formateur dans l'installation des comportements, c'est-à-dire dans les manières d'être qui seront les siennes et qui, dans leur développement, donneront naissance à des qualités et des défauts.

Il s'agit ici d'une première approche d'un problème fondamental qui sera traité sous d'autres formes ailleurs.

Je dois dire tout de suite, pour alléger éventuellement un sentiment de culpabilité insupportable, que c'est dans l'amour porté au bébé, tout simplement, que se trouve la bonne réponse des mères ; et, dans la majorité des cas, elles ont la perception instinctive des besoins de leur enfant, bien qu'actuellement le terme d'instinct n'ait plus guère de signification, même dans le monde animal. Le comportement maternel lui-même est un comportement culturel, comme le montrent de nombreux travaux, et en particulier ceux de Harlow (*cf.* page 256).

Mais, avec la disparition des familles nombreuses, avec le travail féminin de plus en plus répandu, les jeunes mères de nos jours n'ont guère appris dans leur enfance de leur propre mère, de leur propre famille. Le pédiatre peut témoigner du nombre de questions stupéfiantes qu'il entend. D'où la nécessité perçue par les jeunes couples de suppléer à une connaissance qui n'avait d'instinctif que le nom, mais constituait en réalité un apprentissage et des réflexes acquis pendant l'enfance, par l'enseignement dans la famille (comme cela se pratique actuellement dans les populations dites moins « civilisées » que les nôtres), par un enseignement et un apprentissage livresques, ou par les multiples questions posées aux pédiatres, psychologues, puéricultrices, etc.

Nous ne nous éloignons pas de la notion de concordance, nous tournons simplement autour, pour souligner le fait que la majorité des mères découvre spontanément cet accord nécessaire avec leur nourrisson ; la meilleure preuve en est que la majorité des bébés est vers quatre mois joyeuse, bien équilibrée, de bon appétit et de bonne humeur. Je dis bien la majorité seulement, et pour les autres, c'est au pédiatre à porter attention aux petits symptômes qui signalent les difficultés de concordance.

Je prendrai d'abord un exemple simple, celui de la nourriture, auquel tous les parents sont confrontés. Durant les premiers jours de la vie, certains bébés, en fonction probablement de l'état de maturation de leur système nerveux, sont plus ou moins endormis, ont plus ou moins besoin d'être stimulés pour téter ; puis ils vont manifester leur faim à intervalles plus ou moins réguliers : certains sont affamés et crient désespérément toutes les trois heures ; d'autres à intervalles plus longs et moins réguliers ; d'autres ne manifestent que peu d'appétit. Les nouveau-nés pleurent régulièrement la nuit, puis de plus en plus tard et, à un certain moment, on doit sentir qu'ils ont besoin de passer à cinq repas s'ils n'y sont déjà (vers cinq à six semaines) ; certains d'entre eux passent très vite à quatre repas, vers sept-huit semaines, d'autres resteront à six repas jusqu'à cet âge et ne pourront passer à quatre repas par exemple que vers trois mois ou nettement plus tard.

Certains bébés, à deux mois, dormiront dix heures d'affilée durant la nuit, d'autres ne dormiront que sept heures, de 11 heures à 6 heures du matin par exemple, et ce encore à trois mois et demi ou quatre mois. Selon le sommeil nocturne, l'heure du réveil matinal, la plus ou moins grande régularité de la demande, le nombre des repas doit varier, et partant, bien sûr, la quantité donnée à chaque repas.

Ainsi il existe *un rythme propre au bébé* (peut-être inné, peut-être aussi en corrélation avec ses premières relations), mais auquel il faut répondre de façon adaptée, en essayant de le découvrir et sans le contrarier.

Une mère m'a fait un jour remarquer que la perturbation du rythme déjà acquis chez sa petite fille par la venue d'une nouvelle nurse, rigide et têtue, entraînait des coliques et des douleurs abdominales ; elles ont cessé à l'instant où nous avons pu convaincre cette dame (difficilement) que ses idées préconçues valaient moins que la demande du bébé.

Toutes les mères un peu attentives soulignent à quel point les choses se passent souvent beaucoup plus facilement avec le deuxième enfant ; indépendamment d'angoisse moindre, il y a, grâce à l'expérience du premier, une connaissance et une compréhension du bébé qui favorisent la concordance.

La corrélation est évidente entre la façon dont on se comporte avec le nouveau-né et son appétit, son sommeil, son calme, parfois des coliques ou des vomissements. *Tout ceci n'exclut en aucune manière la possibilité de troubles organiques qu'il faut à tout prix détecter.* Mais il est souvent difficile d'être médecin d'enfants ; le bébé est totalement dépendant de son environnement et tout doit compter pour l'appréciation d'un diagnostic.

La notion de concordance s'élargit au fur et à mesure que le bébé grandit. Si durant les deux ou trois premières semaines il s'agit essentiellement de l'aptitude à combler au mieux les besoins purement physiologiques, elle implique très vite les réponses dans les dialogues tonique, vocal, visuel et puis aux demandes formulées plus clairement par le nourrisson à partir de quatre ou cinq semaines à travers ses appels. La mère de Gregory a remarqué que dès l'âge de six semaines celui-ci pleurnichait d'une certaine manière en suçant son pouce ou son index alors qu'il était dans son petit fauteuil inclinable ; cela signifiait le besoin de sommeil et le désir d'être couché. Et tout mène à cette concordance : qualité, rapidité de la réponse, douceur de la voix. Tous les chercheurs qui actuellement étudient les bébés sont d'accord sur ces notions. On a montré, par exemple, qu'il existe de bons modes de communication avec la mère si celle-ci a répondu vite aux cris de bébé durant les premiers mois ; ces bébés-là crient et pleurent peu.

« Au premier trimestre de la vie, les aspects qualitatifs du contact semblent même plus importants que sa durée ou sa fréquence : les bébés dont les mères sont tendres et attentives manifestent des réponses positives quand ils sont pris dans les bras, et même très jeunes, *ne protestent pas* quand le contact cesse. Les enfants dont les mères sont brusques ont tendance *à répondre négativement quand ils sont pris dans les bras, et à pleurer quand ils sont remis par terre.* »

Cette constatation de Mary Ainsworth et coll. est fondamentale, indépendamment du fait qu'elle souligne. *Elle montre comment s'instaure une mauvaise relation. L'enfant n'est pas content quoi que la mère fasse :* ni quand elle le prend dans ses bras, ni quand elle le repose par terre. Et c'est une formule énoncée constamment par les parents conduisant en consultation un enfant soi-disant difficile de quatre à cinq ans ou de neuf à dix ans : « *Il n'est jamais content.* »

On perçoit là, sans aucun doute, dans l'instauration progressive, mais très rapide, des relations entre le bébé et son entourage la genèse de ses comportements.

Et c'est pourquoi il m'a paru utile d'introduire cette notion de concordance qui recouvre l'ensemble des bonnes réponses apportées d'emblée, et de façon de plus en plus élaborée, aux demandes du nourrisson.

16/ La dépendance affective

Le terme de dépendance est utilisé dans le langage psychanalytique, en particulier par Winnicott. Il signifie dans cette acception tout à fait courante que pour la vie quotidienne, la satisfaction des besoins, de tous les besoins, le bébé dépend absolument de son entourage, et de sa mère en particulier. Evoquant « la théorie de la relation parents-nourrisson » et parlant du bébé, Winnicott écrit : « *Le mot clé de ce chapitre est dépendance.* »

Mais par le terme de dépendance affective, *je voudrais souligner les liens parfaitement intimes qui existent entre le développement même du bébé et les éléments essentiels de son environnement.* Parmi ceux-ci, il est évident que la satisfaction de ses besoins fondamentaux (réponse à la faim, à la soif, possibilité de sommeil, soins d'hygiène et de santé lui permettant d'être en bon état physiologique), joue un rôle considérable. Mais toujours, premier point qu'il convient de souligner, *de deux manières :* par l'assouvissement normal de ses besoins *et par la façon dont il y est répondu;* suffisamment vite, de manière adaptée, avec tendresse et douceur. *Autrement dit, notion retrouvée tout au long de cette première partie, il se crée quelque chose de fondamental non seulement dans la satisfaction des besoins du bébé, mais dans la relation instaurée à l'occasion de la satisfaction de ces besoins, de façon positive ou de façon négative.*

On verra qu'au-delà de la satisfaction des besoins fondamentaux existe la notion d'attachement. Si le besoin d'attachement est, pour le bébé, aussi fondamental que la faim, la soif ou le sommeil, alors la manière dont se créent ces liens d'attachement joue un rôle considérable dans son développement.

Et parlant de dépendance affective, on peut défendre

l'idée que, *à ce stade de l'existence, le lien affectif joue le rôle fondamental dans la structuration de la personnalité. Le lien affectif qui crée telle ou telle manière d'être, tel ou tel type d'humeur selon la façon dont il est répondu aux comportements innés du nourrisson et à ses demandes, représente l'élément fondamentalement structurant non seulement de l'humeur et des comportements, mais aussi de l'aptitude à acquérir les capacités de base nécessaires à un développement intellectuel ultérieur normal.*

Il s'agit sans doute ici du premier stade de l'attachement, qui ne structure pas des capacités intellectuelles mais permet à l'enfant, par la mise en place des comportements fondamentaux, d'acquérir la possibilité, dès maintenant, lors de ses périodes d'intérêt pour le monde extérieur et pas seulement pour ses propres besoins, d'avoir une capacité d'attention, un attrait pour le monde extérieur, un éveil, une curiosité qui sont le début de la mise en place de ses aptitudes intellectuelles et de ses structures mentales ultérieures.

Le développement récent de *la psychiatrie du nourrisson* a montré, de façon éclatante, la possibilité d'apparition de troubles du comportement, très précoces et parfois très graves, durant les premiers mois de la vie, en rapport avec des perturbations de la personnalité de la mère par exemple.

Parler de dépendance affective signifie, je crois, souligner la dépendance qui existe, de fait, dans la réalité la plus profonde et la plus intime, entre la manière dont va se développer mentalement, affectivement, intellectuellement, le bébé et la nature et la qualité des liens affectifs, réels, tissés entre lui-même et les membres de son environnement, sa mère en particulier, mais dans une complexité, une mouvance, une réactivité qui défient bien souvent la description. Cela signifie que comptent fondamentalement la personnalité réelle des parents et non leur apparence, leurs sentiments profonds et non la forme apparente qu'ils souhaitent leur donner.

Je visitais un jour un kibboutz dont les structures reposent sur une vie en commun des enfants, dès les premiers jours. Les parents travaillent le matin, puis prennent leurs enfants et s'en occupent jusqu'à 18 ou 19 heures, et ensuite tous les enfants dorment dans des locaux communs, les tout-petits étant parfaitement bien surveillés par des nurses et des puéricultrices très compétentes. Un certain nombre de mères, d'ailleurs, supportent mal cette séparation d'avec leur enfant, lorsqu'il est petit. S'il y a problème, maladie etc., les parents peuvent garder leur enfant.

Il y a donc une vie communautaire importante entre les enfants, et durant le temps de la journée où enfants et parents sont ensemble, ceux-ci peuvent se consacrer entièrement à construire une excellente relation avec les enfants, sans craindre l'incidence des difficultés de la vie quotidienne.

J'ai demandé au responsable avec lequel je parlais si, dans ces conditions, il y avait chez eux des « enfants à problèmes ». Sa réponse, arrivée très vite, a été : « *Mais ces enfants ont des parents, comme tout le monde.* » Cette phrase soulignait bien la primauté de la relation intrafamiliale, même dans le cadre d'une organisation de vie très particulière, avec des contacts sociaux très développés, dans la formation de la personnalité de l'enfant.

Evoquer la notion de dépendance affective, c'est souligner l'importance de la notion de dépendance du nouveau-né et du nourrisson, non seulement pour la satisfaction de ses besoins de survie, mais aussi pour la nécessité de l'existence de liens affectifs normaux assurant un développement harmonieux. C'est en quelque sorte aborder d'une autre manière la notion d'attachement telle qu'elle sera développée plus loin. Bien sûr, le nouveau-né va nouer des liens avec plusieurs personnes, mais il en est une qui joue un rôle vraiment privilégié, qu'on le veuille ou non : c'est la mère, ou la personne qui en tient lieu.

Il n'est peut-être pas inutile de répéter des notions qui paraissent de bons sens, mais sont volontiers remises en question, avec l'évolution inévitable et souhaitable du rôle des femmes dans la société. *Je ne crois pas que la réflexion doive porter sur le fait de savoir si les mères jouent ou non un rôle majeur et si celui-ci peut être interchangeable avec celui du père ou d'autres personnes ; je crois qu'il faut admettre la nécessité affective et biologique inéluctable de la prépondérance du rôle de la mère et réfléchir à la manière de le rendre compatible avec une activité sociale et professionnelle normale : là est le bon thème de réflexion, et celui, qui, dans mon expérience, correspond le mieux à la nature et au désir réels des femmes.* Les liens créés durant la gestation, pendant la période d'allaitement ne sont pas comparables à ceux qui peuvent être noués avec le père. La connotation inévitablement sexuelle de la relation entre la mère ou le père et l'enfant, différente selon qu'il est garçon ou fille, joue un rôle structurant fondamental dont l'évolution normale se fait vers la quatrième ou cinquième année dans une résolution normale du complexe d'Œdipe. On peut interchanger les rôles, mais il faut alors savoir que ce ne sera pas sans conséquences.

Les mères attentives sont toujours étonnées de découvrir la corrélation très étroite qui existe entre leur humeur, leur état psychologique à un moment donné et l'état du bébé. Une d'entre elles soulignait ce fait alors que son deuxième enfant avait quatorze mois. Elle avait remarqué des troubles du sommeil lors de séparations, la relation entre sa présence et le calme de l'enfant. « Je n'y croyais pas du tout avec mon premier enfant », m'a-t-elle dit. « *Je croyais que c'était un délire de pédiatre.* » On pourrait citer des dizaines d'exemples montrant le rapport très évident entre l'état de la mère, dépendant de nombreux facteurs tenant à sa propre personnalité mais aussi aux circonstances ponctuelles de sa vie et de ses relations affectives à ce moment-là, et le comportement du bébé.

J'eus l'occasion d'examiner un bébé de cinquante jours qui semblait trop excitable, instable d'humeur, passant facilement du sourire aux larmes. La mère était alors dans une situation affective difficile et, bien qu'il se fût agi du premier bébé, elle avait déjà remarqué cette relation entre son état réel et celui du bébé.

Et elle m'a dit textuellement : « Je suis mal. Il dort mal. Il y a une correspondance parfaite entre mon état psychologique et le sien. »

Je crois qu'il s'agit là, véritablement, de la dépendance affective. On a pu dire « le nouveau-né, le bébé sont en communication directe avec l'inconscient maternel ». L'expérience du bébé normal montre qu'un des aspects de cette proposition est bien ce lien étroit et perceptible par une simple observation.

Tout n'est pas toujours facile, loin de là. On souligne volontiers, dans les fratries, les difficultés de l'aîné dépendant de l'angoisse et de l'inquiétude inhérentes au défaut d'expérience des parents, en particulier, alors que le deuxième enfant, accueilli de façon plus détendue, plus calme, se développera plus facilement. Mais si l'écart est faible entre les deux enfants, si, pour le second, la mère est débordée, fatiguée, agitée, mal aidée, il arrive bien souvent que le second soit moins calme, plus agressif.

L'expérience des enfants, des relations conflictuelles, m'a montré combien les comportements enfantins étaient le reflet de l'ambiance dans laquelle ils grandissent et se développent. Insister sur *l'idée de dépendance affective c'est souligner le rôle des relations précoces dans le développement.*

17/ Y a-t-il une attitude éducative ?

Une très grande dame africaine, importante personnalité de son pays, avec laquelle je parlais de l'attitude des mères de son peuple, m'a dit :

« Parfois, lorsque mes enfants étaient petits je les laissais pleurer la nuit. Ma mère me critiquait et me demandait d'aller les voir et de les prendre. Et elle m'a dit, une fois, cette sorte de dicton africain. « *Si tu ne dors pas avec tes enfants quand ils sont petits, sous le même drap, ils ne t'aimeront pas quand tu seras vieille.* »

Parole merveilleuse qui indique bien comment se créent et de développent des liens affectifs qui persisteront toute la vie. Beaucoup d'Africains pensent que les gens de nos sociétés ont souvent à l'égard des vieillards une attitude indigne : parents plus ou moins laissés à l'abandon, dont on ne s'occupe plus, qu'on oublie. Ils ne pensent pas que ce soit pour des raisons économiques, mais bien plutôt parce que ces parents-là n'ont pas bien aimé les enfants, qui, plus tard, les négligeront. Et de fait, on observe que dans chaque famille où l'attitude parentale est totalement chaleureuse, apportant un soutien au moins moral et affectif, la conséquence logique est le maintien de liens étroits entre parents et enfants, et l'aide apportée plus tard par les enfants à leurs parents. *Et tout cela peut s'obtenir dans une indépendance complète, sans que les parents interviennent de façon abusive dans la vie et les décisions de leurs enfants, et sans que les enfants aient d'exigences anormales à l'égard de leurs parents.*

L'état naturel du bébé humain est sans doute d'être étroitement collé au sein maternel pendant les premiers mois de sa vie ; ensuite et pendant plusieurs mois, de pouvoir s'y réfugier dès qu'une chose, un être ou un événement lui paraissent menaçants. Ensuite d'acquérir progressivement une indépendance qui ne pourra être complète tant qu'il n'aura pas fini sa maturation, et ne pourra subvenir seul à ses besoins. Pendant toute cette période, la plus longue comparativement aux périodes équivalentes dans les autres espèces animales, l'enfant puis l'adolescent a besoin de chercher refuge, aide et protection auprès des adultes de son entourage.

Trois raisons entre autres m'ont poussé à écrire ce livre.

- La première, c'est qu'aujourd'hui ces gestes que l'on doit faire tout naturellement ont été remis en question à la suite d'attitudes éducatives dictées par des théoriciens. On est atterré par certaines phrases. Spitz cite les deux exemples suivants. L'un concerne Watson qui écrivait en 1928, parlant des nourrissons : « Traitez-les comme s'ils étaient de jeunes adultes. Habillez-les, baignez-les avec soin et circonspection... Si vous le devez absolument, embrassez-les une fois sur le front. »

L'autre concerne le « United States Children's Bureau » qui avait fait sienne cette attitude et recommandait jusqu'en 1938 dans son opuscule intitulé *Soins aux nourrissons*, « l'entraînement par la régularité dans l'alimentation, le sommeil et l'élimination » pratiquement dès la naissance, soutenant qu'ainsi « le petit bébé recevait ses premières leçons en vue de forger son caractère ».

Il faut dire qu'à partir de 1942, un renversement complet de tendance fut observé dans les recommandations du même Bureau de l'Enfance.

Dans sa rigidité, l'attitude française n'avait d'ailleurs rien à envier à de tels préceptes. Beaucoup trop de gens pensent encore que l'on commence à éduquer un enfant alors qu'il est tout petit et qu'on peut *dresser un nourrisson.* Rien n'est plus faux ni, probablement, plus néfaste. Autant il est essentiel que les parents aient à partir d'un certain moment une attitude ferme, autant cela est injustifié durant les premiers mois de la vie.

• La deuxième raison tient à cette grande inaptitude de l'adulte à comprendre les comportements des petits enfants. Il m'a fallu à moi-même beaucoup d'années d'expérience, de travail et de réflexion. Les jeunes parents ne sont donc nullement coupables d'avoir beaucoup de difficultés en cette matière, surtout avec le premier bébé. En général les adultes agissent comme si les bébés et les petits enfants ne comprenaient rien, ou bien comme s'ils fonctionnaient à la manière des adultes et raisonnaient de la même manière. Or, ces deux conceptions sont également fausses, les bébés perçoivent et sentent tout ce qui se passe autour d'eux, mais ne « pensent pas » à la façon des adultes.

• La troisième raison, liée à la première, tient à cette attitude habituelle aux adultes qui consiste à porter un jugement psychologique sur les comportements initiaux des bébés.

Dire mon bébé est *nerveux* parce qu'il est réactif, ou il est *capricieux* parce que le bébé pleure s'il a encore faim ou qu'on ôte de sa vue un objet qui l'amuse, ou il est *paresseux* parce qu'il ne s'assoit pas, à huit mois, n'est pas du tout anodin. Cela consiste à penser que le bébé est déjà ainsi, avec des défauts déjà existants. *Or, encore une fois, les bébés ne viennent pas au monde affublés de défauts ou de qualités, mais avec des modes de comportement.* Nommer ainsi, de façon péjorative, ces comportements peut conduire sans aucun doute le bébé à adopter le défaut qu'on lui prête.

On n'éduque pas un petit nourrisson ; *on le forme* en fonction de l'ambiance dans laquelle on l'élève, des expériences qu'on lui fait vivre, de la bonne qualité ou non des relations qu'il va tout de suite entretenir avec ses parents, sa fratrie, les nourrices ou la crèche qui vont s'en occuper.

Mais on peut définir une série de besoins, qui, lorsqu'ils sont comblés au mieux des possibilités des parents, forment des bébés calmes, équilibrés, heureux de vivre et respectent toutes leurs capacités d'apprentissage et de formation.

« Personnellement, je ne crois pas qu'on puisse *gâter* un nourrisson au cours des sept premiers mois de sa vie », écrit Burton L. White.

Je suis absolument d'accord avec cette formulation.

Etudiant la relation entre les pleurs des bébés et les interventions maternelles (entrer dans la pièce, approcher, parler, sourire, prendre dans ses bras, etc.), Mary D.S. Ainsworth et coll. concluent : « Ces résultats vont à l'encontre des théories affirmant que répondre aux pleurs aboutit à les renforcer : on “ pourrit ” les bébés si on leur prête trop d'attention... on les encourage à pleurer de plus belle ! Les résultats de notre enquête aboutissent à la conclusion inverse. »

Cela dit, les problèmes changent à partir du moment (quinzième, seizième mois) où commence à se produire l'épreuve de force. Une attitude éducative est alors parfaitement justifiée. On ne saurait « gâter » un nourrisson et le petit bébé « capricieux » n'existe pas. Jusqu'à un certain âge, le bébé a besoin d'amour et que l'on réponde à ses demandes de la façon le mieux adaptée possible.

Ce que les adultes appellent « le caprice » est en général une demande formulée d'une certaine manière qui ne convient pas aux parents. On peut répondre ou ne pas répondre à cette demande. Il peut être bon, pour l'enfant, de ne pas y répondre et de dire pourquoi on n'y répond pas ; mais l'enfant de trois ans capable de trépigner et de se coucher par terre en faisant une scène dans un magasin parce que sa mère ne lui achète pas une sucette a déjà acquis des comportements sur lesquels il est bon de réfléchir et que l'on n'arrivera sûrement pas à faire disparaître par une répression pure et simple, sans en comprendre les raisons.

Les petits enfants « capricieux » sont souvent des bébés auxquels il a été répondu de façon inadaptée, intempestive, irritée, tantôt de façon trop complaisante, tantôt de façon trop autoritaire, bref avec une inégalité d'humeur injustifiée et incompréhensible aux yeux de l'enfant, qui se demande s'il est vraiment aimé.

Des manifestations de ce genre sont autant de quêtes d'amour véritable, et parfois d'une certaine fermeté qui rassure l'enfant et lui permet de lutter contre son angoisse. *Tant il est vrai que tout le développement du petit enfant est une quête d'amour qui se fait dans l'angoisse.*

18/ Situation vers quatre mois et demi

A cet âge, le bébé est un être extrêmement agréable, gai, heureux de vivre, et ne posant guère de problèmes s'il est élevé dans de bonnes conditions.

Il est en général à quatre repas et seuls les plus minces ou les plus affamés ont parfois besoin de cinq repas. Il a un bon appétit et un bon sommeil, dort en moyenne neuf à dix heures la nuit, parfois douze ou treize, selon son calme et ses conditions de vie. Ceux qui font une très longue nuit dorment assez peu dans la journée, parfois deux petits sommes d'une heure ; les autres dorment souvent une à deux heures le matin et deux à trois heures l'après-midi.

L'appétit ne pose guère de problèmes, compte tenu des différences individuelles. Il y a de plus ou moins gros mangeurs. Certains pèsent 7 kg à 7,500 kg, d'autres 1 kg de moins, mais cela n'a pas beaucoup d'importance, et dépend de la morphologie naturelle du bébé. Il est en tout cas fondamental de respecter ses besoins, de ne pas le pousser à trop manger ; si l'on a observé les rythmes propres du bébé, s'il a toute la chaleur affective dont il a besoin, il est calme, tranquille et joyeux.

Vers quatre mois et demi, il est incapable de s'asseoir et de tenir assis seul, mais il adore être assis, soit dans un petit siège spécial, soit calé contre des coussins ; cela lui permet d'observer et de participer à la vie de la maison.

Il aime un être par-dessus tout : sa mère. Mais s'il y a un ou des aînés, c'est peut-être à eux qu'il fera les plus grandes fêtes, avec une préférence pour l'aîné immédiat, qui lui fait des tas de misères, mais avec lequel la communication est probablement le plus facile et le plus riche. Et il rit aux éclats.

Il gazouille beaucoup, et peut rester de longs moments à parler à ses jouets ou à son objet favori. Il doit être capable de rester seul à observer, jouer avec ses mains. Il appelle par moments, et a besoin de contacts répétés, mais il n'est jamais bon que le bébé pleure dès qu'il est seul et appelle sans cesse. Cela indique, à cet âge, l'apparition d'un sentiment d'insécurité.

Il aime le jeu, il fête l'arrivée de son père, le soir, ne craint pas des visages nouveaux qu'il scrute longuement, avec attention, avant de leur sourire.

Il a déjà manifesté des goûts alimentaires, est capable de bien manger à la cuillère ou n'accepte de cette manière que les aliments sucrés. Cela n'a aucune importance, car il a encore, à cet âge, fondamentalement besoin de téter.

Il peut déjà être capable d'attraper assez correctement les objets, mais en général il manipule mal ses doigts, pose seulement les mains sur le biberon ou les jouets. En fait, il est tout prêt à entrer dans la phase de développement suivante, caractérisée par les capacités de manipulation.

B/ LA MANIPULATION ET LE STADE ORAL ACTIF (de 4 mois et demi à 10 mois et demi)

Cette phase du développement qui s'étend de quatre mois-quatre mois et demi à neuf-dix mois est tout à fait fondamentale, pour plusieurs raisons.

La manipulation met le bébé en prise avec le monde extérieur, car elle lui permet de prendre directement contact avec les objets et les êtres. La maîtrise de ses moyens sensoriels (vue, ouïe, toucher, goût) et la synthèse faite des perceptions obtenues jusqu'alors le conduisent à la connaissance de l'existence des gens et des choses extérieures à lui. Elle le conduit aussi à l'angoisse, par la perception, notamment, de sa petitesse par rapport aux adultes. L'aptitude à prendre les objets désirés constitue le premier stade de l'action volontaire : lorsqu'il tend la main et attrape la petite cuillère, le bébé ne *se dit pas :* « Je vais prendre cette cuillère-là. » *Il ne se dit rien du tout, à cet âge.* Il agit *par pulsion,* qui, dans ce cas, constitue une réponse à une stimulation extérieure mais peut être aussi bien déclenchée par un sentiment, une image mentale, une stimulation intérieure.

Il pleure s'il voit passer sa mère près de lui, ce qui signifie : « *Maman, viens me prendre ou me tenir compagnie* », *sans que cela soit formulé dans sa tête ;* je ne crois pas que l'on puisse penser sans langage, que le langage soit extériorisé ou seulement intériorisé (cela signifiant que l'on nomme les choses, que le nom donné puisse être exprimé ou non). Pour se dire quelque chose, il faut à l'évidence que l'on ait acquis la capacité de dire, et le bébé à ce stade n'a pas encore acquis cette capacité.

1/ L'activité des mains et la préhension

« C'est un élément merveilleux de l'évolution de l'être humain, car la main, avec la précision et la finesse de ses mouvements, le rôle fondamental du pouce " opposable " permettant de prendre et de tenir serré, d'effectuer les mouvements les plus délicats avec une infinie précision, est particulière à l'homme et représente le reflet de son développement cérébral. La main et la parole lui ont permis de dominer la nature car elles sont l'aboutissement de son intelligence, lui donnant les moyens de comprendre et de faire. »

On a longtemps pensé que le bébé n'était pas capable de tendre la main vers les objets avant l'âge de trois mois, trois mois et demi. « Mais en réalité, le bébé nouveau-né est capable de tendre la main et de toucher des objets et à l'occasion de les saisir. *Ce mouvement de pointage* n'est pas particulièrement précis. Même s'il réussit parfaitement à atteindre et saisir un objet, le bébé ne semble pas savoir qu'en faire. » (Bower.)

Le comportement de pointage des premières semaines s'estompe et disparaît pour réapparaître vers trois mois et demi environ, et Bower pense que le bébé n'a pas suffisamment d'occasions de développer à cet âge ses capacités de préhension. Les constatations de Grenier rapportées page 34 complètent les observations de Bower. Je reviendrai un peu plus loin sur l'interprétation des possibilités de préhension avant l'âge de quatre mois-quatre mois et demi.

Un bébé, Guillaume, m'a beaucoup éclairé à ce sujet : à un mois et demi, il se mettait manifestement en colère s'il n'arrivait pas à taper avec ses mains dans les boules qui étaient au-dessus de son berceau ; il était content lorsqu'il avait réussi à les toucher.

Le même Guillaume, à deux mois, s'endormait après s'être débrouillé pour tirer sur un bord du drap et en avoir fait une sorte de sucette qu'il tétait en s'agrippant à deux mains.

Il est de fait qu'habituellement on voit réapparaître vers trois mois la capacité de tendre la main vers les objets ou vers l'observateur. Si vous vous penchez vers un bébé de trois mois, en lui souriant et en lui parlant doucement, une des manifestations de son contentement, de sa joie et sa communication, sera de tendre et d'agiter les mains vers vous en souriant et en gazouillant.

A cet âge, la préhension est sans doute limitée par la prédominance de l'hypertonie sur les muscles fléchissant les doigts et fermant la main. Dans le mouvement qui consiste à agiter les mains vers un objet sympathique, le bébé ouvre plus ou moins les doigts. Si vous essayez de tendre un petit objet, il est tout à fait incapable d'ouvrir délibérément la main pour s'en saisir. Cependant, si vous placez cet objet dans sa main, le bébé l'agrippe. *Mais, fait remarquable, il ne l'amène pas devant ses yeux s'il ne l'a pas vu et se comporte souvent comme si sa main ne renfermait rien.*

Cette observation mérite qu'on y réfléchisse. Le bébé a une perception sensitive au niveau de la main, mais il se comporte peut-être comme s'il ne possédait pas une intégration plus poussée des perceptions, intégration qui conduit chez l'adulte à la possibilité de reconnaissance.

La main n'est pas encore pour lui l'organe privilégié qui peut, chez l'adulte, non seulement reconnaître les formes et les qualités d'un objet, mais encore aboutir à la reconnaissance de la nature de cet objet sans le voir, simplement par le palper. Ces « gnosies » n'existent pas encore chez le nourrisson, *et la perception par la main n'est sans doute pas encore assez différenciée pour que le fait d'avoir un objet dans la main le conduise à l'amener devant ses yeux pour l'inspecter, ou à y porter les yeux. C'est en tout cas mon interprétation de ce phénomène facilement observable.*

Et pourtant c'est à trois mois que le bébé agite les mains devant les yeux, les regarde et joue en les agitant. Puisqu'il va faire peu à peu connaissance avec son corps, les mains constituent, à cet âge, le premier élément dont il puisse prendre connaissance par la vue : les bébés passent de longs moments à regarder leurs mains.

Vers trois mois et demi, régulièrement, bébé tendra la main vers les objets, vers le visage penché sur lui. Il ne sait pas attraper, et le début de la préhension consiste à ouvrir les doigts et la main et, à ce moment, vers quatre mois, bien souvent, il frappe dans les objets avec la main fermée ou ouverte. Dès ce moment, commence à l'évidence le geste de préhension, par aptitude à poser la main sur l'objet convoité. Mais il n'y a encore aucune précision des gestes et, pour toucher, la main ouverte va *planer* avant de se poser.

A partir de ce moment, le bébé, qui peut poser la main ouverte sur l'objet, va être capable de l'attraper, encore maladroitement et en serrant par le bord interne, c'est-à-dire du côté de l'auriculaire. Tout va aller très vite alors.

Après cette *préhension par le bord cubital* de la main se produit *la préhension globale,* c'est-à-dire qu'il attrape et serre à pleine main, véritablement par la paume qui se referme complètement sur l'objet. A ce stade, il n'y a pas encore de préhension fine avec rôle privilégié du pouce permettant la manipulation, et en général l'enfant attrape avec les deux mains. Mais déjà, il manifeste sa tendance, dès qu'il tient l'objet, l'a regardé et inspecté, à l'amener à la bouche. Peu à peu se dessine et se précise la préhension fine, véritable manipulation permettant une connaissance précise. Le bébé est alors capable de manier longuement l'objet, *de le passer d'une main dans l'autre,* avant de l'amener à la bouche, ce qu'il faisait plus rapidement au stade précédent comme si la manipulation lui donnait finalement moins de renseignements que la palpation buccale.

Cette manière de tenir longuement les objets, de les passer d'une main dans l'autre en les regardant attentivement de tous côtés, en les tournant et les retournant, va durer assez longtemps, être à son apogée vers l'âge de huit mois quand bébé est capable de faire cela en position assise sans aide extérieure jusqu'au moment, vers neuf, dix mois où, après une phase où il frappe les objets entre eux ou sur la table ou la tablette de sa chaise posée devant lui, il va commencer à jouer à prendre et à jeter sans cesse.

Comme si, à cet âge, ayant déjà pris connaissance des qualités physiques de l'objet, forme, consistance, dureté, bruit que l'on peut faire avec, il appréciait d'autres capacités, de mouvement et de chute.

A propos de cette évolution de l'activité des mains, je voudrais faire trois remarques :

• La manipulation n'est pas toujours symétrique et il arrive que bébé se serve mieux d'une main que de l'autre, comme il peut se faire qu'il n'y ait aucune dominance. Il me semble que la fréquence avec laquelle le bébé manipule mieux de la main gauche est supérieure au nombre de gauchers. Ce n'est pas avant deux ans et demi, trois ans, sauf cas très particulier, que l'on pourra déterminer si l'enfant sera droitier ou gaucher, et donc les remarques que l'on peut faire les premiers mois concernant la prééminence apparente de l'une ou de l'autre main ne semblent pas être significatives pour l'avenir.

• Par contre, les remarques sur d'éventuelles *différences de tonus,* entre les deux mains, la capacité à bien ouvrir une main alors que l'autre reste plus fermée, par exemple, peuvent avoir *beaucoup* d'importance dans la détection précoce *d'infirmités motrices minimes. Et la mise en œuvre d'une rééducation le plus rapidement possible est sans aucun doute un important facteur de bon pronostic.*

• Enfin, comme toujours dans l'appréciation d'un développement, il n'y a aucun repère temporel absolument précis. La préhension se développe bien entre trois et six mois, plus ou moins tôt, plus ou moins tard selon les bébés, sans que cela ait une quelconque signification positive ou négative pour l'avenir. Il est aussi normal de bien manipuler à six mois qu'à cinq mois.

2/ La poursuite du développement moteur

Entre quatre et dix-onze mois environ, le bébé va gagner une série d'acquisitions dépendant de l'évolution de son tonus musculaire et de la progression d'un certain nombre de capacités.

Au début de la vie, les muscles de la partie antérieure du corps sont les plus toniques et le petit bébé se présente mains fermées, membres plus ou moins fléchis et l'on a bien du mal à lui ouvrir les mains, allonger les bras ou les jambes. Les muscles fléchisseurs, hypertoniques, ont un tonus supérieur aux muscles dits extenseurs. Par contre, les muscles de la nuque et du dos sont mous ; bébé ne tient pas sa tête et, si on essaie de le mettre en position assise, le dos se fléchit complètement jusqu'à lui permettre de toucher les jambes du front.

Puis l'hypertonie des muscles fléchissseurs va céder progressivement en même temps que ceux de la partie postérieure du corps vont se raffermir. Une des premières manifestations en sera la tenue de la tête.

A partir de six semaines, vous mettez volontiers bébé dans ces petites chaises portables en forme de hamac et à partir de deux mois et demi-trois mois, vous pouvez le laisser, par périodes courtes d'abord puis de plus en plus longues, dans les petites chaises à dossier inclinable, avec d'abord, bien sûr, le dossier très incliné en arrière. De même, il n'aimera plus être promené couché dans son landau mais à demi assis, calé dans des coussins.

Le bébé adore être assis avant trois ou quatre mois mais il est incapable de tenir seul dans cette position, et à plus forte raison de s'y mettre par ses propres moyens. Les parents sont toujours étonnés du fait qu'il lui est difficile de s'asseoir seul, mouvement qui suppose beaucoup d'aptitudes musculaires. C'est rarement avant cinq mois et demi-six mois que le bébé est capable de tenir assis en s'appuyant sur ses deux mains, en un équilibre instable. Et il ne tient bien assis seul, le dos droit, qu'à partir de sept mois et demi, huit mois. Il ne sera bien souvent capable de s'asseoir seul que plus tard, à partir de huit-neuf mois.

Beaucoup de petits enfants sont aptes à se mettre debout seuls, en tirant sur les barreaux de leur parc, par exemple, avant de pouvoir s'asseoir.

Il est remarquable de constater combien ils aiment très tôt se mettre ou être mis debout. Bien souvent, dès cinq mois, lorsqu'on tire sur les mains pour les faire passer en position assise et à partir de la position couchée sur le dos, ils s'appuient sur les pieds et passent très vite en position debout. Ils adorent se mettre debout sur les genoux d'une grande personne, sauter et s'agiter dans cette position.

C'est seulement vers neuf mois que l'enfant, capable de se mettre debout seul, restera longtemps dans cette position en appelant, en cognant des objets sur le bord de son parc avant de s'écrouler de fatigue pour faire un petit somme. Il s'écoule bien deux ou trois mois entre le moment où il commence à faire debout le tour de son parc, et le moment, vers un an, où il va se lâcher pour faire ses premiers pas. Et la marche est encore bien incertaine.

Tous les bébés ne savent pas *marcher à quatre pattes.* Quelques-uns d'entre eux sont de véritables virtuoses et vont avancer très vite de cette manière. D'autres ne le feront jamais. D'autres se traîneront sur les fesses, parfois une jambe repliée sous eux.

Il faut bien avoir présent à l'idée *la variabilité* de ce développement moteur en fonction des enfants. Il est aussi normal de bien tenir assis à neuf mois, qu'à sept mois ; de se mettre debout à quatorze mois qu'à dix. Certes, si vous avez un doute sur la bonne évolution de votre enfant, il faut que votre médecin, votre pédiatre pratiquent un examen complet. En particuler, il est bien évident que le tonus musculaire, c'est-à-dire l'état de tension qui règle la plus ou moins grande fermeté des groupes musculaires, lui-même sous la dépendance de la maturation du système nerveux, est très variable selon les bébés. On en observe — plus souvent des garçons — dont l'état musculaire à deux ou trois mois, la vivacité de l'évolution motrice indiquent bien que leur marche, par exemple, sera très précoce ; d'autres, des filles en particulier, qui à l'évidence ne marcheront qu'à quinze ou seize mois. Mais tout cela ne préjuge en rien de l'état moteur de l'enfant à quatre ou cinq ans.

Tout au long de l'évolution de cette première année, le parc, la mise par terre sur une couverture entourée de coussins joueront un grand rôle dans le développement, car c'est surtout par terre, sur un plan dur, que le bébé peut véritablement faire un effort pour se tourner, attraper un jouet, apprendre à ramper, faire de la gymnastique en quelque sorte. Et celle-ci va jouer un rôle considérable dans la bonne évolution motrice.

Il y a quelques années, j'ai eu l'occasion de voir pour la première fois un bébé, alors âgé de seize mois, qui présentait un retard tel que j'ai cru d'abord à l'existence d'une affection neurologique ou musculaire. Tous les examens se sont avérés normaux et il est vite apparu que ce bébé, abandonné à la naissance, avait été placé chez une nourrice tout à fait incompétente, et gardant beaucoup trop d'enfants, qui ne le sortait ni le promenait, et le laissait passer la plus grande partie de la journée dans son berceau. Il a suffi de le confier à une nourrice chaleureuse, attentive et qui *s'occupait vraiment de lui* pour qu'il récupère en deux ou trois mois l'état moteur normal d'un bébé de dix-huit mois. C'est ce qu'on peut appeler *le retard moteur par défaut de stimulation.* Pour le développement moteur comme pour les autres aspects de son développement, les stimulations jouent chez le bébé un rôle majeur.

La précocité de la rééducation et de la gymnastique dans ce qu'on appelle *l'infirmité motrice cérébrale* joue sans doute un rôle essentiel dans les possibilités de récupération et le pronostic ultérieur, d'où l'insistance actuelle des médecins à détecter le plus vite possible les petits symptômes de souffrance cérébrale au moment de la naissance.

La gymnastique effectuée par exemple sur les petites anomalies des pieds, fréquemment détectées actuellement au moment de la naissance, a montré l'excellence de ses résultats pour l'ensemble de la musculation des membres inférieurs.

On constate que les bébés noirs semblent faire leurs acquisitions motrices plus précocement que les autres, sans doute en relation avec les intenses stimulations qu'ils reçoivent de ce point de vue, peut-être aussi du fait d'aptitudes héréditairement différentes dans les processus de maturation du système nerveux.

Il est bien évident que la stimulation, le jeu avec les parents, les aînés, les mouvements que l'on fait faire au bébé lui permettent une évolution motrice normale dans sa première année.

3/ Connaissance de son corps, connaissance des objets

C'est à partir du moment où bébé attrape et manipule qu'il va faire connaissance avec son corps et les objets ; mais bien avant, déjà, il a commencé cette phase exploratoire si importante *en regardant ses mains.*

Vers deux mois et demi, trois mois, tous les bébés, on l'a vu, regardent leurs mains et passent de longs moments à les contempler, les tournant et retournant dans tous les sens, faisant bouger les doigts. C'est un stade normal de l'évolution et un bon symptôme, qu'ils soient capables de les contempler longuement, en en observant les divers mouvements, achevant leur geste toujours de la même manière : en amenant à la bouche le pouce ou le doigt qu'ils sucent.

Cette période contemplative des mains peut débuter *très tôt.* (Maxime regardait déjà ses mains avec insistance et pendant de longues périodes dès l'âge de cinq semaines.) Elle cesse en général vers quatre mois, quatre mois et demi lorsque la vraie période de préhension commence et quand la main va apporter les sensations particulières et si décisives entraînées par le toucher. En revanche, la persistance tardive de cette activité d'observation est anormale. Les enfants présentant un retard mental, par accident traumatique néonatal ou par maladie congénitale, et qui ont un important retard dans la préhension, regardent leurs mains beaucoup plus tardivement, encore à huit mois, dix mois ou davantage, et beaucoup plus longuement que les autres.

A partir du moment où la préhension apparaît, se précise et s'affine, on entre dans une phase exploratoire très active du corps au cours de laquelle l'activité manuelle et l'activité buccale se manifestent d'abord en même temps ; la palpation buccale étant très importante, les mains servent surtout à conduire à la bouche ce qui peut y être amené, puis la bouche va jouer un rôle de moins en moins important.

Il est normal qu'à huit, dix mois, et souvent plus tard, un bébé porte tout à la bouche. C'est une activité physiologique, le moyen normal pour lui de faire connaissance avec les objets, il n'y a pas à s'en étonner.

En même temps, en général, il respire leur odeur, tout ceci étant illustré au mieux par l'attachement à l'objet préféré (*cf.* page 128).

Il n'y a donc pas non plus à l'empêcher de porter les choses à la bouche mais *il faut veiller* à éviter les accidents : *c'est pourquoi, il est si important de ne rien laisser traîner de nocif ni de dangereux ; de veiller à la qualité des jouets, de ne pas laisser traîner de petits objets, coupants ou pointus que l'enfant peut avaler ou avec lesquels il peut se blesser.*

Les accidents de ce type sont encore, malheureusement, bien trop fréquents.

Dans la prise de connaissance progressive du corps, on observe toujours les mêmes types de gestes. Très vite, bébé attrape ses pieds et les amène à la bouche. Il suce avec ravissement ses orteils, et couché sur le dos, jambes repliées, il est capable de jouer longtemps ainsi.

Un beau jour, il trouve ses oreilles et à partir de ce moment peut être capable d'en manipuler les lobules à plusieurs reprises dans la journée. Il est tout à fait exceptionnel que le bébé touche ses oreilles lorsqu'il a mal, et ce n'est pas un symptôme courant d'otite. En revanche, c'est un jeu, parfois une véritable habitude, ou *un rite* qui accompagne la succion du pouce au cours de l'endormissement.

Et puis très vite, le bébé découvre ses organes

génitaux. Le petit garçon s'amuse avec sa verge, la titille volontiers, tire sur le prépuce. La petite fille fait connaissance avec sa vulve, chatouille son clitoris. Il est normal que le bébé s'aperçoive que certaines parties de son corps lui procurent des sensations particulières et y prenne un plaisir spécial. Il existe une *masturbation dite primaire* qui n'a rien à voir avec une activité génitale proprement dite mais est simplement une excitabilité localisée qui procure un certain plaisir. La petite fille peut serrer ses cuisses et pousser comme au cours d'une selle ; le petit garçon tire sur sa verge d'un air absorbé.

Cela n'est ni répréhensible, ni anormal, ni pathologique. C'est simplement la prise de conscience par le bébé de zones privilégiées du corps. Chez l'enfant normal, ces manifestations cessent très rapidement et ne se renouvelleront pas avant la sixième ou septième année, même si l'intérêt pour les organes génitaux persiste ou réapparaît, en particulier vers trois ou quatre ans quand l'enfant commence à poser la question « d'où viennent les enfants ? ».

C'est seulement la persistance de phénomènes masturbatoires répétés, sur un mode compulsif, accompagnant parfois des manifestations du genre balancement spontané intense ou coups répétés donnés avec la tête, qui est anormale et mérite qu'on s'interroge sur les conditions *affectives de la vie du nourrisson. On ne saurait sous-estimer l'importance de la sexualité infantile, à la fois comme moteur de l'ensemble des activités de l'enfant* (lorsque le terme de sexualité est pris dans le sens de désir), *et comme préparation à cette activité fondamentale de l'âge adulte, base essentielle de l'équilibre de la personnalité qu'est la sexualité de type génital.* Winicott lui donne très bien sa vraie place :

« Un enfant est beaucoup plus que la sexualité, tout

comme votre fleur favorite est beaucoup plus que de l'eau. Pourtant, un botaniste faillirait à sa tâche dans la description d'une plante s'il oubliait de parler de l'eau qui la compose principalement. En psychologie, on a vraiment connu le danger de passer sous silence la partie sexuelle de la vie de l'enfant, à cause du tabou mis sur la sexualité infantile. L'instinct sexuel s'organise dans l'enfance, d'une manière très complexe, à partir de tous ses éléments, et il existe, comme une chose qui enrichit et complique toute la vie de l'enfant en bonne santé. »

Le bébé découvre aussi son nombril, ainsi que les cavités du visage, narines, oreilles, et bien souvent se chatouille le nombril en soulevant la tête pour le regarder.

Tout cela fait partie de la découverte statique du corps avant la claire prise de conscience de ses possibilités motrices réelles, et va être complété par l'attitude devant le miroir.

4/ L'attitude devant le miroir

De nombreux auteurs ont insisté sur l'importance de cette phase du développement du petit enfant, appelée « stade du miroir » : « moment où l'enfant reconnaît son image dans le miroir, où il repère son corps dans sa totalité et non plus morcelé, où il prend conscience de lui-même ».

Où il prendrait conscience, devrait-on dire, car l'apparition de manifestations particulières devant le miroir, le jeu et la jubilation devant son image, si elle est le début de la reconnaissance de son propre visage n'est qu'un élément parmi d'autres dans la prise de conscience de sa personne.

Il y a plus d'un siècle, Darwin notait qu'à neuf mois, l'enfant associait son nom à l'image spéculaire (dans le miroir) et, quand on l'appelait, se tournait vers son image. Preyer, le premier, en 1887 étudiait un peu plus en détail la réaction devant le miroir sur laquelle ont beaucoup travaillé Walton, Zazzo, Lacan.

Stutsman, Gesell, Zazzo notent que c'est clairement vers vingt-quatre mois que l'enfant semble associer son propre nom à son image dans le miroir, mais que vers sept, huit mois, il s'intéresse manifestement à sa propre image, dont il s'approche, sur laquelle il peut coller sa bouche et devant laquelle il va rapidement grimacer. Cela est tout à fait confirmé par B. Amsterdam qui est le seul à avoir observé, avec régularité, à des âges successifs et rapprochés, les réactions sensorielles assez importantes de douze à seize nourrissons. Entre six et huit mois, l'enfant non seulement observe les mouvements dans le miroir, de lui-même et de son environnement, y reconnaît clairement les visages, mais a des réactions sociales de sourires et de vocalises devant sa propre image.

Vers cet âge, le bébé reconnaît depuis longtemps les visages de ses proches, a pris connaissance par la palpation manuelle et buccale de son propre corps et des objets environnants, commence à connaître son nom. La prise de conscience de son visage et de ses propres mouvements dans le miroir aide à l'identification pour lui de sa propre personne et à la construction de *la notion de soi.*

Lacan attribue un rôle fondamental dans la formation du moi à cette reconnaissance de sa propre image dans le miroir. Il s'agit sans aucun doute d'un des éléments essentiels qui, à cette phase décisive du développement du petit enfant, permettent l'apparition de la conscience de sa propre existence indépendante et donc la formation de la notion de soi, contemporaine de la naissance de l'angoisse à l'égard des étrangers. On l'a identifié abusivement sans doute, au début de la pensée réflexive qui semble bien commencer plus tard avec la capacité que l'enfant va avoir à se dire, et donc à avoir une pensée intentionnelle.

5/ Le rire aux éclats et l'humeur
Y a-t-il des bébés tristes ?

J'entends souvent des mères dire : « J'ai de la chance ; mon bébé est calme, tranquille, dort bien, est toujours gai, facile, ne me pose vraiment aucun problème. »

Dans ce cas, je leur fais toujours compliment de leur probable manière d'être. Le comportement de l'enfant n'est pas du tout fortuit et il est la conséquence de la bonne ambiance dans laquelle il se développe et de la bonne relation que la mère a su spontanément nouer avec lui. Et cela dépend vraiment de ses qualités et de ses capacités à elle, à son mari et à l'entente qui règne entre eux et dans la famille en général.

Il n'y a pas de bébés tristes, je ne le pense absolument pas. Il y a des bébés plus ou moins graves ; certains rient plus facilement que d'autres; certains semblent plus souvent méditatifs. Mais il n'y a pas de bébés spontanément tristes en dehors de deux circonstances pathologiques, parfois liées.

● *La première peut naître d'une affection chronique* et en particulier digestive, même légère. Il est remarquable de constater le lien entre la qualité de l'humeur et les cas pathologiques relevant d'intolérances digestives. Un certain nombre de bébés présentent congénitalement, en liaison avec des déficits, des insuffisances ou des retards de maturation enzymatique, des intolérances à des éléments de l'alimentation : sucres, protéines du lait de vache, gluten apporté par les farines (chacun sait actuellement que les premières farines données doivent être dépourvues de gluten). Ces anomalies entraînent habituellement diarrhée et vomissements, mais, à côté de formes majeures où le diagnostic sera rapidement fait, il existe toute une série de formes mineures dont le tableau clinique peut prêter à discussion. Dans ces cas, il arrive que le diagnostic soit établi tardivement.

Une des manifestations fréquentes en est un trouble de l'humeur, la tristesse, la difficulté du contact.

Guillaume changeait totalement de comportement lorsqu'il était en période de diarrhée. Il ne supportait que sa mère, refusait tout contact avec son père ou ses frères. Dès qu'il a été mis à un régime adapté, il a changé du tout au tout : douze heures de sommeil la nuit, gai, joyeux, turbulent, sans aucune aigreur et sans difficulté de contact avec aucun membre de sa famille.

De telles observations sont courantes. *Tout pédiatre a l'occasion, actuellement, d'observer des formes mineures d'intolérance au gluten par exemple, traduites par une diarrhée intermittente, une mauvaise prise de poids, des difficultés de caractère.* Dès la mise au régime, souvent difficile, avant même le temps nécessaire à la réparation de la muqueuse intestinale qui ne s'effectue pas avant deux à trois mois, on observe une amélioration considérable de l'humeur et le retour de la gaîté.

Les affections intestinales retentissent remarquablement sur l'humeur et on découvrira sans doute, en analysant ces phénomènes de façon biochimique plus poussée, le rôle de médiateurs chimiques. Cette recherche sera pleine d'intérêt dans la compréhension d'un certain nombre de mécanismes régulateurs.

Mais toute affection chronique peut jouer un tel rôle, surtout lorsqu'elle entraîne une gêne, des douleurs ou des interventions médicales trop fréquentes. Les infections rhinopharyngées répétées, l'eczéma avec des démangeaisons intenses, les otites multiples ne favorisent pas le bon équilibre général.

• Mais si un bébé est triste et renfrogné, avec sa famille et les gens qu'il connaît et si le médecin a la certitude de l'absence d'affection chronique, alors il convient de réfléchir *à ses conditions de vie : elles aussi peuvent être pathologiques.*

Comment se manifeste la bonne ou la mauvaise humeur d'un bébé de quatre à dix mois ?

Après la phase du sourire dont nous avons vu l'évolution, d'abord très facile puis succédant à une grande intensité du regard comme pour chercher une reconnaissance, va apparaître *le rire aux éclats.* C'est d'abord un petit gloussement de plaisir, un petit bruit de gorge et puis, vers trois mois et demi, quatre mois, le bébé éclate de rire lorsqu'on le chatouille, joue avec lui, le fait sauter dans les bras, ou même simplement à la grimace du frère aîné. Cette merveilleuse et grande manifestation de joie, tous les bébés la connaissent et tous sont capables de rire aux éclats.

Les autres manifestations de bonne humeur sont l'installation équilibrée des grandes fonctions, appétit, sommeil et aussi l'aptitude à rester seul. Certes, tout bébé demande de la compagnie et nous avons vu comment, dès l'âge de quelques semaines, il appelle. Bien souvent, il a besoin simplement d'entendre une voix, de sentir une présence pour se calmer.

A partir de six-sept mois, il n'aime plus rester dans son lit, ce qui ne favorise pas son activité motrice, et passera de longs moments par terre, dans un parc ou simplement sur la moquette ou sur une couverture, entouré de jouets. Le bébé doit être capable de rester seul, de jouer seul, de parler longuement à ses objets, de les manipuler. Certes, de temps en temps, il appelle, il faut lui tenir compagnie, lui parler, jouer avec lui. Mais il doit pouvoir rester de longs moments seul sans exigence particulière.

La situation est différente selon que la mère travaille ou non, que le bébé est à la crèche où il a en permanence la compagnie d'autres bébés ou chez une nourrice avec ou sans autres enfants. Et l'enfant en crèche aura souvent plus d'exigences vis-à-vis des parents, de la mère en particulier qu'il voit peu dans la journée.

Mais là n'est pas l'essentiel.

L'essentiel résidera toujours dans la bonne qualité de la relation entre l'enfant et sa famille. Si elle est satisfaisante, durant le temps passé avec elle, l'enfant, même s'il est un peu plus exigeant, sera de bonne humeur.

A moins que les conditions de la mise en crèche, ou de la crèche elle-même, soient désagréables ou aient été pénibles pour lui. *On insiste beaucoup actuellement sur la nécessité de la présence de la mère au début pendant quelques jours, et d'autant plus que le bébé est plus grand, pour qu'il puisse s'habituer à rester à la crèche.* On demande à la mère d'y passer une à deux heures chaque jour pour qu'il puisse accepter ce cadre nouveau tout en bénéficiant de sa présence rassurante.

Cela est encore plus fondamental lorsqu'il s'agit de nourrice. Je suis tout à fait étonné de la méconnaissance de ce problème de la part des parents et des organismes sociaux.

Tout trouble de comportement, tout comportement non satisfaisant chez un bébé gardé dans la journée par une personne étrangère doit conduire à examiner la manière dont le bébé supporte la séparation d'avec sa mère et la qualité de la relation entre l'enfant et son ou ses gardiens.

Je pourrais donner quantité d'exemples de troubles divers, de tristesse, de difficultés de caractère entraînés par les conditions de garde. L'humeur de bébé quand on le laisse le matin, quand on le reprend le soir, ses diverses manifestations, la manière dont il réagira le soir ont une grande importance. Il est *toujours* nécessaire d'en tenir le plus grand compte ; ces attitudes ne sont pas dues au hasard ou à un caprice quelconque de sa mère, mais sont la manifestation de son plaisir ou de son déplaisir.

En étudiant la notion de concordance, et les besoins éducatifs jusqu'à quatre mois, nous avons approché les mécanismes de l'instauration de bonnes relations entre le bébé, sa famille, ceux qui s'en occupent.

En général, son humeur dépend de cela. Un bébé content est un bébé joyeux, normalement de bonne humeur, et avec lequel les relations sont faciles, du moins dans cette période, jusqu'à dix-onze mois.

La notion de dépendance affective (*cf.* page 88) rend compte, en grande partie, de ces problèmes.

6/ Le babillage

Le babillage, qui fait suite aux vagissements, puis aux lallations des premières semaines et au gazouillis des premiers mois, caractérise l'étape prélinguistique du langage. Cette étape qui va du quatrième, cinquième mois au neuvième, dixième mois est fondamentale car elle conduit le bébé de quelques cris, roucoulements, gazouillis à travers lesquels il commence à chercher à imiter des sons, à la période linguistique au cours de laquelle il prononce des syllabes, qui, associées par deux ou par trois, ont pour lui et pour les adultes un sens très précis.

Au cours du cinquième mois, le bébé émet des sons se rapprochant des voyelles (i, a, e, u) et quelques-uns évoquant des consonnes. A cet âge, il parle beaucoup, à ses jouets, pour lui-même, pour le plaisir d'entendre et d'écouter le son de sa voix.

Lorsqu'il est seul dans son lit ou sur sa chaise inclinée, il passe de longs moments à émettre des sons en direction des objets de son champ de vision. Beaucoup de bébés calmes et tranquilles ne pleurent pas le matin. Ils se réveillent, parfois tôt, tous les parents le savent bien, six heures, six heures et demie, ne pleurent et ne crient que s'ils ont vraiment faim mais sinon roucoulent, babillent tranquillement.

Ce petit babillage du matin est merveilleux, réveille parfois les parents dans une atmosphère de calme et de gaieté. Il est aussi destiné à attirer l'attention.

C'est l'âge auquel le bébé regarde attentivement le mouvement des bouches et commence à essayer d'imiter les intonations.

Vers le sixième mois apparaissent davantage de sons évoquant des consonnes et cela commence par les labiales (p, b, m). C'est pourquoi, pour le petit Français, les premières syllabes reconnaissables qu'il prononcera seront bien souvent, pa, ma, ba. Le bébé babille plus souvent, en variant le ton, le volume et le débit de sa voix. Il répond volontiers en babillant à un appel, un discours, un mouvement, et l'expérience montre que cette réponse se fait beaucoup plus volontiers aux voix féminines. Son expression vocale peut être aiguë et presque vindicative si des sons l'excitent beaucoup. En outre, en même temps que se précisent des sons reconnaissables de façon répétée, il possède toute une gamme de cris de joie, de grognements, de roucoulades ou de rugissements pour exprimer son plaisir ou son mécontentement.

Vers le septième, huitième mois, apparaissent quelques syllabes spécifiques et bien définies, qui ont un sens pour l'adulte et auxquelles l'enfant va donner une signification en fonction de la dénomination que les adultes lui font des gens ou des objets. Il commence à dire papapa, mamama, et on lui signifie qui est papa et qui est mama et c'est ainsi qu'il saura dire, à bon escient, pas immédiatement, pas régulièrement, parfois une seule fois puis une deuxième fois, deux mois plus tard, papa et maman.

A cet âge, il possède 5 ou 6 syllabes telles que ma, pa, ta, do, di car il est capable de prononcer quelques dentales (d, t, n) après les labiales. Il écoute beaucoup, essaie d'imiter des suites de sons. *Le ton général d'un discours l'intrigue beaucoup et il s'efforce de l'imiter.*

Le plaisir de la vocalisation est évident et beaucoup de bébés de sept à huit mois commencent à « parler beaucoup ».

Il y a là manifestement des différences individuelles, aptitudes innées, ou en relation avec la qualité du ou des langages tenus à l'enfant, mais très nettes et marquées. Certains bébés sont assez silencieux et n'auront de langage vocal bien développé qu'en présence de proches et dans une atmosphère rassurante, d'autres s'exprimeront beaucoup, et en diverses circonstances. C'est l'âge où l'enfant commence à avoir des sons à lui pour désigner objets ou animaux : oua-oua, meu ; il écoute avec beaucoup de soins et de discrimination les mots familiers.

Vers sept, huit mois se produit parfois le phénomène suivant, que je crois vrai, mais sans pouvoir donner d'explication claire. Il arrive que le tout petit bébé soit capable, *une fois* (il ne m'a jamais été signalé que l'événement se soit reproduit), d'émettre une phrase de trois ou quatre mots, clairement prononcés, intelligibles pour la mère.

Plusieurs mères, quatre ou cinq au moins, m'ont signalé ce fait ; comme si la capacité d'imitation des sons était encore plus importante que nous ne le pensons.

Car c'est surtout au-delà de huit mois que le bébé possède toute une gamme de capacités d'imitation : il claque la langue, tente de siffler en faisant « feueueu », tousse volontiers à la demande. Il est capable de répéter longuement une syllabe particulière ou plusieurs syllabes mises bout à bout. Il utilise de façon parfaitement significative les associations syllabiques qui ont un sens précis et il en possède déjà plusieurs, universelles (papa, mama) ou personnelles et chargées de sens.

Et vers le dixième, onzième mois, vers la fin de cette deuxième phase de son développement, il peut disposer de quatre ou cinq mots, d'autres sons nettement intelligibles, et commence à baragouiner en imitant très nettement les intonations et les inflexions de voix.

Pour clore ce petit chapitre, je voudrais souligner deux choses qui me paraissent essentielles.

L'évolution personnelle est très variable. Je ne pense pas que le fait que le bébé de quelques mois possède déjà ou non plusieurs syllabes ait une grande signification pour l'avenir. Certes, il y a des différences individuelles qui se poursuivront sans doute dans l'aptitude à la manipulation du langage, mais le plus important n'est pas là.

Car, que l'enfant « parle » beaucoup ou peu, qu'il ait ou non de nombreux sons à sa disposition, qu'il soit ou non avancé dans la manipulation du langage, *il comprend énormément, et de ce point de vue l'évolution moyenne est très semblable. Il semble y avoir beaucoup moins de différences individuelles dans les capacités de compréhension que dans le développement linguistique proprement dit.*

A cet âge, l'enfant reconnaît non seulement les mots en tant que symboles d'objets et leur reproduction imagée, mais il est capable de comprendre la signification d'idées et de concepts. Les notions de partir, d'aller chercher quelque chose, d'aller au lit, sont plus complexes que la signification du mot chien ou ballon. Et tous les bébés à qui l'on a parlé normalement comprennent cela.

7/ La notion de l'objet permanent (Piaget) Naissance de l'idée

Si vous enlevez son biberon à un bébé de quelques semaines en train de boire, il pleure et réclame ; s'il a cinq mois, il va pleurer, crier et regarder un peu partout ;

s'il a sept ou huit mois et a vu cacher le biberon, par exemple sous une serviette, il cherchera à le prendre mais ne saura le trouver s'il n'en a pas vu le déplacement ; enfin, plus tard, l'enfant sera capable de trouver le biberon même indépendamment de tout mouvement visible pour lui ; il sera capable d'aller le chercher à la place où vous le mettez habituellement même s'il est dans une autre pièce : *il a acquis la notion que le biberon existe indépendamment de toute perception sensorielle, la notion de la permanence de l'objet en dehors de toute stimulation sensorielle, donc l'idée de l'existence du biberon, et elle est susceptible de commander une action de sa part.*

Cette notion de l'objet permanent est une étape très importante dans l'appréhension du réel par l'enfant, mais elle me paraît commune à d'autres espèces animales et, chez l'enfant, c'est simplement un stade indispensable dans la structuration de son aptitude à penser.

L'évolution des stades progressifs conduisant à cette notion peut être décrite de la manière suivante :

Si à six, sept mois, on cache progressivement le jouet favori sous une couverture, tout en s'arrêtant pour en laisser une petite partie dehors, le bébé le prendra facilement ; mais si on le cache complètement, l'enfant peut garder une expression étonnée et ne faire aucune tentative pour reprendre son jouet.

Aux alentours du huitième mois, il retrouvera l'objet, même complètement caché, à condition d'avoir assisté aux manœuvres. Mais si le jouet est d'abord enveloppé dans une serviette avant d'être caché, il n'ira pas le chercher.

Aux alentours du dixième, onzième mois, l'enfant est

capable de retrouver un objet caché derrière deux écrans, s'il a assisté aux manœuvres de dissimulation.

Puis, au dernier stade, vers dix-sept mois, dit Piaget, sans doute nettement plus tôt, il est capable de chercher et de trouver l'objet indépendamment de toute perception de son déplacement, visible ou invisible.

L'objet permanent est établi, ce que Piaget explique de la manière suivante : « C'est un complexe polysensoriel, donc qu'on peut simultanément voir, entendre, sentir, toucher, etc., qui, aux yeux du sujet, continue d'exister de façon durable en dehors de tout contact perceptif. »

Mais il est bien évident, et pour Piaget également, qu'avant l'acquisition par l'enfant de la notion de l'objet permanent, l'enfant répond à des stimulation, et, à l'évidence s'en souvient. Et pourtant il le fait en l'absence de toute recognition. Piaget en donne l'explication suivante : « Le nouveau-né et le nourrisson sont capables d'un processus relationnel envers un objet extérieur sans le reconnaître et ce dont ils se souviennent ne correspond pas à des stimuli extéroceptifs » (c'est-à-dire provenant de l'extérieur du corps) « ou à un ensemble de stimuli extéroceptifs mais plutôt à un amas de stimuli proprioceptifs et intéroceptifs » (c'est-à-dire provenant de l'intérieur du corps et de ses propres mouvements).

Mais cette explication ne paraît ni satisfaisante ni suffisante. En effet, comme lorsque je le raconte page 67 (les débuts de la connaissance), Jérôme, à quatre mois ou quatre mois et demi, cherche manifestement la présence de ses frères absents, on peut penser qu'il existe déjà chez lui *une représentation mentale* qui est capable de constituer un stimulus positif ou négatif, agréable ou désagréable. D'ailleurs, Piaget laisse entendre que dès que le nourrisson peut voir, il peut se souvenir de ce qu'il a vu. De même, toute une série de manifestations, dans le cours du sommeil, dès les premières semaines, semblent bien témoigner que, dès cet âge, le bébé rêve et possède donc une représentation d'images mentales.

Il existe donc très tôt une représentation mentale, dont témoigne sans doute le fait que le bébé est capable d'appeler sa mère dès l'âge de quelques semaines. Cette image mentale n'a rien de conscient, encore une fois ; la représentation mentale de sa mère ou de son père ne conduit pas le bébé à se dire : « Je vais les appeler, ils vont venir. » Elle ne le conduit à rien de plus qu'à une image mentale qui, associée à un souvenir agréable, le conduit à appeler comme la sensation désagréable de faim le conduit à le faire.

Et je crois que cette constatation ne remet pas du tout en cause la notion de l'objet permanent qui, au contraire, achève de se structurer au moment où Piaget le dit, avec pour conséquence, pour corollaire, l'aptitude à la pensée réflexive.

La construction de l'objet permanent commence dès les premières semaines de la vie avec la capacité d'une représentation mentale, rendue possible et probable par ce que nous savons des aptitudes sensorielles et de la fantastique capacité de mémorisation du nouveau-né, se poursuit avec l'installation de plus en plus complexe entre cette image mentale et des phénomènes de récognition, et s'achève vers dix-huit, vingt mois avec la capacité de nommer cette image mentale, de la faire affleurer à la conscience par son association au nom ; et par un processus d'interaction entre le langage, l'objet et la notion de sa propre personne, l'enfant acquiert la possibilité d'amorcer une pensée réflexive liée ou non à des phénomè-

nes intentionnels, mais qui va, à partir de ce moment, le faire entrer dans d'autres modes de comportements.

Ce qui me paraît fondamental, et caractéristique de l'espèce humaine, est justement cette capacité de liaison entre l'objet permanent (stade à l'évidence acquis par l'animal) et la capacité à nommer l'objet (lui donner une représentation abstraite).

Cette aptitude me paraît être la caractéristique de la naissance de l'idée chez le bébé, et rend possibles toutes les opérations intellectuelles ultérieures.

8/ L'objet transitionnel

Rares sont les enfants qui, à partir d'un certain âge, plus ou moins tôt, à six mois ou à douze mois, ne s'attachent pas à un objet familier, particulier, avec lequel ils nouent des liens privilégiés. Ce peut être une couche, un bout de tissu, en général doux et pelucheux ou alors véritablement le petit ours ou l'animal, petit ou grand, beau ou laid, informe ou encore représentatif, mais toujours sale et adoré.

C'est le compagnon habituel au moment de l'endormissement et on a l'impression qu'avec son aide, le bébé, que la mère laisse pour la nuit, lutte contre l'angoisse qui l'étreint durant les instants où il sombre dans le sommeil.

C'est le compagnon des déplacements. On l'emmène en promenade, chez le médecin ou même souvent les premières fois à l'école maternelle. Il est le complément indispensable de la mère, il représente l'objet habituel, rassurant, qui aide à affronter toute situation nouvelle.

Dans une phase de tristesse, de conflit, de maladie, il

est le consolateur auquel on se raccroche, et en cas de conflit sérieux, avec la mère par exemple, c'est auprès de cet objet que l'enfant se réfugie.

Il est très difficile de le séparer de l'enfant ou de le modifier. Le laver pose un problème car l'odeur qu'il a peu à peu acquise joue un grand rôle dans le lien noué avec son maître qui le hume bien souvent avec délice, tout en s'en frottant le nez. Il est impossible d'y substituer un autre semblable qui serait propre, et lorsqu'il s'agit par exemple d'un petit ours qu'on peut acheter en double exemplaire, il est impossible de le remplacer sans beaucoup de précautions ou d'atermoiements.

Certains enfants qui sucent et suceront leur pouce tardivement n'ont pas d'objet préféré ; mais pour beaucoup qui cesseront de sucer leur pouce dans la journée vers quatorze ou quinze mois comme c'est souvent le cas, ne reprenant le pouce que pour s'endormir, cet objet représente une transition entre la phase orale active et l'acquisition définitive de la permanence de l'objet.

Ce n'est pas exactement le sens que Winnicott a donné à cet objet préféré sous le nom *d'objet transitionnel,* mais la dénomination en prévaut à juste titre, et elle est parfaitement compréhensible.

Il joue un très grand rôle dans la relation entre l'enfant et le monde extérieur, et il y a beaucoup de particularités dans les liens ainsi tissés par l'enfant avec son objet préféré. Il est l'objet de la première possession réelle et des droits que le bébé peut s'arroger sur quelque chose. Il l'aime avec passion, c'est sa chose, il lui parle comme à un être vivant, mais peut le rejeter pour un temps, le brutaliser ou le mutiler, et *les parents n'ont vraiment pas à intervenir.*

Il fait donc avec lui sa première expérience d'une possession qui ne dépend pas de son propre corps, différente de sa mère. Il lui donne volontiers un nom syllabique très tôt.

Au cours de l'évolution normale, il est voué « au désinvestissement progressif, de sorte qu'avec les années, il n'est pas tant oublié que relégué dans les limbes ».

Et de fait on observe un éloignement et un détachement progressifs, des oublis de plus en plus fréquents et répétés.

Mais je connais quantité d'enfants ayant gardé des liens très étroits avec leur ours préféré jusqu'à huit, neuf ou dix ans, l'ayant emmené lors de leur première colonie de vacances ou leur première classe de neige.

La sucette ne joue jamais le rôle d'objet transitionnel. Même si l'enfant en tète une petite partie ou surtout le manipule ou s'en caresse tout en suçant son pouce par exemple, cet objet doit avoir d'autres qualités qu'une sucette. Si l'on considère les expériences de Harlow (*cf.* page 256) avec les petits singes, on se rend bien compte que l'objet transitionnel du bébé humain a les qualités de la mère peluche et, toutes proportions gardées, en joue presque le rôle.

Quelles sont les relations entre l'importance du pouce ou de la tétine, la qualité de la relation à la mère et l'importance donnée par l'enfant à l'objet préféré ? Supplée-t-il à certains manques réels dans la vie affective du bébé dont il serait un témoignage important ? La réponse à ces questions ne saurait être donnée que par une observation attentive et prolongée de centaines de bébés en conditions normales de vie, mais elle serait intéressante car elle permettrait de faire une relation entre un symptôme de comportement très objectivement observable et l'affectivité même du petit enfant.

9/ La connaissance du nom et la compréhension du langage

Le retard important de la capacité d'exprimer ses désirs par le langage par rapport à la compréhension réelle de ce même langage a toujours donné aux adultes une idée particulièrement fausse des aptitudes et des capacités intellectuelles du bébé. Et cela constitue un grand sujet d'incompréhension.

Il est tout à fait remarquable de constater combien, très tôt, le bébé comprend beaucoup de choses exprimées verbalement, alors qu'il est incapable de se servir d'un langage verbal compréhensible par l'adulte.

Le décalage entre la précocité de la compréhension et les possibilités d'expression verbale est considérable puisque c'est probablement vers sept, huit mois que le bébé commence à comprendre le sens de plusieurs mots ; de nombreux parents disent de leur enfant de seize ou dix-sept mois : « Il comprend tout, absolument tout. » C'est-à-dire qu'à cet âge, le bébé connaît le sens d'une grande quantité de mot du langage pratique, est sans doute capable de comprendre des notions abstraites ou des idées.

Une charmante mère, ayant d'excellentes relations avec son premier garçon, m'a raconté un jour l'histoire suivante en me disant : « Vous ne me croirez certainement pas, personne ne me croit. » Alors que son garçon avait dix mois, cette jeune femme qui travaille durement est partie en vacances pour la première fois depuis son accouchement, pour une dizaine de jours, l'enfant étant gardé à la maison par la personne habituelle, avec la présence quotidienne de la grand-mère qu'il connaissait parfaitement. Il a très bien supporté cette absence, apparemment, mais dès le retour de la mère il a eu des troubles du sommeil importants, se réveillant plusieurs fois par nuit, appelant sa mère qui, au bout de quelques jours, était extrêmement fatiguée. On observe couramment ce genre de troubles. L'angoisse, aggravée par l'absence de la mère dont l'enfant, à cet âge, ne peut se dire qu'elle n'a pas disparu définitivement et reviendra, s'exprime au moment de son retour et s'adresse à elle.

Et le bébé qui a « perdu » sa mère une fois a des troubles du sommeil et veut vérifier par ses réveils fréquents qu'elle est bien là, qu'elle n'a pas disparu à nouveau ; les troubles du sommeil s'accompagnent bien souvent d'une attitude plus exigeante dans la journée, et il est bien plus « collé » à elle.

Au bout de quelques jours, m'a raconté la mère, j'étais extrêmement fatiguée par ces difficultés de sommeil jointes à la nécessité du travail quotidien. « Alors, un soir, je l'ai pris sur mes genoux et je lui ai parlé, très longuement, beaucoup plus longuement que je ne l'avais jamais fait, pendant plus d'une heure. Je lui ai expliqué que j'étais partie en vacances parce que j'étais très fatiguée ; que je ne l'avais pas abandonné ; que maintenant tous ces réveils et cette carence de sommeil étaient très difficiles à supporter. Je lui ai raconté tout cela, de diverses manières, en lui disant que je l'aimais, qu'il pouvait comprendre que j'avais eu besoin de partir, etc. »

« A partir de ce soir-là, m'a-t-elle dit, mon bébé a bien dormi à nouveau et ne s'est plus réveillé ! »

Et j'ai dit à cette mère que non seulement je croyais

absolument ce qu'elle me racontait, mais que cela ne m'étonnait pas outre mesure.

Il serait exagéré de prétendre que l'on puisse généraliser cette expérience comme thérapeutique des troubles du sommeil chez le bébé, et pourtant... ! Cette mère était suffisamment intelligente, affectueuse et compétente pour avoir trouvé seule la thérapeutique nécessaire. Mais lorsque des parents demandent conseil à propos de troubles du comportement de leur bébé, que peuvent faire le médecin ou le psychologue ? Par l'entretien avec les parents, ils les aident à prendre conscience d'un certain nombre de difficultés dans la relation avec leur bébé ; leurs propos pourront les aider à adopter d'autres comportements à son égard, à employer d'autres mots.

En parlant longuement à son bébé, cette mère lui a montré plusieurs choses : qu'elle le considérait comme une personne à part entière, qu'elle lui donnait suffisamment d'importance pour lui expliquer son attitude à elle, et en lui parlant longtemps et gentiment, en prenant le temps nécessaire, elle l'a sans doute rassuré, et il a probablement *compris, bien compris* qu'elle était revenue, qu'elle était là, qu'elle ne l'abandonnerait plus. Cela a suffi à éliminer une angoisse peu grave car ce bébé avait d'excellentes relations affectives avec elle.

A partir de quatre mois et demi, bien plus tôt probablement, le bébé a clairement identifié les voix et connaît, par sa voix, chaque membre de son entourage.

Vers cinq mois et demi, six mois si le bébé semble répondre à l'appel de son nom, ce n'est probablement pas par compréhension du mot, mais par association avec certaines modulations de la voix. Si d'ailleurs on l'appelle par un nom voisin par la longueur et l'intonation générale, il réagira vraisemblablement de la même manière en tournant la tête comme s'il reconnaissait ce mot. Dans les premiers mois de la vie, la réaction est liée aux caractéristiques sonores, à la modulation particulière et à l'intonation de la voix connue.

Il me semble que c'est vers sept mois, sept mois et demi, que les bébés commencent véritablement *à connaître leur propre nom et le sens de certains mots.* Tous les témoignages de mères que j'ai pu recueillir situent vers l'âge de sept mois, un peu plus tôt, ou un peu plus tard, cette connaissance, cette compréhension du prénom. Pour Ariane et Raphaël, les mères l'ont située à sept mois ; pour Matthieu et Sendy, vers six mois et demi ; pour Nicolas, vers cinq mois et demi ; c'est le troisième d'une fratrie, et le nombre de stimulations déclenchées par la présence de deux sœurs aînées, outre le père et la mère, a été probablement bien plus élevé que pour Ariane ou Raphaël, premiers-nés. Il est tout à fait compréhensible que cet aspect des choses joue un rôle dans la liaison qui se crée entre le fait de nommer et la désignation d'un objet ou d'une personne.

Cette appréciation du début de la compréhension est concordante chez divers observateurs scientifiques.

Ainsi B. L. White, de Harvard, écrit : « C'est vers sept ou huit mois que commence l'apprentissage du langage. Les experts estiment qu'à l'âge de trois ans la plupart des enfants comprennent la majeure partie du langage qu'ils utiliseront pendant le reste de leur vie dans la conversation courante. On remarquera que j'ai dit que la plupart des enfants *comprennent...* Il y a une différence importante entre le développement de *la compréhension* du langage et le développement de *l'émission* du langage... Les cinq ou six premiers mots doivent être normalement bien compris de l'enfant dès l'âge de neuf ou dix mois. »

B. L. White insiste donc aussi *beaucoup sur le décalage entre capacités de compréhension et capacités d'expression.* On ne saurait trop le souligner. C'est au cours du huitième mois que F. Caplan du Centre de Recherche de Princeton apprécie également l'aptitude à comprendre les mots : « Ecoute avec discrimination les mots familiers, commence à connaître quelques mots. » Et cependant, c'est au cours du cinquième mois qu'il situe la compréhension de son propre nom. Pour ma part, je le situerais, comme je l'ai dit plus haut, un ou deux mois plus tard.

A partir du moment où le bébé a commencé à comprendre son nom, maman, papa et à être capable d'identifier des objets ou des personnes, cela va aller très vite. Très rapidement, il reconnaîtra de nombreux mots : « gâteau, ballon... » et sera même capable de comprendre des notions plus complexes.

Vers sept mois et demi, huit mois, Béatrice, troisième de sa fratrie, s'agitait particulièrement lorsque sa mère disait : « On va aller chercher Pierre à l'école. » Cela semble être aussi l'avis de F. Caplan qui écrit, à propos du neuvième mois : « Peut exécuter des ordres très simples. Sa capacité à comprendre lui fait grand plaisir ; quand on lui dit : " va chercher mes pantoufles ", par exemple. »

A partir de cet âge, il me paraît tout à fait significatif que l'enfant soit capable de comprendre des idées ou des concepts.

Réfléchissez alors à la capacité fantastique d'enregistrement de chaque bébé car entre six, sept mois et seize, dix-sept mois, il va accumuler une masse considérable de connaissances, non seulement par stimulations sensorielles diverses, mais également par associations avec les mots qui nomment.

C'est aussi l'une des raisons pour lesquelles on peut se dire que la notion de l'objet permanent est acquise avant l'âge où la situe Piaget.

Il ne m'a jamais paru gênant pour le développement intellectuel, bien au contraire, que l'enfant soit élevé dans le bilinguisme ou le trilinguisme, et je ne crois pas qu'il faille attendre que la langue maternelle soit bien acquise pour essayer d'en apprendre une autre à l'enfant. Les petits enfants sont parfaitement capables de connaître deux ou trois mots différents pour nommer le même objet et ne font pas de confusion, même s'ils se refusent parfois à utiliser deux langues. On peut observer qu'ils manipulent mieux une langue tout en comprenant l'autre parfaitement.

Je trouve même dommage de ne pas utiliser systématiquement ces extraordinaires capacités d'apprentissage des langues étrangères, de même probablement que pour l'apprentissage de la musique et d'un langage mathématique.

Je voudrais simplement insister en terminant ce chapitre sur la claire notion que doivent avoir les adultes de la grande précocité des petits enfants *à comprendre* le langage parlé *et à percevoir,* de tout leur être, *l'affectivité* d'une situation, en particulier par la douceur des voix qui leur parlent.

Je reviens plusieurs fois sur le caractère structurant pour le bébé de la qualité de la voix, de la mère en particulier.

10/ La naissance de l'angoisse

Lorsqu'un pédiatre suit un nourrisson et le surveille avec régularité, tous les mois environ, il s'aperçoit bien vite de changements dans le comportement du bébé.

Entre six et huit mois, celui-ci qui jusqu'alors se laissait examiner sans pleurer commence à crier et à craindre l'approche de cet étranger qui manifestement lui fait peur et l'ennuie. Il se réfugie dans les bras de sa mère, se colle à elle, refuse les autres bras qui se tendent vers lui, et ne daigne tourner la tête pour regarder l'intrus que rassuré par la présence de ce contact familier. Cette peur est indépendante des tracas que le médecin a pu lui faire subir, elle est évidente et sans relation avec les vaccins par exemple. En même temps les familiers remarquent une crainte des étrangers et une moins grande facilité de contact.

C'est l'angoisse du huitième mois, décrite par Spitz, la crainte des étrangers, *qui va durer jusqu'à vingt-deux ou vingt-quatre mois environ,* et ressemble tout à fait au comportement des petits singes décrit page 265.

On discute actuellement sur la réalité de cette phase d'angoisse du huitième mois ; il me semble qu'avec beaucoup de variations individuelles, elle existe chez tous les bébés ; *cependant, sa date d'apparition, son intensité, sa durée, la qualité même de cette angoisse sont tout à fait variables autour d'une moyenne de comportement ; les modifications peuvent être interprétées et ont une signification quant aux conditions d'ambiance au cours du développement.*

A l'âge de deux ou trois mois, le sourire est facile et le contact du bébé immédiat ; puis on note une phase où le regard est de plus en plus interrogateur, avant l'apparition du sourire ; c'est sans aucun doute à partir du moment où l'enfant reconnaît ses proches par la vue. Dès ce moment, le regard scrutateur semble être une recherche de reconnaissance, et le bébé sait qu'il ne connaît pas, ou pas encore, l'étranger. Mais vers quatre ou cinq mois, il n'en a pas peur et se laisse approcher et prendre dans les bras sans difficulté.

Vers cinq, six mois, le regard est parfois presque pathétique et inquiet, au début du contact, puis cette inquiétude s'apaise. C'est *en général* un à deux mois plus tard, après que le bébé a acquis une connaissance plus grande de sa propre personne et des capacités de différenciation plus immédiates et plus fidèles, que se manifeste l'angoisse traduite par les cris, les pleurs, le refus absolu de se laisser approcher ou prendre, cris et pleurs que rien ne calme, en particulier lorsqu'un familier, la mère surtout, est présent.

L'intensité de cette angoisse est considérable pendant sept à huit mois, puis elle commence à se calmer de plus en plus rapidement, jusqu'au moment où l'amitié facile remplacera le refus absolu de contact.

L'âge d'apparition est variable et si huit mois est une moyenne, elle peut apparaître vers cinq-six mois ou beaucoup plus tard, vers douze, treize mois. Mais je me souviens très bien de Vanessa. A sept mois, je l'ai examinée, elle était calme, tranquille, n'a pas pleuré. Je l'ai revue à huit mois. Elle s'est mise à hurler instantanément.

Il est possible qu'elle n'existe pas chez certains bébés. Je crois qu'il s'agit de ceux qui sont habitués à voir beaucoup de monde et n'ont pas établi de liens très profonds avec une ou deux personnes de leur entourage, ceux chez lesquels les liens d'attachement (*cf.* page 267) ne sont pas très profonds. En ce sens, l'absence d'angoisse vers cet âge de la vie n'est peut-être pas un bon symptôme sur le plan du développement psychoaffectif.

Il m'a semblé aussi remarquer que la phase d'angoisse a une durée assez fixe, de l'ordre de treize à quatorze mois, et, si elle apparaît tardivement, elle se prolonge plus longtemps que la moyenne.

La précocité de son apparition semble témoigner d'un éveil plus intense, mais peut-être aussi d'une angoisse ambiante plus marquée.

C'est à propos de la qualité et de l'intensité de cette angoisse que l'on peut faire les remarques les plus intéressantes, et je crois que les constatations et la réflexion à propos de l'angoisse débutant au huitième mois conduisent à beaucoup de compréhension à propos du développement normal du bébé.

1. Pour avoir examiné et suivi des centaines et des milliers d'enfants normaux ou anormaux, bien portants ou malades, en difficulté ou très heureux de vivre, il me paraît évident qu'une des composantes fondamentales imprégnant leur développement est *l'angoisse.* Je suis parfaitement d'accord avec Winnicott qui l'exprimait ainsi : « Il est nécessaire de penser au bébé non comme à une personne qui a faim et dont les besoins instinctifs peuvent être satisfaits ou frustrés, mais comme à un être immature qui est tout le temps *au bord d'une angoisse dont nous ne pouvons avoir l'idée.* Cette angoisse *inimaginable* (souligné par moi) est tenue à l'écart par la fonction de la mère, d'une importance vitale à ce stade. »

Même si, dans une analyse neurophysiologique, ce que nous appelons angoisse du début de la vie n'est qu'une hyperréaction capable d'entraîner, si elle n'est pas calmée, une hyperémotivité, cet état neurophysiologique devient peu après, par le jeu des relations humaines, l'angoisse qui sera révélée par l'accrochage à la mère, la peur de la perdre, la peur de l'étranger, la terreur nocturne et la crainte — normale et naturelle — devant toute situation nouvelle, le maître ou la difficulté scolaire.

Cette angoisse globale de la personnalité est normale, physiologique, bénéfique, et un des sens du développement humain est la lutte de plus en plus efficace contre cette angoisse baignant la construction du moi, l'appréhension de la réalité et de ses contraintes, la structuration de relations normales avec autrui.

2. L'évidence de son apparition vers le huitième mois, qui suppose toute une série de capacités déjà acquises, ne présuppose pas son absence antérieure. Nous reverrons ce problème page 281 (cas pathologiques), mais il est bien évident que si un bébé de cinq mois est abandonné par sa mère — qui s'en est occupé jusqu'alors — cela retentira sévèrement sur le plan physique et comportemental.

Tous les pédiatres connaissent la sévérité des troubles du sommeil ou de l'anorexie du deuxième trimestre de la vie.

J'ai eu l'occasion d'observer une fillette qui avait été adoptée vers sept semaines. Les parents, américains, étaient allés la chercher à New York et il a fallu plusieurs semaines d'adaptation pour qu'elle se comporte avec sa mère adoptive comme un bébé de cet âge se conduit normalement avec sa mère naturelle, car elle a eu au début des réactions de défense et de retrait évidentes.

3. L'évolution de l'angoisse du huitième mois telle qu'elle peut être analysée par l'observateur et en sa présence se fait pratiquement toujours de la même manière, dans le cadre d'une relation normale moyenne avec la mère.

D'abord, le bébé crie si l'on s'approche de lui ou si on essaie de le prendre. Si on le donne à sa mère, ou son père, ou son adulte familier, il se réfugie dans ses bras et ne se retourne même pas pour vous regarder. Il ne fera cela qu'au bout d'un temps assez long et si vous vous êtes éloigné.

Au fur et à mesure qu'il grandit, et que son angoisse s'estompe, il calme ses pleurs et se retourne pour vous contempler de plus en plus vite et vers quinze, seize mois, la cessation des pleurs, l'inspection de l'observateur sont presque instantanées dès qu'il est dans les bras de sa mère. Dès huit ou neuf mois, si l'observateur est le pédiatre, le bébé se calme quand sa mère commence à le rhabiller, comme s'il comprenait que l'examen est terminé et qu'on ne l'ennuiera plus. Et à quinze, seize mois, mais pas avant en général, dès qu'il est rhabillé, il veut bien accepter les bras du médecin ou donner la main pour faire un petit tour de marche. Mais ce n'est qu'à vingt-deux ou vingt-quatre mois que cessera son angoisse et qu'il acceptera un examen sans pleurer.

4. Dans l'évolution normale de ces données d'observations, les variations me semblent dépendre de facteurs normaux ou pathologiques.

Il faut d'abord souligner que la relation avec le médecin est un peu particulière et plus angoissante pour l'enfant ; un bébé de dix ou douze mois, *chez lui,* acceptera très bien un étranger et même manifestera des attitudes de sociabilité. Au jardin, il sera très capable de tenter de s'éloigner et pourra très bien ne manifester aucune crainte, mais vous remarquerez que cette attitude est beaucoup plus nette vers vingt ou vingt-deux mois, âge auquel il sera capable de partir avec n'importe qui, alors qu'auparavant la moindre inquiétude le faisait venir se réfugier auprès de vous.

L'intensité de cette angoisse du huitième mois n'est pas du tout la même, selon les conditions de vie, et il y aura des différences entre le bébé élevé par sa mère seule et voyant peu de monde, celui qui grandit au sein d'une grande famille et a beaucoup de contacts, et celui qui va à la crèche, par exemple, et a de nombreuses fréquentations.

Le premier est plus inquiet, plus prompt à se réfugier et moins sociable. *Mais cela ne signifie rien pour l'avenir, car c'est le bébé le plus collé à sa mère normale lorsqu'il est petit qui a le plus de chances de devenir un enfant et un adolescent indépendant.*

Nous reviendrons sur cette affirmation.

Mais surtout, le plus instructif a été de me rendre compte qu'il existait une manière normale et une manière anormale d'être angoissé pour un bébé de cet âge, dépendant fondamentalement de la qualité de la relation avec la mère et l'environnement.

Entre dix et seize ou dix-huit mois, le bébé pleure beaucoup si vous essayez de l'approcher, de l'examiner ou de le prendre, tout en se réfugiant dans les bras de sa mère et en détournant violemment la tête pour ne même pas vous regarder. Mais dès qu'il se rend compte que l'examen est fini, ou que l'examinateur le laisse et s'installe loin de lui, derrière son bureau, alors il se tourne vers lui, le regarde, tout prêt à grimacer, à faire le pitre *de loin.* Toute nouvelle tentative de relation proche déclenche l'alarme, lui fait détourner le regard, ébaucher des pleurs. Tout retrait entraîne la cessation immédiate de ses cris, et la reprise du dialogue. Le bébé très angoissé ne se comporte pas ainsi, même longtemps après l'examen. Il continue à pleurer, reste collé à sa mère, refuse souvent l'échange de regards. Tout essai de sa mère pour le mettre par terre, même si l'examinateur reste loin de lui, est refusé, déclenche des hurlements, parfois une vraie crise de rage. Tout se passe comme si ses réactions de crainte et d'angoisse ne pouvaient être calmées rapidement, normalement, en percevant l'éloignement de l'examinateur ou la fin de l'examen. Dans ces circonstances — et cela rejoint les constatations de Mary Ainsworth —, le bébé n'est jamais content. Inquiet même si sa mère le garde contre elle, inquiet si elle tente de relâcher son étreinte. Et la suite de l'évolution confirme souvent le caractère difficile de ces bébés, leur tendance à faire des scènes, montrant bien qu'une telle attitude s'est structurée peu à peu, *dans une relation difficile parce que irrégulière ou baignée d'angoisse.*

Mais tout cela ne représente pas exactement le comportement moyen du bébé vraiment rassuré par le calme et l'affectivité tranquille de son environnement.

Comme vous le voyez, il est normal que le bébé crie ou ait peur. D'ailleurs à cet âge, les parents disent souvent, *il est peureux,* parce qu'il n'aime ni une voix trop forte, ni une porte qui claque, ni l'aspirateur, ni parfois une mouche. J'ai connu une petite fille qui semblait terrorisée par le vol d'une mouche et pouvait la suivre des yeux pendant de très longs moments. Elle est devenue une belle jeune fille normale, indépendante et tout à fait équilibrée.

11/ Les expériences de jeu et l'âge clown

Le jeu commence avec la vie, car il va constituer pour l'enfant la base fondamentale de sa relation avec les choses. C'est par le jeu qu'il fera toutes les expériences lui permettant d'assimiler les notions essentielles grâce auxquelles il comprendra son environnement : le près, le loin, le lourd, le léger, le chaud, le froid et ainsi de suite. C'est par le jeu qu'il nouera des relations réelles, agréables ou tristes, futiles ou solides avec les personnes de son entourage. Le jeu est le complément naturel indispensable à la satisfaction des besoins de base, et tout petit enfant normalement constitué joue et doit pouvoir jouer à satiété pendant les premières années de sa vie. Peu à peu, il percevra ce qui, dans le jeu, a valeur de démarche instructive ou de travail, et si les adultes ont laissé développer naturellement ses tendances, sans critique inutile et sans réprimandes inadaptées, il aimera parler, compter, écrire, lire et dessiner, ce que tout enfant demande à faire, au début, par jeu.

Avant même que le bébé ne dispose de la préhension, il y a le jeu du regard et du sourire. Dès qu'il est capable d'émettre ces petits gloussements, premiers temps du rire, puis d'éclater franchement de rire, il répond aussi au jeu des caresses, des chatouilles, des grimaces, du balancement ou du mouvement qu'on lui imprime en le faisant sauter sur ses genoux. *Le jeu avec l'autre commence donc très tôt et l'enfant en saisit la signification avant même d'être capable d'attraper des objets puisqu'il manifeste son mécontentement si on arrête et fait comprendre son désir de poursuivre le jeu.*

Dès la phase du gazouillis, puis du babil, il s'écoute émettre des sons et y trouve plaisir.

Dès qu'il attrape et manipule, il est capable de jouer

avec un hochet, de faire du bruit avec un jouet sonore en l'agitant ou en le frappant contre autre chose. Dès cinq mois, il semble commencer à imiter les bruits et les mouvements, et cet âge clown, à son apogée vers neuf ou dix mois, débute donc très tôt.

Vers six, sept mois, il investit beaucoup d'énergie dans les jeux sonores, il joue beaucoup avec les parties de son corps, avec ses pieds, avec la bouche, imite des actions et commence à comprendre le sens de la taquinerie. Il tourne et retourne longuement les objets, les regarde et les manipule, et adore faire du bruit en froissant des papiers, en cognant des objets l'un contre l'autre.

Un peu plus tard, il est capable de s'intéresser longuement au même jeu, il explore le dedans et le dehors, et en tournant et retournant chaque chose, en la déplaçant, par rapport à d'autres, il prend bien conscience de ses caractéristiques.

L'âge de neuf, dix mois est extraordinaire car, ayant acquis la notion de l'objet permanent, une motricité fine et déliée, le bébé est apte à enrichir de façon considérable son répertoire et ses possibilités. Il comprend la signification de nombreuses notions, dit bonjour, joue à la balle, choisit son jouet. Il est capable de jeter un petit objet dix fois, vingt fois, crier pour qu'on le lui ramasse, et le rejeter instantanément dès qu'on lui a donné en riant aux éclats. Il comprend le jeu de l'observateur qui cache son visage, lui-même se déplace pour s'éloigner des regards et comprend le « coucou me voilà ».

Il peut essayer d'attraper un jouet qu'il ne voit pas. Sa persévérance, sa capacité de répétition, sa recherche des caractéristiques physiques des objets et des relations entre eux sont extraordinaires.

Et son talent d'imitateur est remarquable. C'est l'âge où le bébé est capable de beaucoup de grimaces ; la moindre nouveauté est immédiatement enregistrée et prétexte à jeu. Il ferme les yeux, plisse le nez, grimace, souffle, tire la langue pour provoquer le rire. Il reproduit les intonations des voix, est capable de reproduire en un gazouillis incompréhensible toute la mélodie d'une phrase parlée ou musicale.

Ceux qui se déplacent bien à quatre pattes sont capables de le faire à toute vitesse pour se placer derrière un fauteuil ou sous une table en attendant qu'on les cherche, comme le fait un jeune chien.

Avec l'amélioration de ses capacités motrices, l'enfant va entrer dans l'intense activité exploratoire de la phase suivante de son développement. Mais tout au long de cette première année, on peut remarquer à quel point, lorsqu'il y a frère ou sœur aînés, ceux-ci sont les compagnons privilégiés du jeu ; les enfants n'ont pas besoin de grands jouets luxueux qui ne sont que les ornements d'une chambre ; ils ont surtout besoin d'objets que l'on peut d'abord porter à la bouche en toute sécurité puis de jouets avec lesquels on peut faire quelque chose et dont ils comprennent très vite le maniement ; et avant tout il faut que les parents puissent consacrer un certain temps, même s'il est court, à un jeu avec eux, à une activité commune grâce à laquelle commence le dialogue véritable, base de la bonne entente avec tout enfant.

Et cette activité de jeu, solitaire ou non, a aussi de nombreuses autres fonctions : accroître l'expérience et établir des contacts sociaux en communiquant avec les autres, exprimer parfois une agressivité tout en maîtrisant une part de cette angoisse permanente tout au long du développement du petit enfant. Les fonctions du jeu, activité essentielle de l'enfant, sont donc considérables.

12/ Les différences fille/garçon

C'est une idée couramment admise, défendue avec un bel entrain par les tenants de l'égalité absolue des sexes et qui fait partie de la panoplie du penseur moyen manipulant les idées dominantes de son temps (même si elles sont absurdes) que la pression sociale, et elle seule, commande les différences de comportement entre filles et garçons.

A partir de là, on s'achemine progressivement vers une symétrie parfaite des rôles de la mère et du père, leur caractère absolument interchangeable dans la relation avec le bébé. Evidemment, le regain de faveur de l'allaitement maternel peut être compris comme une régression de l'espèce et le retour à l'esclavage féminin.

Tout cela sera peut-être vrai le jour où les bébés se feront exclusivement en éprouvette et où les hommes auront des seins.

Et dire qu'il y a des différences naturelles dans les comportements masculin et féminin, décelables très précocement dans la vie, ne constitue en rien une position « réactionnaire », mais reflète une réalité.

Il ne faut pas oublier les différences biologiques fondamentales. Le sexe est inscrit dans chaque cellule de l'organisme et pas seulement dans la nature des glandes sexuelles. Chaque cellule du corps masculin est différente de son homologue du corps féminin car elle comporte des différences chromosomiques, toute cellule masculine ayant un chromosome x et un chromosome y, et toute cellule féminine 2 chromosomes x.

On explorera plus complètement, dans les années qui viennent, les différences de rôle de ces chromosomes, qui ont d'autres effets que la détermination du sexe des gonades et, par là, le développement des organes génitaux et en particulier du chromosome x dont on sait qu'il peut être porteur des gènes d'affections dites liées au sexe, et qui est plus riche en matériel chromosomique que l'y.

Mais la formation des glandes sexuelles se fait durant la phase embryonnaire et celles-ci vont être fonctionnelles durant la phase fœtale du développement intra-utérin et agir déjà, de cette manière, sur la morphologie de l'enfant qui va naître, puis ultérieurement continuer à fonctionner de façon différente dans leurs sécrétions. Il y a donc des bases endocriniennes et physiologiques différentes agissant sur la morphogenèse même de l'organisme masculin ou féminin, influençant les structures des tissus ; certains chercheurs se sont même récemment demandé s'il n'existait pas des différences au niveau de certaines structures nerveuses chez l'homme et chez la femme.

Toutes les mères ayant eu garçon et fille soulignent des différences de comportement apparaissant très tôt dans l'existence, probablement dès avant que la relation avec le père et la mère puisse induire des modifications, et il semble bien qu'il existe, de façon innée, des nuances importantes dans les aptitudes motrices, le calme ou l'agitation, les goûts alimentaires. Cela ne se révélera clairement qu'à partir de la fin de la première année. Beaucoup de petites filles sont plus calmes, plus tranquilles, capables de jouer seules plus longtemps, alors que les garçons semblent plus agités, plus espiègles, plus actifs, et plus destructeurs. Les habitudes et les goûts alimentaires sont souvent différents et nombre de fillettes mangent moins, mais plus souvent, en refusant plus volontiers la viande, en ayant des goûts plus diversifiés.

Il est bien difficile, il est vrai, de dire quelle est dans tout cela la part du comportement inné et celle de l'imitation des parents pour la fille ou le garçon qui perçoit la différence entre père et mère et peut-être la similitude avec leur propre personne, sans aucun doute beaucoup plus tôt qu'on ne l'a dit.

Ce qui ne fait pour moi aucun doute, ce sont les différences de comportement moteur, sans parler de l'avance de l'un ou l'autre sexe, car je ne crois pas qu'il y ait, de ce point de vue, des différences statistiquement évidentes.

Mais s'il existe des différences innées, nul doute que les comportements parentaux vont très tôt influer sur la manière d'être des enfants en fonction du sexe.

Je reviendrai sur cette idée fausse que dans une fratrie les différences notées sont forcément d'origine génétique puisque tous les enfants seraient élevés de la même manière. En réalité, ce n'est jamais vrai, chaque enfant est « reçu » d'une manière différente ; la place dans la fratrie, le fait d'être aîné ou cadet vont jouer un rôle considérable dans le modelage des comportements.

Les relations différentes avec le père et la mère au moment de la formation et de la résolution du complexe d'Œdipe jouent un rôle important, mais moins important que tout ce qui se passe et se noue encore plus tôt, au moment de la constitution des liens d'attachement et compte tenu de la qualité des objets d'attachement (*cf.* page 267).

Très tôt, il existe des différences dans le comportement des parents selon que l'enfant est garçon ou fille, même s'ils manifestent, bien sûr, la même tendresse, la mode n'étant plus guère à désirer pour premier-né un garçon ou une fille. En outre, avec la pratique de plus en plus répandu de l'échographie, on peut savoir vers la fin de la grossesse le sexe de l'enfant à venir et donc être parfaitement prêt à l'accueillir au moment de l'accouchement.

La tendresse très différente de la mère qui retrouve dans un garçon l'image de son propre père ou de son mari, et dans une fille sa propre image, le retour à la mémoire et le vécu des événements de sa propre enfance et de sa propre éducation qui jouent un si grand rôle dans les comportements envers ses propres enfants ; la manière d'être du père, très vite différente selon qu'il s'agit d'un garçon ou d'une fille ; la nature des liens du couple parental et leur retentissement sur les sentiments de chacun des parents à l'égard de l'enfant ; tous ces éléments tiennent une place si importante dans le développement du tout petit que, bien sûr, ils fabriquent pour l'essentiel les caractères de chacun des enfants. Mais sur une base physiologique prioritaire : l'enfant est garçon ou fille, avec une histoire modelante fondamentalement différente, et rien ne peut changer ce fait même si les conditions du développement individuel le pervertissent ou le dévient. Et la sexualité infantile — au sens général du terme — va imprégner toute l'évolution personnelle.

13/ Problèmes de sommeil à partir de cinq, six mois

Je ne crois pas que, parmi les centaines et les milliers d'enfants que j'ai pu suivre, plus de quelques-uns aient eu un sommeil calme, tranquille, sans problèmes, régulièrement jusqu'à l'âge de deux ans. *Cela est rarissime.* Tout à fait exceptionnels sont les bébés qui n'ont, à un moment ou un autre, un trouble du sommeil, pendant quelques jours, pendant quelques semaines, dans le cours des deux premières années. Sans tenir compte bien sûr des perturbations entraînées par les petites maladies saisonnières, surtout hivernales, qui émaillent la croissance durant les premières années, et au cours desquelles tout petit enfant est inquiet, agité, dort mal, réclame sa mère pendant la nuit.

En règle générale, à partir de six mois, il existe des modifications de sommeil.

Le sommeil qui était assez calme et parfois d'une très grande profondeur (comme à partir de deux ans) devient assez agité. Bébé bouge beaucoup, crie un peu, gémit. Il y a indiscutablement une corrélation entre ces phénomènes et les rêves, qui existent sans aucun doute auparavant mais deviennent plus fréquents et peut-être plus perturbants.

L'endormissement est moins facile. Il est moins lié à l'assouvissement de la faim et va dépendre de la satisfaction d'autres besoins : jeux, activité motrice suffisante, participation à l'activité de la famille. Tout enfant à un moment ou à un autre semble lutter contre le sommeil : il bouge, change de position, suce son pouce, rejette les couvertures, garde les yeux fermés, puis les ouvre, regarde dans le vague. Parfois il s'assoit, semble vouloir se lever ou avoir soif.

La phase d'endormissement est longue, le sommeil difficile à s'installer. Mais ce n'est pas de la mauvaise volonté et il n'y a pas d'intention mauvaise dans cette difficulté et cette impatience éprouvées à ce moment-là.

Il est important de veiller au calme, à l'absence d'énervement et d'agitation dans la soirée. Bien souvent, le bain est bénéfique lorsqu'il est donné le soir. Il calme, apaise, permet un endormissement plus facile.

A partir de dix, douze mois, l'enfant transpire beaucoup au début du sommeil, de la nuque et du thorax ; le phénomène est consécutif à l'augmentation de la température cutanée superficielle et permet l'abaissement de la température centrale de l'ensemble du corps accompagnant normalement le sommeil.

L'enfant trop couvert, enveloppé de tissus imperméables, dans une chambre surchauffée, aura du mal à s'endormir et se réveillera la nuit, assoiffé.

Mais surtout quelques éléments méritent d'être soulignés.

L'heure du coucher fait toujours problème à partir de huit ou neuf mois, pour des raisons psychologiques profondes. En effet, le bébé prend conscience que la mise au lit représente pour lui une séparation et de ce fait l'endormissement sera parfois un moment de grande angoisse. A cet âge, il a pris conscience de sa propre personne et de ses relations avec les autres. Il connaît son monde familier, il est normal, s'il n'a pas très sommeil, qu'il ne veuille pas s'en séparer.

Pour obtenir un endormissement dans des conditions raisonnables, il faut, je crois, tenir compte d'un certain nombre de facteurs :

Le bébé a besoin, le soir, d'un certain temps passé dans la communauté de sa famille, surtout s'il est en crèche ou chez une nourrice. Pour la mère qui retrouve son bébé à 7 heures du soir, il est déraisonnable de vouloir le mettre au lit à 8 heures, ou 8 heures et demie. Il a besoin de passer avec elle plus d'une heure ou d'une heure et demie.

Si la mère garde son enfant, et que le père rentre assez tard, le bébé l'attend et lui fait fête. Il est déraisonnable de le mettre au lit un quart d'heure après l'arrivée de son père. Il a besoin de jouer un peu et de passer un certain temps avec ses deux parents. Les parents ont souvent une attitude d'une grande rigidité en exigeant de tout petits une mise au lit très précoce alors qu'ils aspirent à une participation à la vie familiale et ne vont pas à l'école le lendemain.

Je crois que la meilleure attitude pour obtenir un coucher sans problème est de fixer une heure raisonnable et de le dire au petit enfant, même s'il n'en comprend pas la signification. Ayant entendu la même chose des dizaines et des dizaines de fois, il finira par en associer la signification avec le fait d'aller dans son lit.

Et c'est ainsi que de nombreux enfants vont régulièrement se coucher à 9 heures et sans histoire, cette heure étant réglée sur l'heure de la sieste l'après-midi, le moment où bébé semble avoir sommeil, la quantité de temps qu'il aura pu passer le soir avec sa famille réunie.

Et là encore, il faut respecter un certain nombre de règles, et en particulier *le rituel du coucher*. Beaucoup d'enfants ont pris un certain nombre d'habitudes qui doivent être respectées. Ces rites du coucher vont se compliquer au fur et à mesure que l'enfant grandit, *mais ils ont toujours la même valeur conjuratoire contre l'angoisse de la nuit, de la solitude, de la séparation d'avec la mère*. Ils lui permettent la détente, le rassurent et l'aident à s'endormir.

C'est d'abord une présence, qui leur parle, les calme, plus tard leur racontera une histoire, parfois toujours la même, affinée, précisée au fil des mois et dans laquelle il exigera parfois les mêmes mots et les mêmes expressions lorsqu'il sera plus grand.

C'est la présence d'un ou des objets familiers, l'objet transitionnel, parfois vieux chiffon ou ours en peluche, qui peut être l'objet habituel de la journée ou un jouet spécialement réservé à l'endormissement. Ce peut être aussi la présence nécessaire de trois ou quatre jouets préférés, qui doivent être là, alentour, pour manifester leur présence pendant qu'on suce son pouce en se grattouillant l'oreille ou en se chatouillant le nez avec un bout de drap.

Certains enfants n'aimeront s'endormir que dans le noir, la porte de leur chambre fermée. D'autres au contraire s'endormiront seulement avec une petite lumière et s'ils entendent les bruits familiers de la maison.

Souvent, les petits enfants, fatigués ou énervés le soir, luttent contre le sommeil et l'on a l'impression que, plus ils sont fatigués, plus le sommeil est difficile à trouver. C'est pourquoi, il faut toujours leur éviter une agitation importante dans la soirée. Il y a là parfois un véritable cercle vicieux de la fatigue empêchant le sommeil, qui contraint à adapter l'horaire de la sieste ou à s'aider, pour un temps limité, de médicaments calmants ou annihilant l'angoisse. Mais il faut toujours essayer d'adopter une attitude calme, compréhensive et ferme qui permet à l'enfant d'être paisible et rassuré le soir.

Dans ce rituel d'endormissement, on observe parfois une sorte de balancement soit de la tête, soit de l'ensemble du corps pour s'endormir. Ce n'est pas pour rien que du temps de nos grands-mères, les bébés dormaient dans des berceaux qui permettaient de les bercer, ce qui facilitait le sommeil du petit enfant. Le bercement spontané n'est pathologique que s'il est intense, durable et se reproduit au cours de la nuit. Il faut alors s'en préoccuper pour savoir quelle en est la signification.

Enfin, il faut souligner l'importance des séparations transitoires d'avec la mère vers le sixième, septième mois, dans l'apparition de troubles du sommeil durant parfois plusieurs semaines. On pourrait multiplier les exemples. Arnaud n'a jamais eu le moindre trouble du sommeil. Dès le soir du premier jour où il a été mis à la crèche, à neuf mois, il a mal dormi et ensuite s'est réveillé chaque nuit pendant plusieurs semaines, jusqu'à ce qu'il soit bien habitué à la crèche.

Si la mère part quelques jours, le bébé doit absolument rester dans son ambiance et être gardé par des personnes qu'il connaît bien ; même ainsi, il arrive qu'il soit de plus en plus inquiet et présente des troubles du sommeil dès le retour de sa mère. David, à sept mois, après une absence d'une semaine de sa mère, a refusé absolument de faire la sieste et a fait mille difficultés pour s'endormir le soir. *Dans ces conditions, c'est vraiment l'angoisse de séparation qui maintient éveillé un bébé, comme s'il craignait que le sommeil ne lui fasse perdre sa mère définitivement.*

C'est sans aucun doute cette grande angoisse que nous retrouverons dans les troubles de sommeil sévères pouvant survenir au cours *de la deuxième année.*

C/ L'ACQUISITION DE L'INDÉPENDANCE MOTRICE (10 mois et demi à seize mois)

A partir du moment où le bébé est capable de se déplacer seul, vers huit mois, huit mois et demi ou un peu plus tard, va commencer une période d'intense activité à l'intérieur de la maison qui le conduit à acquérir peu à peu une véritable indépendance motrice.

Compte tenu de l'importance du rôle joué par la position debout dans l'évolution de l'humanité, des capacités nouvelles qu'elle donne au petit bonhomme dès qu'elle est acquise, il me semble que cette phase du développement, qui va de dix mois, dix mois et demi à quinze, seize mois environ, est tout à fait caractérisée par *l'acquisition de l'indépendance motrice et les nouvelles capacités qu'elle donne au bébé.*

1/ La position debout
Les débuts de la marche

Bon nombre de bébés aiment très tôt être mis debout. Souvent dès quatre ou cinq mois, âge auquel il est incapable de s'asscoir ou de tenir assis, le bébé va passer instantanément à la position debout si on le tire par les bras à partir de la position couché, et adorer rester debout tenu, sauter, en pliant et étendant les jambes. C'est un jeu auquel il est capable de jouer très longtemps, sauter ainsi sur les genoux de son père ou de sa mère. On aura toutes les peines du monde à maintenir assis de tels bébés, excepté lorsqu'une activité intéressante les pousse à se tenir tranquilles, car ils veulent tout de suite passer à la position debout.

Tous ne sont pas capables de cette activité motrice. Ceux qui l'aiment et la pratiquent marcheront sans aucun doute plus tôt que ceux qui restent longtemps assis et ne veulent rien savoir pour se mettre debout avant dix, douze mois. C'est souvent le cas de petites filles ou de garçons un peu gros restant assez longtemps hypotoniques ; mais cela n'a guère d'importance, il est encore une fois *tout aussi normal de marcher à seize ou dix-huit mois qu'à dix ou onze mois.*

Beaucoup de bébés seront capables de se mettre debout à sept, huit mois avant même de tenir correctement assis. C'est ainsi que commencera la marche. *Le parc,* carré, en bois, le plus simple possible, constitue pour cela une aide excellente, mais que ce soit grâce aux barreaux d'un parc, au bord d'un divan, aux pieds d'une chaise ou simplement à un mur, tous les moyens sont bons pour que bébé se mette à genoux puis debout en tirant sur ses bras.

A partir du moment où il est capable de cet exercice, il

va passer de très longs moments debout, à taper sur le rebord du parc à l'aide de ses jouets, se baissant, se relevant, prenant un objet, le jetant hors du parc, appelant pour qu'on le ramasse.

Et va commencer la marche tenu.

Dans l'acquisition de la marche, tous les bébés passent par les mêmes phases, plus ou moins rapidement et facilement, selon qu'eux-mêmes sont plus ou moins actifs et dynamiques ; d'abord marche tenu, à deux mains, puis à une main, puis avec seulement un doigt au fur et à mesure de l'acquisition de l'équilibre. Au début les pas sont hésitants, les jambes très écartées, bébé oscille et titube un peu. Puis la marche s'affermit, mais il peut se passer un long temps entre une marche bien acquise mais avec un équilibre encore instable et *surtout une sorte de crainte de se lâcher, et le moment où bébé se lance pour faire quelques pas.*

Avant de faire vraiment quelques pas tout seul, bébé restera debout, un peu hésitant, jambes écartées, bras tendus et puis se laissera tomber sur le derrière pour rejoindre son objectif par son mode de locomotion favori : à quatre pattes, sur les fesses.

Et puis, un beau jour, souvent à un an juste (est-ce parce que toute la famille le stimule particulièrement le jour de son anniversaire) à l'appel de son père ou de sa mère, bébé fera deux ou trois pas tout seul.

A partir de ce moment, les progrès viendront vite, *mais il faudra attendre plusieurs semaines pour que la marche soit vraiment indépendante et aisée :* arrêt brusque sans tomber, tourner en marchant, se baisser sans tomber pour attraper quelque chose. Le bébé qui s'est lâché le jour de son premier anniversaire marchera vraiment bien à treize ou quatorze mois, et là commencera alors la véritable phase exploratrice à l'intérieur de la maison. Si, dans les premiers jours, il tombe et se fait un peu mal, il pourra rester deux ou trois semaines sans se lâcher à nouveau, rendu craintif par l'échec de sa première expérience. *Bref, le temps d'une bonne installation de la marche dure trois à quatre mois entre le moment où bébé tourne tout autour de son parc, puis se déplace comme en se jetant de chaise en chaise ou en poussant une voiturette, et l'acquisition d'une bonne marche indépendante, le dos droit et les jambes non fléchies.*

A propos de cette période, on peut faire quelques remarques répondant à des questions toujours posées.

Comme lors de tout nouveau progrès ou nouvelle acquisition, bébé est heureux et fier. Il manifeste souvent son impatience dans des tentatives non réussies, et sa joie lorsqu'il peut enfin se déplacer debout, seul et autonome. Il est manifeste qu'il exulte lorsqu'il commence à marcher, et comme il voudrait rester tout le temps debout lorsqu'il sait le faire, il essaie de marcher toute la journée, s'écroulant pour faire un somme entre deux périodes d'activité intense. A cet âge, le dynamisme, la capacité d'activité physique sont considérables, stupéfiantes par rapport aux possibilités des adultes. Dans ce que mange un bébé aux alentours de la première année, 15 % seulement sert à sa croissance, le reste couvre son activité physique.

S'il existe un certain degré de retard de la marche, *ne dites pas : « Mon bébé est paresseux. »* Les tout-petits marchent longtemps avant d'être capables de se lâcher. Toutes ces opérations demandent, sur les plans de la motricité et de l'équilibre, une série d'acquisitions dépendant de la maturation du système nerveux. Certes les stimulations jouent un rôle et le bébé abandonné à lui-même dans un lit marchera tard, mais tous les bébés dont on s'occupe normalement sont suffisamment stimulés sur le plan moteur et il y a, du point de vue de la maturation du système nerveux, d'importantes différences individuelles génétiquement programmées. Bébé se lâchera quand il aura acquis les capacités de le faire. *Il n'est ni paresseux ni peureux, seulement parfois craintif.* Et il est de fait que l'on observe à cet âge d'importantes différences individuelles dans l'esprit d'entreprise et l'habileté motrice.

Dans cette longue phase de l'installation de la marche, il y a bien des hésitations, des arrêts, des sortes de régressions. Les uns ont les jambes très écartées, d'autres les pieds en dedans, d'autres sont instables. Il n'y a pas de semaine où le pédiatre n'est confronté au problème de savoir si un bébé, qui ne veut pas se mettre debout ou ne veut pas marcher, marche en équilibre instable ou tombe tout le temps, est normal ou anormal, souffre d'un trouble ou non. Dans la grande majorité des cas, il est parfaitement normal, les parents ou le médecin s'étant inquiétés à tort.

Mais il est parfois difficile d'affirmer qu'il n'existe absolument aucune anomalie neurologique, et si vous avez un doute, mieux vaut un examen certifiant la normalité qu'un retard dans le diagnostic d'un petit trouble neurologique.

C'est à propos de problèmes de jambes et de pieds que les questions sont le plus fréquentes : « Mon bébé a les pieds plats, il marche les pieds en dedans, il a les jambes arquées, ma fillette a de vilaines jambes, sans chevilles ! »

Ces aspects qui déplaisent aux parents sont exclusivement en relation avec l'état normal des jambes et des pieds chez les bébés, et fonction de la forme naturelle des membres inférieurs. Si l'on a le moindre doute, il convient de vérifier par radiographie l'état normal du bassin (si une radiographie systématique n'a pas été pratiquée au quatrième mois comme il est maintenant de règle) et l'intégrité neurologique. Cela fait, il faut bien savoir les choses suivantes :

— Pratiquement tous les bébés ont *les pieds plus ou moins aplatis* par hypotonie musculaire ; la marche pieds nus, la gymnastique des pieds telle qu'elle est faite pour les *metatarsus varus* de la naissance donnent d'excellents résultats.

— La majorité des bébés marchent *les pieds en dedans* du fait de l'orientation vers l'avant, physiologique à cet âge, des cols du fémur dont la position dans l'espace commande l'ensemble de la position du membre inférieur.

— Tous les bébés ont *des genoux gros en dedans,* ce qui donne un aspect de jambes arquées, parfois aggravé par une « arcature » physiologique, qui ne justifie ni vitamine D supplémentaire ni traitement orthopédique abusif ; cela s'arrange seul.

— Les bébés ont *peu de cheville* et marchent sur *la partie interne du pied,* d'autant plus qu'ils sont un peu hypotoniques ; la cheville se dégage avec la croissance et des fillettes sans cheville à quatorze mois peuvent avoir des jambes superbes à quatorze ans.

— Enfin, certains d'entre eux marchent volontiers sur *la pointe des pieds,* sans que cela ait, *habituellement,* de signification pathologique ; il faut les laisser faire.

Tels sont les petits problèmes souvent posés par les débuts de la marche.

Mais surtout celle-ci va conduire l'enfant aux meilleurs moments — pour lui — de son *activité exploratoire,* et l'acquisition de l'indépendance motrice par la marche debout représente, pour chacun d'entre nous, l'acquis d'une très longue évolution de l'espèce.

2/ *L'activité exploratoire*

Le développement d'un enfant est un tout, avec des périodes de grande activité, des périodes plus calmes ; parler de l'activité exploratoire dans un chapitre débutant au dixième mois peut paraître tout à fait anormal.

Car, en réalité, dès la première heure de sa vie, le bébé qui tourne la tête au son d'une voix et suit des yeux le visage de sa mère penché vers lui commence cette intense exploration du monde ambiant qui le conduit à la connaissance.

L'attention du regard qui vous fixe, la manipulation des objets, la course à quatre pattes vers le ballon rouge, tout cela relève d'une naturelle et considérable curiosité, marque de tous les êtres jeunes, petits animaux ou petits hommes, étape indispensable au bon développement intellectuel. Et d'ailleurs, n'est-ce-pas une marque de vivacité d'esprit que de garder à l'âge mûr cette curiosité des choses et des gens qui, si elle est saine et empreinte d'affectivité, est souvent la marque des grands esprits ?

Lorsque le bébé a acquis déjà une bonne connaissance des objets, l'indépendance motrice va lui donner les moyens qui correspondent à son intense désir de recherche et d'exploration. C'est l'âge où toutes les mères disent : « *Il touche à tout, il est terrible.* » Cela s'applique surtout aux garçons. C'est un des âges où les différences garçon-fille apparaissent avec le plus d'acuité dans l'intensité de l'activité déployée. Tous les bébés ont normalement cette grande activité exploratoire ; mais nombre de petites filles de quatorze, quinze mois restent plus calmes, plus tranquilles, alors que les garçons sont plus actifs, dynamiques et brutaux. Mais tout intéresse l'enfant ; il est normal et bon qu'il en soit ainsi, et d'ailleurs vous n'aimeriez guère avoir un bébé apathique. Aussi faut-il penser à tout, lui donner suffisamment de liberté dans la maison sans qu'il puisse pour autant courir des risques ou en faire courir à des objets trop précieux ; il doit avoir, dans un coin bien à lui, des objets bien à lui, qu'il puisse déballer, abîmer, brutaliser ou entourer d'affection sans lui imposer à tout bout de champ des interdits qui brideraient littéralement son désir de connaissance.

Bien souvent, à cet âge, les jouets traditionnels n'intéressent plus du tout les enfants. Ils préfèrent de beaucoup vider une armoire ou aller chercher quelque casserole en explorant un placard de cuisine. Car c'est une phase intermédiaire. Bébé connaît déjà très bien ses jouets habituels ; quand il a empilé ses boîtes un certain nombre de fois, cela lui suffit ; il a besoin de faire de nouvelles expériences ; et il est encore incapable de manipuler et d'utiliser des jouets plus compliqués de type construction ou puzzle. On entend cent fois les parents dire : « Mais tu as ton jouet, ou ceci, ou cela », qui n'intéresse pas bébé. *Ce qui l'intéresse, c'est de prendre contact avec la nouveauté et de faire une expérience.*

Tout parent observera les activités si amusantes et qui sont la marque de cet âge ; des expériences avec les vêtements et l'essayage des chaussures. Bébé essaie, à tort et à travers, d'enfiler un pull-over ou de mettre une chaussure à lui. Dès qu'il marche bien, il ira glisser un pied dans un soulier de son père ou de sa mère et essayer de marcher avec, en riant à gorge déployée.

Les ustensiles de cuisine et l'cau sont des choses avec lesquelles il est indispensable de lier une connaissance approfondie. S'il peut jouer avec deux ou trois casseroles, deux ou trois jouets flottants et un bidet rempli, il transformera un peu votre salle de bains en piscine mais il aura passé un excellent moment.

C'est l'âge où, quand on ne l'entend pas du tout, on peut être sûr qu'il y a une « bêtise en cours » : vider systématiquement de façon appliquée et parfaite un tiroir ou un sac ; écraser un tube de rouge à lèvres sur un lavabo. Tout cela n'est pour vous qu'un aperçu de ce qui pourra se passer quelques mois plus tard quand il essaiera d'épiler le chien. A ce stade de son développement, bébé se livre à une série d'expériences et forme son jugement et ses capacités ; il écoute la montre, froisse du papier et vérifie avec beaucoup de soin si ça se déchire. Il empile, entasse, renverse, contrôle ses compétences en matière de distance, poids, profondeur. Il étudie les déplacements et les positions des choses les unes par rapport aux autres.

Tous sont extrêmement attirés par des objets minuscules. Les bébés sont plutôt, en moyenne, hypermétropes et voient très bien de loin, mais leurs capacités perceptives sont grandes et ils repèrent facilement de toutes petites choses. Bébé passera du temps à ramasser des miettes sur la moquette, à déchirer un bout de papier puis à en ramasser les morceaux.

Il va faire connaissance avec les notions de froid, de chaud, et à cet âge, il va être très difficile de l'empêcher de mettre les doigts dans les prises électriques, de tourner les boutons du gaz, de toucher les ampoules et les fers à repasser. *C'est le début de l'âge des accidents et il faut être attentif tout en laissant bébé faire ses expériences.*

Etre attentif signifie éviter de laisser à sa portée des médicaments, des objets dangereux ou susceptibles d'être traumatisants, des produits toxiques. *C'est entre dix et trente mois que surviennent 80 % des empoisonnements accidentels des enfants.* C'est dire que la prévention de ces accidents est essentiellement question d'organisation à la maison et que tout produit dangereux doit être placé hors de portée ou enfermé. Rien n'est plus risqué que de laisser une bouteille de javel parmi les bouteilles de limonade dans le bas d'un placard de cuisine. Et tout parent doit, à l'avance, réfléchir à ce que pourra faire le bébé dans la maison s'il n'est pas surveillé. Le médicament le plus courant, par exemple l'aspirine, peut être très toxique à forte dose. Et combien de bébés brûlés dans une baignoire parce que, laissés seuls un moment, ils ont ouvert le robinet d'où l'eau sortait très chaude.

Mais le bébé ne peut vivre entouré d'interdits permanents et sans cesse répétés. Cela freinerait le développement de sa curiosité naturelle tout en le rendant à la fois apathique parce qu'on réprime son besoin d'activité, et agressif vis-à-vis de ceux qui lui défendent certaines choses. Pourtant, il faut commencer à lui apprendre ce qu'il faut faire et ne pas faire. Tout se situera dans l'art et la manière qu'auront les parents d'empêcher le bébé de courir des risques et dans l'organisation même de la maison pour qu'il puisse y développer son activité, sans danger, et sans être en permanence objet de réprimandes ou de refus. Il faut en même temps favoriser cette curiosité naturelle, fournir des stimulants, c'est-à-dire finalement passer du temps avec l'enfant.

Comme dans tous les autres secteurs de comportement, il y a une interaction considérable entre la manière d'être de ceux qui s'occupent de l'enfant et les capacités qu'il développe ou non.

Je ne sais si l'on peut souscrire complètement aux remarques de F. Caplan.

« L'activité peut d'ailleurs être liée aux caractères des parents. Les mères de bébés actifs sont en général sensibles, nerveuses ou agitées. Les bébés moins actifs ont en général soit une mère sûre d'elle-même et calme, soit une mère qui manque de confiance en elle-même et qui est de caractère passif. Les enfants dont les parents sont calmes ont plus de chances de devenir plus actifs en grandissant que ceux dont les parents sont passifs, puisque ces derniers fournissent un environnement moins stimulant. »

Les faits sont sans doute beaucoup plus complexes.

En tout cas, à cet âge, la combinaison chez le bébé de l'acquisition de l'indépendance motrice et de cette intense curiosité naturelle qui le pousse à vouloir toucher ou attraper parce qu'il veut tout connaître est la condition de *ses tentatives d'indépendance.*

Il est difficile d'avoir une bonne attitude, car il faut respecter et même favoriser un certain esprit d'entreprise tout en manifestant avec fermeté des interdits à certaines occasions. C'est le difficile moment de l' « *épreuve de force* ».

Un élément déterminant aura souvent marqué le début de cette activité exploratoire : *l'enfant découvre l'utilisation de l'outil.* Vers onze, douze mois il est capable de remarquer qu'il peut s'aider d'un bâton pour ramasser une balle sous un canapé, ou jeter un objet pour essayer d'en rapprocher un autre. Au cours de son développement personnel, chaque enfant reproduit l'évolution progressive de toute l'humanité, comme la formation de l'embryon retrace le cheminement de l'ensemble des espèces vivantes. Et la conquête de l'outil a été une étape considérable.

3/ Les tentatives d'indépendance

A partir du moment où le bébé a les moyens d'agir seul, de façon indépendante, et quand il peut satisfaire par sa seule activité des mouvements qui le poussent à attraper ou à faire telle chose, il a tendance à vouloir exécuter seul des actes essentiels de sa vie : manger, essayer de s'habiller, par exemple.

Certes, il ne s'agit pas d'activités permanentes ; il aime encore beaucoup être pris dans les bras pour son biberon du matin et se laisse faire pour la majorité des activités quotidiennes. *Mais il y a de plus en plus de moments à partir de onze, douze mois où il manifestera des velléités d'indépendance et le signifiera parfois énergiquement à son entourage.*

C'est le plus souvent par le désir de manger seul — désir qu'il faut absolument favoriser pour plusieurs raisons — que se manifeste ce goût de l'indépendance. Dès six ou sept mois, ou même avant, dès qu'ils sont capables de bien attraper, beaucoup de bébés tiennent eux-mêmes leurs biberons, et sont aptes à le vider sans que personne intervienne. A cet âge déjà, ils jouent avec la cuillère qu'ils trempent à tort et à travers dans leur soupe ou leur purée. A partir de huit ou neuf mois, les mouvements sont assez bien coordonnés pour leur permettre d'essayer de prendre de la nourriture et la porter à leur bouche.

Bébé se salit, il en met partout et cela agace suffisamment pour qu'on l'empêche de le faire. A ce stade, la bonne attitude consiste sans aucun doute à le nourrir, ce qu'il accepte bien volontiers, tout en le laissant jouer avec une petite cuillère et faire l'expérience de s'alimenter seul.

Le plus tôt possible, vers neuf ou dix mois, il est très

important que le bébé accomplisse ces tentatives de s'alimenter seul à la cuillère, et mange aussi de petits morceaux placés dans une assiette. Beaucoup adorent, même lorsqu'ils ont déjà pris leur repas du soir, ou à midi, durant le week-end, être assis à table à côté de leurs parents et goûter leur nourriture. Il faut le leur permettre. De cette manière, on laissera se développer leur goût pour des aliments diversifiés et pour le type de cuisine faite à la maison. Cela favorise la diversification du régime. Beaucoup de mères posent la question de la qualité de la nourriture à partir de la fin de la première année. Bien des enfants habitués trop longtemps à une nourriture standardisée, faite exclusivement pour eux, manifesteront, à un moment, un dégoût pour cette nourriture et en même temps refuseront de goûter à tout.

C'est dans des repas pris en commun, précocement, et au cours desquels on aura laissé l'enfant goûter à la nourriture familiale en mangeant seul avec ses doigts, que se développeront ses goûts alimentaires, le désir de goûter à tout. Certes les enfants manifestent des préférences même si l'on tient compte de ce conseil et bon nombre d'entre eux n'aimeront pas telle ou telle nourriture. Il est vrai que beaucoup d'enfants, surtout les garçons, n'aiment guère les légumes verts ni le fromage. Mais au moins on ne se heurtera pas au refus systématique d'essayer tel ou tel aliment, comme on l'observe si souvent. Il est vrai aussi que, jusqu'à dix-huit mois ou deux ans, de nombreux petits, des filles en particulier, *n'aiment guère mastiquer* et refusent les nourritures solides en dehors des biscuits et des gâteaux. Cela n'a guère d'importance et s'estompera avec la croissance.

Les tentatives d'indépendance se manifestent de plus

en plus dans tous les domaines de la vie. A quinze, seize mois, Julien voulait manger seul, manger à table, se laver seul, s'habiller seul. Certes, il vivait toute la journée avec des enfants plus grands chez sa nourrice, et bien souvent la crèche aussi enseigne aux enfants, plus facilement que ne peut le faire la mère, tous les petits actes de la vie quotidienne. Quand bébé veut s'habiller seul, cela prend un temps considérable. Mais il faut lui permettre le plus possible de réussir quelque chose, et avoir la patience de le laisser faire et même de l'encourager.

Si, dans les circonstances où le bébé commence à manifester des velléités d'indépendance, vous ne lui laissez aucune latitude et le contraignez en permanence, vous transformerez toutes les activités naturelles de chaque jour *en véritable épreuve de force.*

Le repas doit être un moment privilégié où l'on partage quelque chose d'agréable, et pas du tout un épisode pénible de la vie quotidienne où un parent énervé essaie de faire ingurgiter à un enfant réticent une certaine quantité de nourriture.

Le moment du coucher doit être doux, tendre et calme ; on se parle et on est content d'être ensemble ; ce ne doit pas être une contrainte désagréable, un moment de peine et de déplaisir.

De toute façon, il y aura des difficultés, des épreuves de force inévitables dont nous parlerons au chapitre suivant.

Mais l'intelligence des parents consiste justement à passer ce cap avec diplomatie, patience, gentillesse et fermeté sans que toute relation devienne difficile.

« Votre bébé a d'innombrables moyens pour lutter contre vous si vous ne percevez pas dans certaines activités son désir d'indépendance. Il peut refuser de manger en fermant obstinément la bouche et en détournant la tête. Il peut mastiquer, pendant vingt minutes, un tout petit morceau et refuser tout autre aliment tant qu'il ne l'a pas avalé. »

« Il peut commencer à taquiner sa mère en lançant des bouts de nourriture autour de la pièce, en crachant, ou en laissant savamment écouler et suinter la nourriture qu'il a pris soin de bien tourner dans sa bouche. » (F. Caplan.)

Notre vie quotidienne qui contraint souvent à aller très vite, toujours plus vite, est difficilement compatible avec la manière d'être habituelle des bébés. *Il faut trouver le juste milieu entre le respect des comportements infantiles et les nécessités de la vie actuelle.*

4/ Le refus de rester seul et l'exigence vis-à-vis de la mère

Il est très important, nous l'avons dit, que le bébé de quelques mois soit capable de rester seul de longs moments, de jouer seul, de s'occuper à des jeux paisibles sans que personne n'intervienne. C'est un bon signe d'équilibre. Par contre si, à 7 ou 8 mois, il réclame en permanence une présence, pleure dès qu'il est seul, cela témoigne sans doute d'une angoisse excessive. Mais, dans la poursuite de sa vie normale nous avons déjà observé combien le bébé de quelques mois était sensible à la première séparation d'avec la mère.

Jérémie avait été laissé huit jours à ses grands-parents pour la première fois à l'âge de 5 mois et demi. Tout s'est bien passé, mais dès que sa mère l'a repris il lui « a fait la tête », riant avec tout le monde sauf avec elle, refusant de manger, pleurant dès qu'elle disparaissait de sa vue, ce qu'il ne faisait pas auparavant, dormant beaucoup moins bien.

Gregory, à huit mois, s'est comporté de la même manière lorsque sa mère est rentrée de vacances : pendant trois jours il a refusé de quitter ses bras.

Au stade du développement où nous sommes, comme tout au long d'une évolution normale, se manifestent de nombreuses contradictions. On peut citer la coexistence presque permanente, à des moments très proches de la journée, d'une recherche acharnée d'indépendance, d'un désir de faire les choses par soi-même, et en même temps d'appels très fréquents, d'une demande de contacts, d'un refus de rester seul, et d'une *grande exigence à l'égard de sa mère.*

Beaucoup de mères, élevant elles-mêmes leur enfant, se plaignent, lorsqu'il a 14 ou 16 mois, de revendications perpétuelles à leur égard. Certains enfants pleurent dès qu'elles s'éloignent, ne les laissent parfois pas aller à la salle de bains sans crier derrière la porte, s'accrochent à elles dans toutes les circonstances un peu difficiles.

Il me semble que cette exigence, si elle ne revêt pas de caractère pathologique — et nous allons en reparler —, représente un moment normal dans l'évolution du petit enfant. J'ai l'habitude de dire aux mères ceci, que je crois profondément vrai et répète ici : « *C'est le petit enfant le plus collé à sa mère à dix-huit mois qui sera l'adolescent le plus indépendant à dix-huit ans.* » Car on peut considérer que, jusqu'aux alentours de deux ans, le besoin de maternage et d'amour est la demande essentielle de l'enfant.

« *Dites-vous bien que seuls les enfants jouissant de bons rapports avec leur mère redoutent les séparations. Les bébés pour qui la mère ne compte guère réagissent moins parce qu'ils ont été obligés de faire face à la vie seuls et trop tôt.* » (F. Caplan.) Cette phrase, qui résume les conclusions de l'équipe de Princeton s'occupant du développement psychologique du petit enfant, est très explicite. Elle signifie au fond combien il est naturel que le bébé, à un certain moment de son développement, réclame la présence de sa mère, souffre de son absence et de son départ, et soit donc exigeant à son égard. C'est un moment normal de son évolution, et lorsque un développement démarre et se poursuit dans la normalité, il n'y a pas de raison, sauf accident fortuit et imprévisible, qu'il ne se continue pas de façon satisfaisante. *C'est pourquoi l'accession progressive et lente à l'indépendance étant l'évolution normale de tout enfant, cette période de revendication affective intense me paraît une excellente garantie de bonne évolution vers l'indépendance future.*

Elle fait partie des autres exigences observées à cet âge : difficultés pour aller dormir seul, demande de participation à la vie familiale, besoin de jouer un temps assez long avec les parents le soir lorsque ceux-ci travaillent tous deux.

Le bébé est un être totalement égocentrique. A partir du moment où il a perçu son autonomie en tant que personne et, partant, celle des autres et de sa mère en particulier, *il considère que sa mère lui appartient.* Bon nombre d'entre elles ne se laissent pas aller à agir comme elles ont vraiment envie de le faire, sous prétexte qu'elles craignent de gâter leur bébé ou de lui donner de mauvaises habitudes ou sous la réprobation de certains membres de la famille ou amis. Le bébé demande en fait un supplément de contacts physiques, de chaleur ou d'encouragement qu'il n'y a aucune raison de lui refuser.

Cette exigence ne se traduit pas de la même manière

selon les conditions de vie ; et en fait elle paraît bien liée au nombre de personnes avec lesquelles le petit enfant a noué de bonnes relations, des liens d'attachement (*cf.* page 267). Elle paraît très intense, lorsque la mère élève elle-même l'enfant, surtout si elle voit peu de monde et s'il n'a pas l'habitude d'être gardé par une grand-mère, une tante, une amie. Mais même dans ce cas il y aura toujours une période de la vie entre 10, 15 ou 16 mois au cours de laquelle il semblera particulièrement accapareur. Cette exigence peut apparaître aussi lors de changements d'habitude, si la mère, qui ne travaille habituellement pas, se met à travailler quelques jours, par exemple.

Alexia était propre vers 23 ou 24 mois, mais faisait sans arrêt pipi dans sa culotte dans la journée et perdait sa propreté durant les périodes de 2-3 jours au cours desquelles la mère travaillait. Céline à 19 mois ne voulait plus ni manger ni aller s'endormir avec sa mère lorsqu'elle la voyait moins pendant quelques jours. Agnès a été mise à la crèche à 20 mois. Pendant des jours et des jours elle est restée accrochée à elle dans la soirée, ne la quittant pas d'un pouce.

Pour les enfants gardés à la crèche ou par une nourrice, cette période de profonde demande peut être moins spectaculaire, moins évidente, plus passagère. Mais elle existe toujours et cela est normal. *Car l'enfant qui ne reçoit pas de réponses à ses demandes affectives n'aura pas d'exigences normales, mais il en aura d'autres révélées par des difficultés de comportement, de sommeil, et il fera payer et paiera lui-même très cher cette méconnaissance de ses besoins fondamentaux.*

5/ L'épreuve de force

Entre quatorze et quinze mois environ, le bébé a acquis une bonne autonomie motrice, se promène partout dans la maison, mène ses expériences d'exploration au-dedans et au-dehors ; il a acquis la notion de sa propre personne et commence peut-être à avoir des intentions plus ou moins réfléchies (*cf.* page 201). Ce n'en est pas encore exactement le moment, mais tout cela est en gestation dans sa tête, et c'est évidemment un bouillonnement, la transformation profonde d'une personnalité jusqu'ici absolument dépendante, mais dorénavant apte à découvrir la possibilité de réalisation de ses besoins et désirs : ouvrir le placard pour trouver un gâteau, ou même aller le chiper à un congénère dans le jardin.

Dans son activité exploratoire, le bébé a bien souvent une attitude délibérément provocante. Chaque parent a remarqué combien souvent lorsqu'on a interdit à un petit enfant de faire quelque chose, toucher à une prise de courant, ou tourner un bouton de la cuisinière à gaz, il essaie de faire à nouveau ce geste interdit en regardant fixement, souriant plus ou moins, tournant exagérément la tête vers l'adulte, sans aller toujours jusqu'au bout de son geste. Si l'interdiction est à nouveau là, sévère et menaçante, il s'arrête et transforme sa tentative en jeu. Si l'attention de l'adulte est moins présente, alors il pourra répéter le geste tant qu'on ne lui aura pas fait comprendre qu'il peut s'agir d'un acte dangereux et vraiment défendu. Et il est nécessaire de le lui faire comprendre avec fermeté et persévérance, car il s'agit bien souvent, de plus, d'un moyen qu'utilise le petit enfant soit pour attirer votre attention, soit pour tester votre vigilance et votre fermeté

A cet âge de la vie, va se jouer parfois de façon subtile et gentille, parfois de manière plus violente, une partie décisive à la fois pour l'enfant et pour la vie de la maison : qui commande ou plutôt quelle volonté va l'emporter lorsqu'il y aura conflit, celle de l'enfant ou celle des parents ? Mais il est fondamental, pour que les parents puissent rester les maîtres du jeu, qu'ils comprennent bien quels sont les besoins et les intérêts du petit enfant, et qu'ils n'essaient pas d'imposer des comportements qui correspondent d'abord à leur intérêt à eux. *Lorsque l'on a pris la responsabilité d'avoir un enfant, responsabilité maintenant le plus souvent consciente et délibérée, l'intérêt de l'enfant lorsqu'il est petit prime sur les intérêts de chacun des membres de la famille, et on doit s'efforcer, dans la mesure du possible, de respecter ses besoins.*

Si l'on essaie d'obtenir de l'enfant une obéissance passive, de lui faire comprendre que l'on commande parce qu'on est le plus fort, on acquerra sans doute cette obéissance mais au prix de bien des difficultés, de mauvaises relations et de beaucoup de déboires ultérieurs, ou bien avec un mauvais état psychologique de l'enfant. Car il est souhaitable d'avoir un enfant gentil, serviable et obligeant plutôt qu'obéissant.

Je ne peux m'empêcher de citer toutes ces remarques de Mary Ainsworth de l'Université John Hopkins qui poursuit des recherches très importantes sur la relation mère-enfant.

« Le premier et le plus important des pas vers la socialisation de l'être humain est la volonté du bébé de faire ce qu'on lui demande. Le développement d'une disposition initiale et générale à la bonne volonté peut donc s'avérer déterminant dans le développement du bébé et son apprentissage social ultérieur. »

Elle souligne que « la fréquence des ordres donnés et

des interventions physiques » n'amène pas le bébé à une plus grande obéissance, au contraire. En réalité, l'obéissance du bébé est bien liée à la qualité des liens d'attachement noués avec sa mère (*cf.* page 267). Et elle insiste sur cet élément que je crois fondamental. « ... La mère sensible peut considérer les choses du point de vue du bébé. La mère insensible fonctionne presque exclusivement en accord avec ses propres désirs, humeurs et activités. Elle est portée à intervenir en réponse à ses propres signaux et se rapporte très rarement à ceux du bébé. »

Et plus loin, « la mère coopérative évite d'imposer sa volonté au bébé et adapte l'environnement et son horaire, afin de réduire au minimum la nécessité de contrôler ou d'interrompre les activités du bébé. Quand elle intervient, elle fait preuve de beaucoup d'habileté... La mère importune, dont les activités et les désirs peuvent avoir une validité en soi, semble présumer qu'elle a le droit absolu de faire ce qu'elle veut de son enfant, lui imposer sa volonté, le modeler d'après ses propres critères et l'interrompre arbitrairement sans égard pour les désirs, les humeurs, ou les activités du bébé. »

En réalité, on ne saurait mieux définir une personnalité vraiment adulte, capable d'un amour oblatif, c'est-à-dire tourné vers la satisfaction des besoins de l'autre, et non vers la réalisation de son propre plaisir. C'est en fait aimer son enfant pour lui-même dans la mesure du possible et non seulement pour soi et les joies qu'il vous apporte.

« Le meilleur moyen d'assurer l'acquisition de l'obéissance volontaire ne consiste pas à entreprendre un programme d'entraînement impressionnant à une grande discipline, ni une autre tentative de modifier le cheminement normal du développement de l'enfant. Il consiste plutôt à assurer la continuité de rapports sains et harmonieux entre la mère et l'enfant. » (F. Caplan.)

J'ai toujours remarqué que les petits enfants auxquels les parents étaient capables de parler gentiment (même lorsque l'enfant était irritant ou gênant), et en même temps capables de dire *non tranquillement* sans s'énerver, en expliquant un peu au besoin, mais sans forcément penser que l'explication allait suffire pour obtenir l'acquiescement de l'enfant, devenaient des petites filles et des petits garçons gentils, calmes, raisonnables, et sans grands problèmes.

Sans aucun doute parce que lorsque les parents sont capables d'agir ainsi, c'est qu'ils aiment *réellement leur enfant et n'ont pas d'agressivité à son égard.* Car s'il existe une agressivité du bébé qui est, en réalité, une tentative de conquête, elle est naturelle à un certain âge, et n'a rien à voir avec celle de l'adulte, *récriminatrice, méchante et vindicative.* On peut très bien manifester une agressivité normale et naturelle dans son travail et ses réalisations, sans en manifester dans les rapports humains. Quand un bébé de deux ans ou deux ans et demi continue à manifester agressivité et méchanceté à l'égard des autres enfants ou des adultes, *c'est sans doute parce qu'on lui a appris cette manière d'être* par la façon de parler, de répondre, par les relations que l'on a entretenues avec lui. *Lorsque les relations sont mauvaises entre un petit enfant et un adulte de son entourage, ce ne peut pas être de la faute de l'enfant ; c'est toujours parce que l'enfant a appris, de cet adulte ou d'un autre, un certain type de relations.*

C'est une des raisons pour lesquelles je crois que *l'un des éléments le plus structurant, si ce n'est le plus structurant, de la personnalité du petit enfant est la qualité de la voix de la mère, compte tenu de l'importance majeure de la relation à la mère, et de ce qu'implique la parole pour la transmission des affects et des sentiments.*

Ce moment du développement du bébé que l'on peut appeler *l'épreuve de force* est très important pour la suite de son évolution. La manière dont les parents vont la résoudre commandera une grande partie des relations ultérieures avec l'enfant ; les relations harmonieuses ou conflictuelles dans la fin de la première enfance et la deuxième enfance en dépendent. Cette épreuve de force concerne en réalité bien des manifestations de la vie du bébé, qu'il s'agisse en particulier de la nourriture ou de la propreté ; l'acquisition du contrôle des sphincters n'étant qu'un élément dans cette phase importante de la deuxième année.

Il est bien difficile pour celui qui observe le petit enfant de conseiller aux parents une bonne attitude éducative. Et à l'aide d'un exemple, nous allons essayer de comprendre pourquoi.

A propos de colère, B.L. White écrit : « Ne permettez pas de colères. Dans le cadre de nos observations, nous nous sommes aperçus que les enfants qui se cognent la tête contre le sol, qui jettent des objets et ainsi de suite ne sont pas des enfants qui présentent un bon développement. A mon avis, quand l'enfant se lance dans un accès de colère, il attend habituellement que vous lui imposiez une limite, que vous lui demandiez de s'arrêter. Les colères peuvent devenir fréquentes dans le cours de la deuxième année. Je vous conseille fortement de ne pas leur laisser libre cours. »

Mais beaucoup d'autres psychologues conseillent plutôt de ne pas intervenir et ainsi, en laissant faire, de signifier à l'enfant que sa colère ne vous fera pas céder, vous indiffère et donc ne lui vaudra aucun avantage.

« Plutôt que de punir le bébé, ce qui le troublerait, essayez de le laisser hurler par terre sans réagir. Au début, il redoublera probablement d'efforts, mais si vous persévérez assez longtemps, il finira par se calmer — en vous jetant peut-être un coup d'œil étonné — et reprendra son jeu. L'issue tranquille d'un tel incident est le signe que le bébé n'est pas vraiment en difficulté. L'enfant en proie à une vraie crise de colère ne peut pas y mettre fin aussi aisément », écrit F. Caplan.

Ces conseils contradictoires montrent combien il est difficile d'avoir une attitude juste, fondée sur une quelconque théorie et combien il vaut mieux parfois se fier à son instinct lorsqu'on doit adopter une ligne de conduite envers un petit enfant.

Mais ce qu'il ne faut pas faire, je crois, c'est détourner son attention en lui offrant autre chose que l'objet qu'il réclame et pour lequel il s'est mis en colère. *Il ne faut pas que la colère puisse lui permettre d'obtenir quoi que ce soit ; bébé ne vous en voudra jamais d'avoir été ferme si vous êtes juste et il comprendra ainsi normalement que les adultes doivent commander, non parce qu'ils sont les plus forts ou parce qu'ils disposent des moyens d'imposer leurs caprices mais parce qu'ils ont, en général, raison.*

Aussi dans cette épreuve de force, qui est un moment dans l'évolution du bébé, il faut, je crois, se souvenir d'un certain nombre de choses.

Le « non » et sa répétition a une autre signification et ne s'inscrit pas à proprement parler dans cette période de la vie. Il peut y avoir coïncidence, sans plus.

Les enfants de cet âge ont besoin d'une fermeté compréhensive et ne sont pas toujours convaincus par les discours. Il faut leur parler et leur expliquer les attitudes, mais ne pas penser qu'on les convaincra toujours par une réflexion raisonnable. Donner trop d'explications n'est pas toujours souhaitable.

L'essentiel n'est pas de commander ou de rabrouer, ni d'interdire tout le temps, et j'ai insisté sur l'idée que cette épreuve de force se déroulait dans de bonnes conditions lorsque les relations étaient chaleureuses. *Nous parlons toujours de la mère et de son rôle considérable ; mais, peut-être encore plus qu'aux autres périodes de l'enfance, le père a un rôle fondamental à jouer. Les conditions modernes de la vie conduisent souvent le père et la mère à consacrer le même temps à la maison et donc à s'occuper chacun des enfants. Cette tâche n'est plus exclusivement dévolue à la mère, et c'est bien, car on fait un enfant à deux et il faut l'élever à deux ; on ne saurait trop insister là-dessus.* La mère ne peut jouer tous les rôles et son activité essentielle est d'aimer son enfant. La position du père est souvent plus difficile car il ne lui suffit pas d'aimer. Ce serait souvent à lui à faire preuve d'une fermeté dont il laisse le soin à son épouse. Encore faut-il que, lorsqu'elle reste à la maison et s'occupe complètement des enfants, elle ne réduise pas le rôle du père à celui de « père fouettard » en menaçant à tout bout de champ de l'intervention du père, à son retour.

L'enfant qui passe le stade de cette épreuve de force en étant vers vingt ou vingt-deux mois gentil, aimable, désireux de faire plaisir a toutes les chances de se développer facilement avec une bonne insertion scolaire et un bon comportement social.

6/ Le développement du langage

J'ai insisté aux chapitres précédents sur le babil et la compréhension précoce du langage, beaucoup plus importante qu'un observateur superficiel ne pourrait le penser. A partir de huit à dix mois, commence le début de ce qu'on appelle *la période linguistique* qui va être marquée par la capacité à dire des syllabes, ma, ma, ta, tata, ou d'autres qui peuvent avoir une signification particulière et personnelle pour chaque enfant ; mais également par une grande capacité de langage gestuel ; c'est le moment où commencent à apparaître le « non », le « au revoir » en agitant la main, le « bravo », le mouvement des marionnettes et beaucoup d'autres gestes qui ont une signification précise ou que le bébé effectue lorsqu'on le lui demande.

A partir de dix, douze mois, le bébé est capable de dire certains mots chargés de signification : « mama », « papa », « tata », « tiens », ou de dire un mot à lui pour nommer les éléments les plus courants de sa vie, le chien, la voiture, le gâteau, le lit... Mais il faut bien souligner que ces mots sont chargés de signification parce que les adultes donnent à l'enfant le nom des choses qu'il désigne ou vers lesquelles il tend la main. Si, lorsqu'il tend la main vers un objet, vous vous contentiez de dire « tiens », sans lui nommer la chose, « veux-tu le hochet », « veux-tu l'ours », bébé n'apprendrait pas à nommer les objets.

J'ai suivi une fillette qui m'a été conduite pour un important trouble de langage à trois ans et demi. Elle disait très peu de mots, baragouinait quelques sons que même sa mère ne comprenait pas. Son histoire est la suivante. A sept mois, on avait détecté chez ce bébé une scoliose qui a entraîné la mise en coquille plâtrée. On a conseillé à la mère de la laisser le plus immobile possible, de ne pas la prendre, « de ne même pas lui parler », m'a-t-elle dit. J'ai peine à croire qu'un médecin ait donné ce conseil et qu'une mère ait pu le suivre sans autre réflexion, pour cette affection habituellement bien bénigne. En tout cas, la mère ne s'est occupée que des repas et de l'hygiène de son nourrison de sept à seize ou dix-sept mois.

Résultat : une profonde perturbation du langage, accompagnée de troubles de comportement, qui ont nécessité une longue thérapie, avec des résultats aléatoires. A cet âge fondamental de sa formation, cette fillette n'avait eu que des relations très incomplètes et fort peu affectives avec sa mère et son entourage.

Pour que le langage se développe correctement, il est nécessaire que, dans la « *période sensible* » où il peut et doit se développer, l'enfant soit dans un bain de paroles compréhensibles, agréable pour lui, non chargé d'agressivité. Pour que le bébé parle, il doit avoir envie de parler, et ce langage doit être « investi », comme on dit aujourd'hui, chargé d'affectivité.

Vers quatorze, seize mois, tout en disant quelques mots compréhensibles pour l'adulte, l'enfant s'exprime dans une langue la plupart du temps totalement hermétique pour nous. Les uns parleront peu, souvent bien d'emblée, et ne baragouineront pas. Mais d'autres caquettent tout le temps, parlent beaucoup, s'énervent lorsqu'on ne les comprend pas, et c'est peu à peu seulement que de ce babillage émergeront des mots compréhensibles.

La question peut être posée du sens du langage de l'enfant à cette étape de son développement ; deux exemples précis tendent à prouver que tout ce langage, inaccessible aux adultes, n'est peut-être pas dénué de signification entre enfants.

J'ai eu l'occasion d'interroger une famille, dont la mère a mis au monde, après une fille aînée, des quadruplés. Ces enfants se sont superbement développés et la mère m'a raconté que, lorsqu'ils avaient quinze ou seize mois, et qu'ils étaient couchés le soir, porte fermée, elle allait écouter le bruit de la chambre. Les enfants bavardaient dans ce langage incompréhensible avant de s'endormir et, de temps en temps, l'un d'eux disait une phrase aux sons incongrus pour elle et les quatre éclataient de rire !

Peut-être était-ce le comique des sons qui les faisait rire ou peut-être le sens des mots. Car la sœur aînée, de deux ans plus âgée, avait avec les quadruplés des échanges verbaux que les parents ne pouvaient avoir. Et, chez des triplées du même âge, la mère demandait parfois à l'une d'entre elles — celle qui parlait le mieux — d'aller chercher une de ses sœurs. Elle allait la trouver, lui baragouinait quelques mots, incompréhensibles pour la mère, et l'autre venait.

Je crois que les enfants de cet âge ont entre eux des échanges verbaux qui nous sont inaccessibles, et qui semblent déborder la signification de simples intonations.

C'est d'ailleurs l'opinion du linguiste Halliday qui écrit :

« Les bébés vivant en institutions, on le signale souvent, développent des interréactions entre eux, qui sont incompréhensibles pour les adultes. On décrit classiquement leur manière de s'adresser les uns aux autres : des babillages dépourvus de signification et des rires incessants. " Babillages dépourvus de signification " n'est sans doute pas une définition correcte. Les sons que prononcent les bébés peuvent très bien avoir une signification pour eux à l'intérieur du code qu'ils ont élaboré. »

« Dans un milieu institutionnel, il y a moins d'occasions pour que le développement du langage soit renforcé et dirigé par les adultes et parallèlement plus d'occasions de développer un langage privé qu'ils partagent avec leurs voisins de berceau. Il existe de nombreuses relations sur les jumeaux qui ont développé des langages privés qu'ils ne partagent pas avec leurs parents. Apparemment l'émergence de sons compréhensibles dépend d'un modelage par des adultes coopérants. »

Cela confirme bien l'impression du simple observateur.

D/ L'ACQUISITION DE LA PROPRETÉ ET LE DÉBUT DE LA MAITRISE DU LANGAGE (17 mois à 22/24 mois)

1/ L'acquisition de la propreté

S'il est un sujet régulièrement discuté avec le pédiatre qui suit un enfant, c'est bien celui de l'acquisition de la propreté, c'est-à-dire, d'abord, le moment à partir duquel on peut mettre l'enfant sur un pot. Les parents admettent à l'heure actuelle que l'enfant demandant à faire pipi volontiers dès l'âge de dix-huit, vingt ou vingt-deux mois ne pourra acquérir de propreté nocturne que spontanément, puisque faire ou non pipi au lit n'est pas un acte volontaire, n'est donc pas soumis à son contrôle et qu'il n'y peut rien. Ils admettent volontiers qu'il peut être normal de ne pas être propre la nuit jusqu'à trente ou trente-deux mois. De fait la propreté nocturne pour les urines, qui s'installe souvent entre vingt et trente mois, peut n'être acquise qu'à trois ans, quatre ans, et les pédiatres ne parlent guère d'énurésie avant cet âge.

Mais beaucoup de parents, et surtout de grands-parents et de nourrices, *pensent que l'on peut dresser un nourrisson à la propreté à partir de l'âge de huit ou neuf mois* et qu'il devient indécent de ne pas faire dans son pot après douze ou treize mois. Cette attitude est une sottise néfaste et je vais essayer de démontrer pourquoi.

Il arrive bien souvent chez le nourrisson que le repas déclenche la selle. Au début de la vie, les bébés peuvent avoir quatre à cinq selles par jour surtout s'ils sont nourris au sein. Il arrive aussi qu'ils présentent dans ces conditions une fausse constipation, c'est-à-dire n'aient qu'une selle par jour ou tous les deux jours, selle d'abord ferme puis liquide. L'alimentation au lait de femme entraîne des selles liquides du fait de la persistance d'un résidu de sucre (lactose) dans la partie terminale de l'intestin. Les laits actuels dits maternisés, sucrés exclusivement au lactose, gardent cet inconvénient et on a commencé à faire un peu marche arrière en ce domaine en diversifiant à juste titre le sucrage des laits artificiels maternisés.

Cela tient au fait que la selle, molle ou liquide, ne déclenche pas facilement le besoin dans la région du sphincter anal puis elle se déshydrate et s'assèche dans sa partie terminale. C'est pourquoi il est courant de devoir déclencher la selle à l'aide d'un suppositoire de glycérine ou en titillant l'anus avec le thermomètre. L'introduction de légumes dans l'alimentation va bien souvent régulariser le transit intestinal et l'enfant aura des selles plus fermes qui peuvent être toujours déclenchées une ou deux fois par jour par le repas. *Lorsque le bébé garde cette particularité, il n'y a guère d'inconvénient à l'asseoir sur un pot, après le repas, pendant quelques minutes, à partir du moment où il se tient bien assis. Il peut se constituer une sorte de réflexe conditionné entre le besoin de faire sa selle et le fait d'aller sur le pot, qui a peut-être la signification d'un apprentissage.* Mais il faut bien savoir que cette habitude sera parfois perdue et que l'enfant propre à huit mois pourra ne plus l'être à seize ou dix-sept. Cela montre bien la différence entre cet entraînement et l'acquisition réelle et définitive de la propreté vers deux ans.

Je connais des enfants régulièrement propres depuis l'âge de sept à huit mois, cas exceptionnels qui ne sont pas à donner en exemple car cela ne peut être que la conséquence de circonstances exceptionnelles. *Par contre, toute tentative de dressage des bébés de manière obsessionnelle, en considérant qu'il est anormal de ne pas faire dans son pot avant l'âge de deux ans, est sûrement néfaste et peut conduire à des troubles ultérieurs du comportement,* comme le fait d'essayer de forcer un tout petit enfant à manger au-delà de son appétit peut conduire à l'anorexie (absence d'appétit) ou à la boulimie.

L'histoire suivante montre bien, comment, dans une circonstance particulière, l'enfant peut prendre normalement l'habitude d'aller sur le pot tout petit. Cécile fait sur son pot depuis qu'elle a six mois. A cet âge, elle avait une toute petite fissure anale, douloureuse et elle pleurait à chaque selle. La mère s'est aperçue un jour qu'elle se comportait comme si elle retenait sa selle. Elle l'a mise sur le pot, la selle a été facile, nettement moins douloureuse. Depuis cette première tentative, Cécile fait régulièrement deux fois par jour dans son pot. La mère attentive comprend l'appel ou certains pleurs de son nourrisson. Dès qu'elle est mise sur le pot, Cécile cesse de pleurer et de se tortiller, pousse et a sa selle. Il a suffi d'une fois pour que se fasse, chez Cécile, la liaison entre la mise sur le pot et la diminution ou la disparition de la douleur. Nous avons déjà rencontré de telles circonstances montrant la considérable facilité d'installation d'un comportement à la suite d'une seule expérience.

Mais le cas de Cécile est tout à fait exceptionnel et c'est bien différemment que se déroulent, en général, les divers stades de l'acquisition de la propreté.

Même si à huit ou neuf mois le bébé fait parfois dans son pot, on a l'impression bien nette qu'il s'agit alors de coïncidence. Car l'acquisition de la propreté suppose la perception du besoin, la nécessité de le retenir et la capacité de le faire savoir à son entourage, toutes opérations bien inaccessibles à un nourrisson de cet âge !

Aussi est-ce en général entre vingt-deux et vingt-six ou vingt-huit mois que s'acquiert la propreté, et en moyenne il ne faut pas espérer que le bébé l'ait acquise plus tôt. Certes je connais des nourrissons propres depuis l'âge de huit ou dix mois et chez lesquels je n'ai pas noté de troubles ultérieurs liés à un apprentissage trop précoce. Il s'agit d'enfants chez lesquels une régularité particulière de la selle (après un repas ou le matin par exemple) a pu aider à l'acquisition plus précoce du mécanisme de la demande. Judith, par exemple, est propre depuis l'âge de huit mois et ensuite elle a toujours donné l'impression d'attendre son pot pour faire sa selle. Mais c'est l'exception...

J'en ai connu bien d'autres qui ont été propres entre huit et vingt mois mais qui à cet âge ont abandonné la propreté et pour longtemps, un an ou deux.

Les phases d'installation de la propreté sont assez semblables chez tous les bébés et on ne peut guère les modifier.

Jusqu'à quinze, seize ou dix-sept mois, le bébé semble ne pas comprendre le rôle du pot. Il s'amuse avec, parfois l'exècre, parfois l'accepte, le traîne avec lui, joue avec comme avec n'importe quel jouet, mais donne l'impression de ne pas faire la relation entre ce fameux pot et le fait de devoir y faire sa selle.

Ensuite il comprend manifestement son rôle, mais bien des bébés refusent absolument de s'asseoir dessus. On peut, à cette phase, utiliser un pot plus attrayant, petit canard ou forme d'animal quelconque. De nombreux enfants traînent régulièrement dans la maison leur jouet favori et leur pot.

A la phase suivante, bébé peut bien s'asseoir sur son pot, mais il est rare qu'il y fasse quelque chose. Il est capable d'y rester de longs moments, jouant avec un objet ou un autre mais refusant de « s'exécuter » et faisant sa selle dès qu'on lui a remis sa couche. Il faut souligner que de nombreux bébés acquièrent la propreté en rejetant le pot mais en réclamant une couche. Certains sont tout à fait capables de rester très longtemps sur le pot sans protester, mais sans aucun succès, pour faire leur selle juste à côté, dès qu'en désespoir de cause on l'a enlevé.

Et puis au stade suivant, le bébé fera dans son pot et à partir de ce moment, à l'exception de quelques accidents, la propreté sera acquise. *Il est remarquable de constater combien, si l'on n'a essayé ni de forcer ni de dresser, cette habitude pourra être prise en quelques jours : acquisition en quelque sorte naturelle, rendue possible, à un moment donné, par l'association de la connaissance de l'endroit où satisfaire son besoin, du désir d'être et de rester propre, non gêné, du goût de faire plaisir à ceux qui lui réclament cela depuis si longtemps.*

Car dans l'acquisition de la propreté, comme dans celle des autres grandes habitudes (appétit, sommeil), se nouent bien sûr toute une série de relations selon la manière dont les adultes se comportent, vis-à-vis du bébé, par rapport à ces acquisitions. Elles sont naturelles : il est normal qu'un bébé dorme, ait besoin de manger, apprenne à faire sa selle dans un endroit réservé pour cela et aime se sentir propre.

Si les adultes savent cela, s'ils ne veulent pas trop intervenir dans la relation entre le bébé et ses propres besoins, et s'ils ne considèrent pas qu'il doit faire telle ou telle chose pour faire plaisir aux autres, mais plutôt qu'il se fait plaisir à lui-même en mangeant à sa faim ou en étant propre, alors la propreté, comme les autres grandes fonctions, s'installera vraiment sans trop de problèmes. Il faut comprendre qu'un bébé de vingt-cinq ou vingt-six mois peut ne pas encore avoir appris la propreté. Un beau jour le bébé demandera et à partir de là la propreté sera acquise.

Bien souvent, il aura appris à faire pipi seul avant de demander pour sa selle. Et il y aura encore un décalage avant l'acquisition de la propreté nocturne. C'est entre vingt-quatre et trente mois que toutes ces habitudes s'installent.

Les conditions de vie jouent un grand rôle dans l'installation plus ou moins facile de la propreté, indépendamment de la qualité de la relation entre le bébé, ses parents et son entourage immédiat.

Pour les bébés fréquentant la crèche, lorsqu'ils y sont heureux et n'ont pas d'importante revendication affective, l'apprentissage du pot, stimulé par l'exemple des autres, pourra être facilité. Et à la crèche beaucoup d'enfants sont propres sans problème, vers vingt ou vingt-deux mois.

Par contre, beaucoup trop de nourrices croient devoir apprendre la propreté par la contrainte et laisser des enfants sur le pot des vingt à trente minutes d'affilée, comme je l'ai vu faire souvent, même lorsque les mères essaient de les décharger de cette tâche. C'est, je ne crains pas de le dire, une habitude très néfaste.

Pour les âges qui nous occupent, nous n'avons pas à nous intéresser aux troubles de la propreté. Un mot suffit. L'énurésie nocturne, c'est-à-dire le fait de faire pipi au lit, n'est évoquée qu'au-delà de quatre ans. Lorsqu'elle est isolée, chez un enfant par ailleurs bien équilibré, elle a indiscutablement la signification d'un trouble psychologique mais sans perturbation profonde de la personnalité. D'autant plus que sa fréquence est considérable et qu'il y a des familles où il y a beaucoup d'énurétiques.

L'énurésie diurne doit faire rechercher un trouble urologique, une infection ou une anomalie des voies urinaires. Il est rare qu'elle en soit le témoin. Elle est bien plus souvent en rapport avec une difficulté passagère, adaptation à l'école, relation avec une nourrice, crainte d'autres enfants, protestation contre le nouveau travail de la mère, conflit intrafamilial. Elle a souvent une signification plus précise et plus immédiatement perceptible que l'énurésie nocturne et mérite parfois que l'on s'en préoccupe davantage.

L'encoprésie, persistance ou réapparition de selles émises plus ou moins dans la culotte au-delà de trois ans, a toujours une signification plus importante et plus profonde que l'énurésie. Il ne faut jamais négliger ce symptôme chez un petit enfant et il faut demander conseil.

Mais est-ce une raison suffisante pour parler de stade anal dans le développement de l'enfant ?

Dans *Psychanalyse et Pédiatrie,* livre en tout point remarquable, Françoise Dolto écrit « Pour l'enfant de un à trois ans, les 9/10 des sujets de rapports avec les adultes sont la nourriture et l'apprentissage de la propreté sphinctérienne. »

Cette phrase était sans doute vraie au début du siècle. Je la crois fausse aujourd'hui. Mais qu'elle puisse encore être écrite souligne que l'on ait pu parler de stade anal pour caractériser la période de développement de l'enfant contemporaine de l'acquisition de la propreté.

N'étant pas psychanalyste, il m'est difficile d'aborder ce problème. Je désire simplement souligner que si l'on envisage les divers éléments fondamentaux du développement du petit enfant, et l'évolution extraordinaire qui se fait jusqu'à l'âge de deux ans, deux ans et demi, *l'acquisition de la propreté n'a pas une importance suffisante pour permettre de définir tout un stade de l'évolution, même si, dans la terminologie considérée, il s'agit d'un stade libidinal.* Dans sa relation avec les adultes, l'enfant va jouer de sa propreté, consciemment ou inconsciemment, comme il joue de son appétit ou de son sommeil, tout au cours de cette phase que l'on peut appeler l'épreuve de force (*cf.* page 174).

Le fait que cette terminologie n'est pas couramment acceptée ni facilement utilisée par tant de personnes s'occupant d'enfants doit correspondre à un refus, même si les motivations n'en sont pas clairement exprimées.

2/ La phase du « non »

Il vient un moment, souvent vers seize, dix-huit mois, parfois plus tôt, vers treize, quatorze mois, où bébé va commencer à dire non de la tête, ce qu'il a appris bien avant, et surtout de la voix.

Il entre dans *la phase du non,* qui va durer quelques

semaines ou quelques mois, plus ou moins selon les enfants ; avec une grande détermination ou plus mollement, systématiquement ou de façon intermittente, il va *dire non à tout.* « Veux-tu ceci ? » Non ; « Viens-tu me voir ? » Non ; « Veux-tu un baiser ? » Non ; « Tu es beau » Non, et même non aux choses agréables, le bonbon ou le biscuit, mais tout en les prenant. Il dit non à tout mais cela ne signifie pas forcément le refus, car il peut dire non tout en acceptant ce qu'on lui propose.

Autrement dit, la dénégation est systématique, accompagne souvent un refus réel, mais pas toujours, ni obligatoirement. C'est comme un besoin de s'opposer à toute chose, d'abord de façon presque automatique et indépendamment de l'intention de faire ou ne pas faire quelque chose.

Ce non systématique peut irriter beaucoup de parents qui essaient souvent d'obtenir un acquiescement, sans succès, et sans objet. Car, que l'enfant dise ou ne dise pas non, il fera en général ce qu'on lui demande et cette opposition est purement verbale.

Les psychologues d'enfants se sont beaucoup penchés sur la signification de cette phase du non, qui dure plus ou moins longtemps et parfois se prolonge jusqu'à deux ans et demi, trois ans, probablement en fonction de la manière dont le milieu tolère et accepte ce non. *Comme pour nombre de comportements du petit enfant, le fait de montrer son impatience ou son énervement conduit l'enfant à persévérer dans une attitude qui irrite l'adulte, et entretient le conflit. Alors qu'il est nécessaire de comprendre que cette phase est inévitable, transitoire et n'a surtout pas la signification obligée d'une opposition systématique.*

En effet, il est d'abord remarquable de constater que l'épreuve de force et la phase du non ne sont pas concomitantes ni forcément simultanées dans le temps.

L'épreuve de force est véritablement un moment d'*opposition dans les actes* plus franc et plus systématique que la phase du non. Elle représente véritablement l'affirmation du désir de l'enfant de faire ce qu'il a envie de faire à un moment donné, alors que lorsqu'il dit non l'enfant s'oppose souvent de façon verbale seulement. En ce sens je crois que l'épreuve de force est vraiment le début de l'affirmation de la personnalité propre de l'enfant, avec une signification plus profonde et plus nette. Il reste que la phase du non représente une autre étape de cette épreuve de force, enrichie de nouvelles capacités verbales et de l'aptitude à exprimer de cette manière l'affirmation de sa propre personnalité. Dans les étapes précédentes du développement, le *non* n'existe pas ; l'enfant fait ou ne fait pas ce qu'on lui demande de faire, prend ou ne prend pas l'objet qu'on lui tend, sourit ou pleure selon qu'il est content ou contrarié, mais ne dit pas non.

L'apparition de cette éventualité est indiscutablement liée au développement de la personnalité propre de l'enfant et à la prise de conscience beaucoup plus nette de sa personne et de son identité.

On peut sans doute accepter cette bonne formulation de R. A. Spitz qui a écrit tout un ouvrage sur « Le non et le oui » :

« Une de ces manifestations (d'obstination) est l'emploi répété que l'enfant fait du “ non ” en le dirigeant contre l'adulte, même si cela paraît dénué de raison. »

Nous avons parlé de l'enfant qui dit « non » tout en faisant ce que l'adulte désire qu'il fasse. Il nous semble que ce « non » est une manifestation d'indépendance, s'exprimant dans la déclaration suivante : « J'ai ma volonté propre, et même si c'est la même que la tienne, elle est différente parce que c'est la mienne ! Je fais ceci parce que c'est *moi* qui le désire, et je ne fais pas ce que *toi* tu désires. »

C'est pourquoi il est souvent important que les parents comprennent que l'enfant peut bien dire non sans que cela prête à conséquence, en lui laissant la satisfaction d'une victoire. Il est illusoire de croire, il est déraisonnable de penser que l'on peut faire à un enfant trente remarques par jour, sur sa tenue, son activité, et lui demander en permanence d'obtempérer. L'enfant n'acceptera pas ces remarques multiples et, au mieux, ne pourra obéir qu'à quelques-unes d'entre elles. C'est pourquoi, si l'on veut arriver à nouer de bonnes relations, il est important de laisser l'enfant à son activité spontanée pour essayer de n'interdire que les choses importantes sur lesquelles il est fondamental d'être obéi.

Mais durant toute la phase exploratoire de son développement, l'acquisition de son indépendance, *l'enfant apprend le non de l'adulte.* Il lui est dit et répété bien souvent. Or, il est bien évident qu'un des processus de développement est l'imitation que le bébé fait des actes et des comportements de l'adulte. *Il imite et s'oppose en permanence et va construire sa personnalité dans un processus dialectique mêlant ces deux mécanismes.*

Et il faut bien comprendre que les raisons du *non* de l'adulte échappent souvent complètement à un enfant de treize ou quatorze mois. Elles sont pour lui irrationnelles : il ne peut comprendre jusqu'au bout pourquoi il ne faut pas tourner les boutons de la cuisinière à gaz, s'il est capable de percevoir après s'être brûlé le danger de toucher au fer à repasser. C'est pourquoi il est important de ne pas penser obtenir un acquiescement de l'enfant par de longues explications sur des thèmes qu'il est incapable de comprendre. Cela ne signifie pas qu'il faut lui opposer des interdictions sèches et brutales, sans explications. Celles-ci valent souvent par ce que l'enfant perçoit de gentillesse et de bonne volonté chez l'adulte lui interdisant de faire quelque chose. Cela lui montre que les raisons de l'adulte sont motivées et non capricieuses, même s'il n'est pas capable de les comprendre.

En répétant de façon incompréhensible pour nous un non systématiquement opposé à toute demande, l'enfant reproduit, en réalité, un de nos modes de comportement. Il imite le non que l'adulte lui oppose très souvent de façon illogique à ses yeux.

Il est bien probable que l'évolution, la durée, l'intensité de la phase du non ne sont pas plus fortuites que l'évolution ou la qualité de l'angoisse du huitième mois. Elles dépendent de la manière dont sont vécus tous ces moments de l'acquisition progressive de l'indépendance et de la façon qu'ont les adultes d'y intervenir.

3/ Le fonctionnement par pulsions

Le terme de pulsion a des significations complexes. Mais il indique, en réalité, ce qui pousse à agir, que l'action soit chez le petit enfant mouvement, cri, activité plus subtile du type sourire ou réponse au sourire d'un autre visage.

Jusqu'à *un certain moment de sa vie, le bébé semble agir de façon exclusivement pulsionnelle.* Cela signifie d'abord qu'il réagit, de façon réflexe, à des excitations venant de l'extérieur ou de l'intérieur de son corps : il tend la main vers un objet attrayant, il crie en réponse à la sensation de faim, il sourit au sourire de sa mère ; cela signifie aussi qu'il répond à des perceptions ou à des sensations internes qui vont constituer pour lui un stimulant ; dès l'âge de quelques semaines, comme nous l'avons vu, il est capable d'appeler, pour que sa mère, qu'il ne voit ni n'entend à ce moment-là, vienne lui tenir compagnie ; quelque chose s'est formé en lui, probablement de l'ordre de la représentation mentale, et va jouer le rôle de stimulant pour le pousser à appeler.

Dire que le bébé semble agir de façon exclusivement pulsionnelle signifie qu'il le fait, dans un premier temps, en réponse à des excitations externes, internes ou mentales. Et cela paraît tout à fait évident jusqu'à l'acquisition de certaines capacités de langage. Puis excitations et réponses vont changer de nature et devenir plus complexes au fur et à mesure que l'enfant grandit et que les capacités acquises vont conduire, peu à peu, à un changement qualitatif constitué par le passage long, progressif, durant plusieurs années, d'un mode de fonctionnement purement et exclusivement pulsionnel à des capacités d'activité où l'intention délibérée, la pensée réflexive joueront un rôle de plus en plus net.

Durant les premières semaines, il s'agit de réponses à des sollicitations extérieures ou intérieures. Le bébé tourne la tête à un bruit ou une lumière. Il pleure parce qu'il a faim ou soif. Il crie parce qu'il a mal, une colique par exemple. Il geint parce qu'il cherche le sommeil. Un bruit brutal le fait sursauter, un mouvement violent entraîne une gêne ou une sensation pénible qui le fait crier. Au début de sa vie, les sensations de besoin, les perceptions sensorielles, les stimulations internes soit viscérales, soit dépendant de ses propres mouvements entraînent des réponses qui sont de l'ordre de la réaction à la stimulation ou de la demande en fonction du besoin.

Mais très vite, compte tenu des énormes capacités d'enregistrement et de mémorisation, apparaissent des *phénomènes de reconnaissance,* dont témoigne tout ce que nous avons dit (*cf.* page 28) sur la précocité de l'éveil, et *la capacité à élaborer une image mentale.*

Je ne crois pas qu'il faille assimiler la notion d'image mentale chez le nourrisson à la notion d'image mentale, d'ordre visuel par exemple, qui est la nôtre lorsque nous voulons nous remémorer un événement, un objet, une circonstance. Il s'agit des associations qui se font entre diverses stimulations et vont peu à peu permettre des phénomènes de réminiscence. Lorsque nous disons : « Le bébé reconnaît sa mère par l'ouïe vers trois semaines, et probablement par la vue vers cinq semaines et il manifeste du plaisir lorsqu'il l'entend ou la voit », cela veut dire qu'il s'est créé dans ses circuits nerveux une association entre la présence maternelle, manifestée par une voix ou une image, et des sensations agréables telles que l'administration d'un repas, d'un biberon, ou le plaisir et l'agrément d'un contact charnel.

Ensuite cette réminiscence pourra jouer un rôle de stimulation comme une lumière ou un bruit ; *et ainsi peut-on dire que le bébé de deux mois est capable de pousser de petits cris pour appeler sa mère. Il ne s'agit pas d'un appel conscient. Il s'agit d'une stimulation interne, qui joue le même rôle que la faim ou la douleur, pour faire émettre au bébé un signal dirigé vers l'extérieur.*

Si nous réfléchissons aux comportements plus tardifs du bébé et même du petit enfant, nous retrouvons les mêmes types de fonctionnement.

A douze ou treize mois, les bébés mordent beaucoup et la première personne testée de ce point de vue est bien souvent la mère. Mordre sa mère ne relève d'aucune intention de faire mal. C'est au début un jeu et un acte d'amour ; seule la connaissance des réactions de la mère montrera à l'enfant que la morsure a quelques conséquences, mais il continuera longtemps à mordre par une pulsion incontrôlée.

Lorsque le bébé de deux ans fait ce que tout le monde appelle un « caprice », par exemple une colère parce qu'un objet lui est refusé ou pris, il n'agit pas de façon délibérée. Lorsque, conduisant votre petit garçon pour faire quelques courses, il va piétiner, crier, se jeter par terre parce que vous lui refusez un bonbon, ou parce que vous essayez de lui donner la main alors qu'il est décidé à marcher seul, il ne s'est pas dit : « Maman m'ennuie, donc je vais faire une colère pour l'ennuyer à mon tour. » Il a une activité motrice et des cris très violents correspondant à une pulsion qui est le désir de bonbons ou le désir de marcher seul. *Vous pouvez accepter ou refuser, considérer que vous devez accepter ou refuser, mais il y a peu de chances que, dans ce cas, l'enfant soit accessible à un raisonnement logique.*

Lorsque, à trois ans, il va soudain tirer la queue du chat, ou donner un coup sur la jambe de sa petite sœur, il ne se dit pas : « Je vais faire mal au chat ou à ma petite sœur. »

Lorsque à quatre ans, puni, renvoyé dans sa chambre, il va gribouiller le mur au-dessus de son lit ou démolir sa petite voiture d'un coup de pied, il a conscience de faire mal, mais ne choisit pas délibérément l'activité répréhensible par laquelle il se venge d'avoir été envoyé dans sa chambre. Il n'a pas toujours conscience d'exercer de cette manière une vengeance à votre égard. C'est une pulsion inconsciente et nous voyons l'importance considérable de cette notion dans le fonctionnement infantile. La motivation de son action est inconsciente. *Mais il a conscience de l'acte qu'il effectue.*

Il suffit de regarder agir un bébé à partir des premiers jours de sa vie, pour comprendre que son activité essen-

tielle est pulsionnelle : d'abord réponse à des excitations extérieures ou intérieures ; puis réponse à des représentations mentales simples mais devenant de plus en plus complexes avec le développement de sa connaissance et de ses capacités. A cet égard, l'apparition de l'angoisse devant l'étranger à partir du sixième mois est, comme nous l'avons vu, très significative. Puis comportements de plus en plus complexes et élaborés en réponse à des situations elles-mêmes complexes, mais comportements de type pulsionnel, car non soumis, au départ du moins, à la capacité de réflexion.

On s'expose à ne rien comprendre au fonctionnement du petit enfant si on ne prend pas conscience du caractère pulsionnel de la majorité de ses actions et si l'on ne tient pas compte du fait que celles-ci ne sont pas fortuites mais obéissent à une logique interne.

Le coup, donné subrepticement à la petite sœur, n'est pas le désir délibéré de faire mal. Il est l'expression de la jalousie *inconsciente mais inévitable* qui imprègne les relations entre les deux enfants.

Peut-on dire que le comportement pulsionnel d'abord élémentaire puis de plus en plus complexe, exclusif jusqu'à un certain âge, puis de plus en plus soumis au contrôle de la pensée, représente le mode de fonctionnement de l'inconscient du sujet (*cf.* page 243) qui persistera tout au long de sa vie ?

Il est cela aussi, sans aucun doute, le mode de fonctionnement de structures nerveuses plus profondes et plus anciennes commandant chez tous les êtres les pulsions fondamentales nécessaires à la survie de l'individu et de l'espèce.

« La théorie psychanalytique insiste sur le fait que le principe de plaisir, bien qu'évincé par le principe de réalité, demeure *présent tout au long* de la vie, opérant côte à côte avec le principe de réalité. En vérité, en vertu même de cette hypothèse, la psychanalyse peut expliquer et explique beaucoup d'aspects du comportement humain, telle l'absence de raison dans les questions relevant de la satisfaction pulsionnelle des idéaux, des croyances, et même de l'action politique. » (Cobliner.)

En tout cas, à partir d'un certain moment dans l'évolution du bébé et à partir d'un certain nombre d'acquisitions va apparaître un nouveau mode de fonctionnement : l'aptitude à la pensée réflexive.

4/ Les débuts de la pensée réflexive

Une des questions les plus fascinantes à propos du développement du petit enfant, celle qui paraît fondamentale pour comprendre la nature de l'homme et ses différences par rapport à l'animal, nous renvoie aux débuts de la *pensée réflexive. A partir de quand, de quelles acquisitions déjà effectuées, l'enfant va-t-il être capable de se dire : « Je vais aller donner un coup de pied dans ce ballon » ? Autrement dit, à partir de quand l'enfant est-il capable d'une intention réfléchie et délibérée ?*

Il est évident que le bébé esseulé de deux mois, qui appelle en pleurant et se calme lorsque sa mère apparaît et le prend, ne s'est pas dit : « Je vais pleurer pour appeler maman et qu'elle me tienne compagnie. » Et pourtant il le fait.

On peut imaginer que la pulsion qui le pousse à pleurer peut résulter de plusieurs éléments, sensation d'inconfort et image mentale représentant déjà la mère, image mentale liée à une notion de plaisir.

Jusqu'à un certain moment on peut considérer que le bébé fonctionne comme le petit animal, le petit chien qui a caché, en l'enterrant, un os dans le jardin. Un beau jour il va aller chercher cet os. Il y a peu de raisons de penser que ce jour-là le petit chien s'est dit : « Tiens, je vais aller chercher mon os. » Il a obéi à une pulsion liée à un souvenir, sans conscience du lien existant entre ce souvenir et le mouvement qui le pousse à aller chercher son os. Il ne s'agit pas d'un acte délibéré mais d'une pulsion.

Même le vieux chef des gorilles qui marche quelques heures à la recherche d'une nourriture plus abondante ne se dit pas : « Allons par là, il y a davantage à manger. » Il obéit à une série de réactions et de relations complexes.

L'animal, si évolué soit-il, ne semble pas avoir atteint l'aptitude à prendre conscience de ce qui le pousse à agir. Même les réactions complexes des êtres évolués, comme l'utilisation par le chimpanzé d'un bâton pour se défendre, ne semblent pas correspondre à l'intention délibérée et réfléchie de réaliser un tel acte. Même lorsqu'ils obéissent à des chaînes de fonctionnement complexes, génétiquement programmées ou modifiées par l'apprentissage, les actes animaux ne s'accompagnent pas de la prise de conscience de l'action et ne répondent pas à l'intention réfléchie de les effectuer. En bref, ce qui différencie fondamentalement l'humain de l'animal est *la prise de conscience de soi.*

A partir d'un certain moment l'enfant va effectuer des *actes intentionnels,* eux-mêmes suscités par des associations entre une pulsion de désir et des représentations mentales, actes intentionnels qu'il peut contrôler, refréner, effectuer et qui correspondent à un autre mode de fonctionnement de sa pensée. Comme si, à un moment donné et peu à peu, par accumulation de données quantitatives et d'aptitudes à des liaisons de plus en plus complexes entre elles, se produisait, par un processus dialectique, un changement dans la nature du fonctionnement, changement permettant justement une pensée d'un autre type, avec cette liaison à la conscience de soi qui me paraît être la marque de l'humain.

Quelles capacités l'enfant doit-il avoir acquises pour être apte à une pensée réflexive et une intention délibérée ?

D'abord la possibilité d'une représentation mentale qui, nous l'avons vu, apparaît très tôt dans l'existence et n'est pas spécifique à l'homme. Puis la notion du moi, c'est-à-dire la notion de sa propre existence, indépendante, qui semble se dégager à partir du 6e ou 7e mois de la vie, mais ne s'accompagne pas nécessairement de la conscience réfléchie de sa propre existence. La notion de la permanence de l'objet (*cf.* page 124), c'est-à-dire la connaissance de l'existence indépendante des choses et des autres êtres.

Enfin, et surtout, me semble-t-il, la possession d'un langage, la capacité de dire, même si l'enfant n'a pas encore en sa possession l'ensemble des mots nécessaires pour formuler tout ce qu'il a envie d'exprimer. Nous avons vu l'immense retard de cette aptitude par rapport aux possibilités réelles de la compréhension. *Car pour* se *dire quelque chose, il paraît indispensable d'être capable de* le *dire.* Pour se dire quelque chose il faut, je crois, avoir acquis deux possibilités qui sont seulement réunies chez l'homme : la capacité de dire, c'est-à-dire d'identifier par un mot, représenté mentalement ou exprimé, un objet, une notion ; et la capacité de prendre conscience de soi, c'est-à-dire une représentation mentale, clairement exprimée et sortie du flou de l'inconscient, de sa propre existence, de sa propre personne.

Il me paraît nécessaire de conjuguer ces deux aptitudes pour être capable de se dire : « Je vais aller taper dans ce ballon » ou bien « Non, je n'ai pas envie d'aller taper dans ce ballon. » Car être capable de pensée réflexive c'est également l'être d'une intention mentale et d'un choix. La capacité de choisir n'a pas grand-chose à voir avec une notion de liberté, dans l'absolu, dans la mesure où le choix, effectué à propos de chaque objet à un moment donné, n'est probablement pas fortuit et très conditionné par tous les acquis antérieurs et les structurations déjà effectuées dans le fonctionnement de l'individu. Nous reverrons ce point.

Il faut, bien sûr, être attentif lorsqu'on lie la notion d'intention à celle de pensée réflexive pour des raisons de terminologie. Nous qualifions « d'intentionnel » l'acte du bébé qui tend la main vers un objet, mais cela n'a pas la même signification que le fait d'interrompre un jeu pour aller chercher un gâteau dans le placard. Dans le premier cas c'est une réponse à une excitation sensorielle, comme lever les bras vers son père ou répondre par un baiser à la joue qui s'approche. Dans le deuxième cas il peut s'agir d'une pulsion semblable à celle du petit chien allant chercher l'os enterré par lui, il y a quelques semaines, mais il peut s'agir aussi d'une *intention mentale,* du désir délibéré d'effectuer cet acte. *Il y a donc une grande différence entre un mouvement intentionnel et une pensée intentionnelle.* Il me semble que l'intention mentale est liée à la capacité de pensée réflexive, acquise à un certain stade de l'évolution. Et le problème est : *A partir de quel moment l'enfant est-il capable d'une pensée intentionnelle ?*

L'observation du comportement au cours de l'épreuve de force, ainsi que les indications de Piaget me paraissent apporter des éléments de réponse à cette question.

Vers 14 ou 16 mois, l'enfant essaie de faire et de répéter un acte qui lui est interdit, dont il sait pertinemment qu'il est défendu, et tente de le faire en vous regardant fixement dans les yeux d'un air provocateur pour juger de votre réaction ; lorsqu'il tend la main vers l'objet interdit, à ce moment-là, il y a dans son comportement *une décision* d'effectuer l'acte tout en commençant à comprendre les conséquences qu'il y aurait à enfreindre l'interdiction. Il semble que ce soit vers le milieu de la deuxième année que le bébé commence à posséder une ébauche de pensée réflexive qui va se préciser et s'affiner vers la fin de la deuxième année, et devenir évidente lorsqu'il dira « Je » ou parlera de lui-même à la troisième personne en disant : « Bébé va faire ceci ou cela. »

Mais il est bien évident que, pendant très longtemps encore, les comportements pulsionnels représenteront l'essentiel de son mode de fonctionnement.

Piaget fixait vers 18 mois l'âge auquel « L'action et les opérations mentales de l'enfant deviennent *réversibles...* En raison de cette réversibilité — la capacité d'inverser une opération en pensée (ou en action), de considérer une tâche de deux points de vue opposés —, l'équilibre que réalise l'enfant est flexible et hautement mobile... D'où sa capacité de choisir son moment pour agir ; il peut faire correspondre les moyens aux fins qu'il poursuit. *En résumé son action devient rationnelle au lieu d'être impulsive.* » (Cobliner.) Plus tard Piaget a appelé ce type de fonctionnement plutôt *renversibilité* réservant le terme de *réversibilité* à des capacités acquises vers 12 ou 14 ans.

Il me semble que c'est vraiment entre 15, 16 et 23, 24 mois que l'enfant commence à acquérir, par l'adjonction de multiples compétences, l'aptitude à agir de façon délibérée pour les actes simples bien sûr, et à prendre conscience de sa capacité à faire, ou ne pas faire, telle ou telle chose.

5/ La maîtrise du langage et le début du « je »

Dans le chapitre précédent, nous avons souligné comment, entre dix et quinze ou seize mois, l'enfant acquérait de plus en plus de sons, au sein desquels on notait, avec une fréquence grandissante, des syllabes reconnaissables. *Le langage, bien souvent incompréhensible pour l'adulte, est chargé de signification pour l'enfant lui-même et bien souvent pour les enfants entre eux.*

Deux autres phénomènes sont notés durant la même période : d'une part, une grande capacité à reproduire les intonations, de façon parfaitement fidèle ; l'enfant est tout à fait apte à reproduire la ligne mélodique d'une phrase avec un support de sons incompréhensibles. Chacun sait combien même les petits enfants qui ne disposent que de fort peu de langage retiennent les airs des chansons.

« Bien mieux, on a pu observer une petite fille de famille française, habitant en Allemagne (il s'agit d'une enfant de dix à treize mois), qui avait à sa disposition deux « musiques de phrases », l'une à intonation française auprès de ses parents, l'autre à intonation nettement germanique quand elle était avec des petits voisins. » (J. Tronchère.)

L'aptitude à l'apprentissage de deux ou trois langues en même temps est proprement étonnante et ne gêne en rien, me semble-t-il, l'acquisition de la langue maternelle.

D'autre part, on observe couramment combien nombreux sont les petits enfants de quinze à seize mois capables de monologuer longuement, de répéter dans leur langage à eux les phrases entendues, de se parler en baragouinant lorsqu'ils sont occupés à jouer seuls, ou même à ne faire que cela, étendus par terre, leur ours dans une main, en agitant les pieds. Tout se passe comme si l'enfant écoutait la musique des mots en s'essayant à les prononcer, les répétant indéfiniment en un jeu qui a sans aucun doute signification d'apprentissage.

A partir de dix-sept, dix-huit mois, en même temps que l'enfant enrichit considérablement son vocabulaire de syllabes nouvelles et de leurs associations, va apparaître *la période locutoire du langage* avec ce que l'on appelle le mot-phrase puis l'association de deux ou trois mots.

Chaque mot nouveau va pouvoir être chargé de plusieurs significations.

« Sissi » par exemple peut signifier « Je veux m'asseoir », ou « assieds-toi » ou « je suis assis » ou « voici une chaise » ou « je veux m'asseoir pour faire telle ou telle chose, regarder un livre ou manger mon yaourt ».

L'enfant commence véritablement à découvrir les grandes significations du langage, différentes selon l'accompagnement de gestes ou de mimiques.

Et, quelque temps plus tard, à partir de dix-huit mois, *il va être capable d'associer deux mots* et ce sera l'ébauche de la capacité à faire une phrase avec substantif, verbe et complément ou adjectif. Il dira « Papa parti », ou « bébé assis » au lieu de dire « sissi » lorsqu'il désire s'asseoir.

C'est environ vers deux ans, un peu plus tôt ou un peu plus tard, qu'il commencera véritablement à construire des phrases, et l'on admet qu'à cet âge la répartition du vocabulaire est approximativement de 70 % de substantifs, 20 % de verbes, 10 % d'adjectifs. (P. Dinard.)

Bien sûr, vers deux ans, les enfants ne maîtrisent pas le langage, mais, pour la majorité d'entre eux, une partie de plus en plus importante de la communication passe par lui. Ils vont découvrir les possibilités du dialogue et son rôle immense dans les relations interhumaines, car l'homme, « animal social », est un être parlant et *le langage est le véhicule fondamental de la culture. C'est pourquoi il va jouer un tel rôle dans la structuration du caractère et de la personnalité du petit enfant.*

A ce propos, on peut faire une série de remarques pratiques mais essentielles.

Il existe de grandes variations individuelles dans les progrès de l'acquisition du langage mais elles ne semblent pas forcément liées à la manière dont on parle à l'enfant. Les uns parleront très bien à deux ans, avec un vocabulaire étendu et une bonne prononciation déjà acquise. D'autres parleront plus tard, d'abord bien mal, mais feront des progrès spectaculaires vers trois ans, en deux à trois mois d'école maternelle. Beaucoup d'enfants donnent l'impression qu'ils emmagasinent des connaissances pendant un temps toujours trop long pour les parents, puis, à partir d'un certain moment, ils seront capables de « sortir » huit ou dix mots nouveaux chaque jour. Chacun sait que si beaucoup de grands hommes parlaient très bien très tôt, certains d'entre eux, Einstein entre autres, ont parlé tard.

Il semble exister certaines prédispositions familiales, dont on ne connaît pas les raisons, à un langage précoce ou tardif. Mais il reste que la qualité du « bain de langage » dans lequel évolue l'enfant, et le besoin plus ou moins fort qu'il a de s'exprimer par la parole vont jouer un rôle stimulant. Le retard de langage des jumeaux, dont beaucoup de besoins sont comblés par l'autre, est une constatation admise par tous.

De même il y a des différences entre le premier et les suivants d'une même fratrie. Si la différence d'âge est faible, le premier ayant plus de contacts avec des adultes seulement parlera mieux et plus tôt. Si la différence d'âge est importante, l'aîné ou les aînés, ayant déjà acquis un bon langage, joueront un rôle stimulant supplémentaire et le ou les cadets parleront parfois remarquablement bien.

Beaucoup de bébés de vingt ou vingt-deux mois ont à leur disposition d'importantes capacités verbales et disposent de nombreuses syllabes, mais leur langage est encore bien incompréhensible par l'adulte. Parfois même cela provoque la colère de l'enfant et l'on remarque, lorsqu'il a franchi ce cap et peut se faire mieux comprendre, qu'il devient plus calme, plus tranquille et parfois même dort mieux.

L'enfant n'acquiert pas d'un coup une manière de s'exprimer claire et accessible. Avant de prononcer correctement les mots, il les écorche et il parle de façon approximative. C'est en réalité une des raisons de l'existence du « langage bébé ». Autant il est ridicule d'entretenir l'enfant dans ce mode d'expression et de continuer à lui parler bébé alors qu'il est apte à une prononciation correcte et claire, autant il peut être néfaste de le reprendre sans cesse ou d'essayer de lui inculquer trop tôt un langage précieux ou trop intellectualisé. Chacun connaît de ces petits singes savants manipulant des formulations d'adultes, dénuées vraiment pour eux de signification, et ayant perdu spontanéité, gentillesse et simplicité.

Nombre de petits enfants qui parleront tard parleront

assez mal, seront « dyslaliques », et auront alors besoin d'une aide rééducative. Mais il n'est pas raisonnable, avant trois ans, de parler de retard de langage chez un enfant qui manifestement comprend tout, a une humeur et un développement par ailleurs normaux. Ce retard même peut expliquer des difficultés de comportement dans la mesure où l'enfant enrage de ne pas se faire suffisamment comprendre. Mais au-delà de cet âge, surtout si l'enfant fréquente déjà la maternelle, c'est un symptôme dont il faut tenir compte et qui mérite de demander avis.

Il vient un moment, en général vers deux ans, où l'enfant va être capable de manipuler le pronom personnel et de dire « je ». A cette époque, lorsqu'on lui pose une question, sa réponse commence souvent d'abord par « bébé » ou par son prénom car il parle de lui à la troisième personne ; puis il dit « je ». « Quel âge as-tu ? » « Deux ans », puis « J'ai deux ans ».

Il n'y a pas si longtemps les parents supportaient mal cette manière de s'exprimer, essayaient d'apprendre à leur petit enfant qu'il n'était pas séant de commencer ses phrases par « je ». Cette habitude a heureusement disparu. L'apparition du « je » est une phase fondamentale dans le développement.

Elle suppose l'acquisition de la notion de l'existence de sa propre personne, en tant qu'individualité indépendante et donc différente des autres ; elle demande l'accession à la pensée réflexive, à la capacité de prendre une décision d'action, comme nous l'avons vu au chapitre précédent.

6/ Egocentrisme, ambivalence et culpabilité

Même dans la situation la plus agréable possible pour lui, l'enfant a des raisons d'avoir des difficultés relationnelles avec ses parents; que dire dans une situation difficile ! *Et ces situations difficiles sont très fréquentes.*

Tous les parents *normaux* aiment leurs enfants, c'est bien évident. Mais les adultes ont aussi leurs difficultés dans lesquelles l'enfant vient s'immiscer, en les dérangeant. Tous les enfants ne sont pas aussi bien acceptés. Il est bien rare que les parents supportent de voir en face ces problèmes : certes, on aime son enfant, mais beaucoup d'éléments viennent tempérer, modifier cet amour, et tous les enfants ne sont pas, loin de là, traités de la même manière, soit parce qu'ils sont trop actifs, soit parce qu'une mère comprend mal son garçon, soit parce que l'enfant est arrivé alors qu'on avait envie d'en avoir un mais aussi de poursuivre une carrière, soit parce qu'on pense trouver en lui des défauts qu'on déteste, sans le dire, dans le caractère du conjoint, soit parce que le père, occupé par sa carrière, s'intéresse fort peu aux enfants petits.

Tout cela et beaucoup d'autres situations vont jouer un rôle considérable dans les relations réelles qu'on a avec lui. La nature même de ces relations se modèle dans une infinité de choses très subtiles, presque indicibles, attitudes quotidiennes, manifestations d'énervement, attitudes montrant que l'enfant dérange à un moment ou à un autre.

Or, un petit enfant n'a qu'un soutien et qu'un but : l'amour de ses parents. S'il est insuffisant, il fera tout pour en obtenir davantage, mais il ne sait pas forcément bien le faire : sa seule manière d'agir est d'attirer l'attention. Il ne sait pas qu'il pourrait être « gentil »,

« attentif », « complaisant », « aimable », comme ses parents voudraient qu'il soit. Tout cela n'a aucun sens pour lui. Il exige qu'on s'occupe de lui ; il n'a pas trente-six moyens : il pleure, il crie, il casse, il s'énerve, il vient dormir avec eux, il empêche sa mère de partir, il est exigeant, il ne mange pas, il ne dort pas, il fait une scène pour s'habiller, se déshabiller...

Ce faisant, il suscite la colère, les cris, la vindicte, la punition. Il a toujours autant besoin d'eux et de leur amour. *Et lui n'aime qu'eux. Il n'a personne d'autre à aimer à cet âge. Il n'a pas de possibilité de choix. Et si des relations difficiles et conflictuelles s'installent, il en est fortement culpabilisé, comme il est inconsciemment culpabilisé de détester ses parents pour telle ou telle chose.*

Avez-vous souvent vu un parent de petit enfant de deux ou trois ans lui dire : « Tu sais, je n'ai pas bien agi avec toi ; je me suis énervé alors que tu avais raison et je n'aurais pas dû. » Et pourtant, combien de fois les parents n'agissent-ils pas, avec les petits enfants, de façon incontrôlée et inadaptée !

Je connais Patrick depuis sa naissance. Il a maintenant neuf ans. C'est un petit garçon manifestement très intelligent, mais il travaille mal en classe, a d'importantes difficultés en calcul, est presque toujours mécontent et tout ce qui arrive n'est jamais de sa faute, dit-il : difficultés avec les camarades, difficultés avec le maître, agressivité avec la mère, impossibilité de communiquer avec son père. Cependant, dit sa mère, il est tendre, il a un « cœur d'or », il est charmant avec sa petite sœur. Mais il ne peut s'empêcher d'être énervant, insupportable, compliqué.

Patrick n'est pas venu au monde avec ce caractère, et sa mère sait bien, sent bien, depuis longtemps, que ses comportements se sont modelés ainsi dans les relations très conflictuelles qu'elle avait avec son époux, dans ses propres difficultés caractérielles. Il a fallu attendre qu'il ait neuf ans pour que les parents soient d'accord pour consulter enfin une psychologue. Une petite sœur est née il y a deux ans. La mère sait parfaitement bien que les relations instaurées avec la sœur, alors qu'elle a cessé son travail, alors qu'elle a compris beaucoup de choses, sont bien meilleures que les relations qu'elle a avec Patrick. Elle est plus calme, elle a *accepté* de s'occuper vraiment de sa fille, alors que Patrick avait été livré à des employées de maison, des jeunes filles au pair.

Patrick est un enfant angoissé, ayant presque une peur panique de la solitude. *Quand il était petit, il lui arrivait d'aller dormir devant la porte de la chambre de ses parents.* Lorsqu'il est né, il a entravé la carrière de sa mère. Il a fallu à celle-ci des années pour en prendre conscience. Le père est un homme coléreux, assez violent, travaillant beaucoup, souvent absent, ne demandant, quand il est là, que la paix. Les difficultés du couple sont grandes.

Au milieu de tout cela, Patrick n'a qu'une idée, plus ou moins inconsciente, difficile à exprimer : qu'on l'aime, qu'on s'occupe de lui. Par tous les moyens, il essaie d'avoir prise sur son entourage, en se faisant remarquer. Peu lui importe qu'on le punisse puisque c'est une manière, pour ses parents, de s'occuper de lui, ce qu'ils ne feraient pas s'il était calme et tranquille. Et comme il a une certaine conscience des anomalies de cette manière d'être, cela déclenche en lui un intense sentiment de culpabilité et il se sent anormal, différent ; il en est dépressif et triste.

Et voilà comment, dans un cas un peu extrême, mais bien fréquent, on qualifie de caractériel un petit garçon de neuf ans ; on dit qu'il est difficile, méchant, inapte à faire des études. Toute son intelligence ne lui servira à rien, car si la situation n'arrive pas à se redresser, il se débrouillera, plus ou moins consciemment, pour échouer dans ses entreprises, se faire punir par la vie quand ce ne sera plus par ses parents.

Il faudra des années de travail patient pour redresser cette situation. Mais les deux ou trois premières consultations chez le psychologue, suivies par une attention plus intense portée par le père et la mère aux problèmes de leur enfant, ont entraîné des résultats si positifs qu'ils ont surpris parents et maître, car le comportement de Patrick a instantanément changé. Il a suffi pour cela qu'il perçoive et comprenne que ses parents l'aimaient assez pour faire l'effort important d'aller tous deux chez un psychologue, et que commence à se dérouler un dialogue au cours duquel il n'était pas critiqué, attaqué, perçu comme gêneur, mais témoignant au contraire d'une tentative de compréhension et de remise en cause.

Cette histoire, succinctement racontée, m'a paru exemplaire des sentiments complexes qui agitent l'enfant au cours de son développement et qui, perturbés, conduisent à des difficultés de comportement pouvant être très sévères.

Tout le développement de l'enfant, immense quête d'amour vécue dans l'angoisse de l'abandon, de la perte, de l'absence d'amour, s'opère au sein de contradictions profondes que l'enfant doit résoudre au cours de sa croissance.

Les conditions du début de la vie, la dépendance totale de l'enfant vis-à-vis de ceux, de celle surtout qui le nourrissent, le caressent et le soignent expliquent l'intensité des sentiments d'amour développés à leur égard. Cet *attachement* profond, nécessaire à un équilibre normal, fait comprendre les sentiments d'égocentrisme pouvant imprégner le psychisme de l'enfant : ceux qui l'entourent, sa mère surtout, *sont tout pour lui,* et donc ils lui doivent tout. L'enfant au début ne peut entretenir de relations faciles et chaleureuses qu'avec ceux à l'égard desquels il a développé des sentiments d'attachement. S'ils sont peu nombreux, le père et la mère seulement, comme on le voit dans les petites familles d'aujourd'hui, l'enfant est très exclusif, et son égocentrisme inévitable le rend exigeant, revendiquant naturellement un amour total.

Or, les parents n'ont pas souvent une claire conscience de l'intensité des sentiments que les enfants leur portent dans les premières années de leur vie, de leur exigence à être aimés en retour de la même manière, et en même temps de l'évolution de cet amour qui doit se relativiser tout au long de la vie, puisque l'enfant va aller vers une indépendance nécessaire et que les parents sont appelés à disparaître.

Une des tâches fondamentales est d'apprendre la discipline sociale à son enfant. Pour celui de deux ou trois ans une punition, une gronderie sont une privation d'amour.

Pour cela ou pour autre chose, une privation, un refus d'obtempérer à son exigence, l'enfant va détester son parent, le haïr, mais c'est un sentiment bien difficile à supporter, en contradiction totale avec tout ce qui l'imprègne déclenchant en lui des sentiments de culpabilité intense. Alors il voudra chercher des preuves supplémentaires à cet amour absolu que ses parents sont censés lui porter, et il fera tout, bêtises et gentillesses en même temps, pour attirer l'attention sur lui.

C'est ainsi que cette exigence d'amour s'accompagne inévitablement, au cours de la croissance, d'un sentiment plus ou moins confus de haine, sentiment culpabilisant, difficile à assumer, qu'il faudra que l'enfant apprenne à surmonter.

7/ Difficultés de sommeil et problèmes d'appétit

Comme nous l'avons vu, exceptionnels sont les enfants qui dormiront d'un sommeil excellent et régulier jusqu'à deux ans. Tous ou presque ont une difficulté de sommeil à un moment ou un autre, mais il faut distinguer entre les petits troubles passagers et le cas où le trouble du sommeil constitue un problème sérieux, très gênant et souvent bien complexe à résoudre.

Jusqu'à deux ans, le sommeil constitue peut-être le motif de consultations le plus fréquent en dehors des problèmes médicaux proprement dits ; il s'agit donc d'une chose banale et non dramatique, même si la gêne pour les parents est parfois considérable.

Il y a d'abord un problème de tolérance. Les parents supportent de plus en plus difficilement qu'un enfant ait un peu de fièvre, tousse quelques jours, ne veuille pas manger vingt-quatre heures, ou se réveille la nuit. Le recours au médecin est devenu instantané et automatique. Or, tout cela survient une ou plusieurs fois dans l'évolution du petit enfant. Il faut savoir ramener les problèmes à leurs justes proportions, mais aussi détecter le cas où le trouble du sommeil est véritablement pathologique et demande une intervention médicale.

J'ai rencontré des dizaines de mères qui se plaignaient *de n'avoir pas passé une seule nuit normale* pendant dix-huit mois ou deux ans ; leur enfant se réveillait deux fois, trois fois, dans des cas extrêmes presque toutes les heures. L'enfant se rendort pour une longue période seulement s'il est couché dans le lit de ses parents, mais se réveille tout le temps s'il est remis dans le sien.

A l'opposé, nombre d'enfants se réveillent une seule fois, parce qu'ils ont soif ou faim, se réveilleront à nouveau si on ne leur donne que de l'eau, mais se rendormiront pour la fin de la nuit s'il prennent un biberon de lait sucré. Beaucoup d'entre eux bénéficieraient d'un repas plus consistant le soir ou d'un biberon donné, peu de temps après les repas, juste avant le coucher. La soif peut être causée par trop de couvertures ou une température trop élevée de la pièce, et un chauffage central mal réglé en est souvent responsable.

Mais là n'est pas la cause essentielle des réveils nocturnes. L'angoisse, due à une difficulté spécifiquement nocturne ou entraînée par des troubles survenant dans la journée, en est le responsable principal, il suffit de réfléchir aux conditions habituelles des réveils nocturnes ou à quelques histoires concrètes pour s'en convaincre.

Les troubles du sommeil sont essentiellement des difficultés d'endormissement ou des réveils nocturnes. Le réveil matinal précoce est trop fréquent à cet âge pour pouvoir être considéré comme une anomalie, même si on peut remarquer qu'il survient plus volontiers chez des petits enfants très émotifs.

Mais nombre d'entre eux se rendormiront après avoir pris un petit déjeuner, ce qui n'est pas toujours le cas des parents. Il faut souligner aussi le fait que tous les bébés n'ont pas besoin de la même quantité de temps de sommeil ; certains ont de plus grands besoins ; *et les conditions de la vie actuelle conduisant à réveiller nombre de bébés pour les emmener à la crèche, ou chez la nourrice, alors qu'ils continueraient volontiers à dormir, ne favorisent pas un bon équilibre du sommeil.*

Nous avons déjà parlé des difficultés d'endormissement. Il est rare qu'elles ne puissent se résoudre par une réflexion sur les conditions du coucher. Les habitudes instaurées durant les premiers mois, la régularité de la vie quotidienne y jouent un très grand rôle.

Mais si, pour accepter ou non d'aller se coucher tranquillement, les manières d'être générales de l'enfant interviennent, il n'est pas maître de ses réveils nocturnes qui se font tout à fait indépendamment de sa volonté. Et ils sont très divers.

Les uns sont tranquilles. L'enfant se réveille sans pleurer, appelle, ou, s'il sait descendre de son lit, vient très vite dans la chambre de ses parents se glisser entre eux.

Mais seize, dix-huit mois est l'âge du début des cauchemars, et il existe toutes les nuances entre *le réveil anxieux,* qui le fait appeler en pleurant, *le cauchemar,* qui le réveille inquiet et sanglotant, et *la véritable terreur nocturne,* plus fréquente chez l'enfant plus âgé mais pouvant survenir avant deux ans. Ce ne sont plus des cris mais de véritables hurlements, puis des sanglots que rien n'apaise pendant plusieurs minutes. L'enfant refuse parfois la présence de son père, n'acceptant que sa mère ; mais il peut être longtemps inconsolable et bien sûr, à cet âge, incapable de dire quel cauchemar ou quelle frayeur l'a réveillé ainsi. La fréquence, la répétition en sont très variables et les cas les plus habituels sont de loin les réveils anxieux au cours desquels l'enfant réclame une présence rassurante ou vient tout seul auprès de ses parents.

Quelques anecdotes permettront de mettre en évidence les éléments qui interviennent dans ces problèmes.

Pour le premier-né, les parents sont souvent très inquiets et cela joue un rôle dans le sommeil de l'enfant. Combien de mères m'ont dit : « Pour le premier, lorsque je n'entendais plus de bruit dans la chambre, j'allais voir ce qui se passait ; alors que je couchais tranquillement le second en éteignant la lumière et lui souhaitais le bonsoir. » On va écouter respirer le premier, surveiller son calme, toujours préoccupé de ce qui pourrait se passer. Et le deuxième dormira très bien alors que l'aîné a eu quelques difficultés de sommeil.

J'ai vu Hélène pour la première fois à l'âge de trois ans. Alors qu'elle avait très bien dormi seule jusqu'à l'âge de deux ans, depuis un an, elle se réveillait plusieurs fois par nuit, appelant, pleurant, venant dans la chambre de ses parents. Le trouble du sommeil était apparu en même temps que la mère s'arrêtait de travailler. Les parents sont calmes, raisonnables, équilibrés, affectueux, et il est bien difficile de faire le rapprochement entre l'arrêt de travail de la mère et le début des troubles du sommeil qui s'accompagnent d'une reprise de l'énurésie nocturne.

Manifestement une grande angoisse les accompagne et les diverses thérapeutiques médicamenteuses sont restées sans effet.

Hélène a un frère aîné de six ans, et il a suffi qu'on la fasse dormir dans la même chambre pour que tous les troubles disparaissent, réveils et énurésie. Elle est devenue plus calme, plus tranquille, comme auparavant.

On pourrait multiplier les exemples où les conditions mêmes du sommeil jouent un rôle sur sa qualité, et j'ai bien souvent observé une disparition des troubles lorsque le petit est rassuré par la présence, dans la même chambre, du plus grand.

Stephen avait six mois à peine lorsque le grand frère, dans la chambre duquel il dormait, est parti en vacances. Il a pleuré, protesté et refusé de dormir seul.

Antoine, à deux ans, a commencé à présenter des troubles de sommeil lorsque le père a repris des cours du soir. L'absence de son père au moment du coucher entraînait des difficultés pour la nuit entière.

Bien plus souvent, il faut rechercher l'origine des troubles du sommeil dans les conditions de vie de la journée. Toute modification (mise à la crèche, changement de nourrice, absence temporaire de la mère) peut en être génératrice. Mais ce sont les difficultés permanentes qui en constituent la cause majeure, que l'enfant ne soit pas très heureux chez sa nourrice ou qu'il ait à l'intérieur de la famille des problèmes relationnels. Lorsqu'il s'agit de bébés qui n'ont jamais normalement dormi, ou ont un trouble majeur et durable apparu vers quatorze ou quinze mois, c'est un symptôme de mauvais équilibre affectif qui mérite réflexion.

Les difficultés de l'appétit ont peu de réalité et sont bien plus souvent le problème des parents que celui de l'enfant. Alors que le bébé prend vingt-cinq centimètres et triple son poids entre zéro et un an, il ne prend que dix centimètres et un kilo et demi environ entre un et deux ans, et la période autour de dix-huit mois ne s'accompagne qu'exceptionnellement d'une importante prise de poids compte tenu de l'intense activité motrice de l'enfant. A cette phase de son développement, il a peu de besoins, beaucoup moins que les parents ne le pensent habituellement. Manger n'est pas toujours une activité excitante et le jeu est beaucoup plus intéressant. Beaucoup de bébés de cet âge mangent et s'occupent autrement en même temps. Il faut parfois les distraire pendant le repas. Nombre d'entre eux, les petites filles surtout, n'aiment pas faire des repas importants et grignoteraient souvent. Les goûts alimentaires se diversifient. La viande, qu'il faut mastiquer longuement, n'est pas toujours bien acceptée. Beaucoup d'enfants aimeront à la fois des repas encore finement moulinés, et manger par petits morceaux, et en même temps qu'eux, la nourriture de leurs parents. Ils jouent du plaisir qu'ils font en mangeant bien ou mal.

Un enfant bien portant a normalement faim et si les parents acceptent qu'il mange à sa faim, il n'aura guère de problèmes. Mais certains ont un grand appétit et il faut veiller à éviter qu'une obésité ne démarre vers vingt ou vingt-deux mois, grâce à un régime raisonnable, et en évitant de répondre à toute demande par un petit gâteau ou un bonbon. Si l'on essaie de calmer ainsi l'enfant qui réclame des paroles ou une histoire, inévitablement on perturbera son appétit.

E/ LA FIN DE L'ANGOISSE PRIMAIRE

Lorsque le bébé arrive aux alentours de deux ans, il a franchi une étape considérable de son développement qui l'a conduit à un début d'autonomie et à des relations sociales pouvant être menées de façon réfléchie, avec la notion de la conscience de soi. Certes, il reste un tout petit enfant qui a toujours autant besoin de chaleur humaine et de protection, mais il a déjà des capacités d'indépendance. La phase de la fin de la deuxième année me paraît caractérisée par l'aptitude à nouer avec les adultes des relations qui ne sont plus marquées de cette crainte de l'étranger née entre le sixième et le huitième mois de la vie.

C'est la fin d'une certaine angoisse primaire, qui réapparaîtra instantanément si l'enfant se trouve brutalement placé hors de son cadre et de ses soutiens naturels, comme lors d'une hospitalisation par exemple.

1/ Le jeu avec les autres

Ce que nous appelons « jeu » représente l'activité principale du petit enfant et l'offrande de jouets une des attentions essentielles de l'adulte.

Au début de sa vie, il a surtout besoin d'objets à manipuler dans tous les sens, tourner, retourner, pouvoir porter à la bouche. Ceux-ci doivent donc être de couleurs stables, non dangereuses et ne comporter aucune partie qui puisse être arrachée et avalée. La gamme en est actuellement considérable et, si l'enfant va bientôt s'attacher surtout à un ou deux jouets en peluche, l'expérience montrera combien les objets de la vie courante (casseroles et petits flacons) semblent présenter pour lui infiniment plus d'intérêt que des jouets luxueux et trop importants pour ses petites mains.

Jusqu'à 16 ou 18 mois, il ne sait pas jouer avec les autres enfants si l'adulte n'organise pas un jeu commun ; il joue *à côté d'eux,* heureux de leur présence, content d'avoir de la compagnie.

Les adultes jouent par distraction, mais le jeu, pour l'enfant, comble d'abord des besoins de connaissance. Pourquoi les enfants jouent-ils ? Il n'est pas simple de répondre à cette question, mais l'observation des premiers jeux semble bien montrer combien cette activité répond à la double nécessité de contact et de connaissance du monde environnant et d'assouvissement d'un grand besoin d'activité physique musculaire.

« La plupart des comportements des jeunes mammifères, comportements qui nous semblent si “ humains ” et que l'on a coutume de rassembler sous le vocable mal défini de “ jeu ”, se révèlent, à l'examen, être une mise à l'épreuve, provoquée par la curiosité, de comportements spécifiques orientés vers des objets nouveaux et excitants par la prégnance de leur forme », écrit K. Lorenz.

On peut sans doute en dire autant pour le petit enfant, stimulé par une curiosité insatiable pour tout ce qui est nouveau et attirant, et en même temps rassuré par les objets qu'il connaît bien, dont il a l'habitude, qu'il a aimés.

Les premières manifestations du jeu avec autrui seront le plaisir qu'il prend à sauter sur les genoux, à jeter et rejeter sans cesse la petite cuillère que vous lui tendez, à se cacher le visage au « coucou » pour essayer ensuite, subrepticement, de vous regarder à nouveau. Mais pendant toute cette période, il joue à côté des autres enfants. Certes, lorsqu'on présente l'un à l'autre deux bébés de neuf à dix mois, ils sont capables de rester assis côte à côte et de faire connaissance en se touchant, en essayant de s'approprier les mêmes objets. De même, on peut observer combien les jumeaux, dès qu'ils commencent, vers quatre à cinq mois, à bien essayer de tendre la main vers les objets et agripper, vont essayer d'entrer en contact physique en se touchant, et c'est manifestement presque l'ébauche d'un jeu mutuel.

Mais, au stade de développement où nous sommes, vers la fin de la deuxième année, les activité communes et le jeu entre enfants deviennent possibles sous la conduite des adultes. Bien sûr, le petit enfant est encore incapable d'organiser quelque chose avec ses camarades, comme il pourra le faire deux à trois ans plus tard, mais il est capable de participer en y prenant grand plaisir.

Les relations sociales entre enfants commencent à prendre beaucoup d'importance et facilitent sans doute les apprentissages communs.

Je ne crois pas que la crèche soit indispensable au bon

développement, comme on l'entend dire quelquefois. Lorsque la mère travaille, c'est sans doute le meilleur mode de garde, s'il n'y a aucune possibilité familiale. Encore faut-il que cela soit possible, et il faut souligner l'insuffisance criante du nombre de places de crèche dans notre pays. Elle va faciliter le développement des contacts sociaux entre enfants. A partir de seize, dix-huit mois, les enfants seuls à la maison réclament manifestement de la compagnie, adorent aller trouver les autres au jardin. Nous verrons (*cf.* page 256) combien, chez les primates, les relations sociales entre jeunes peuvent protéger le petit contre la solitude et l'abandon.

On voit donc, vers la fin de la deuxième année, se développer un sens social tourné vers les autres, adultes ou surtout enfants, dont le petit recherche la compagnie. Mais cela ne remplace en rien, chez l'homme, le besoin encore fondamental de maternage et d'affection.

2/ La jalousie aîné-cadet Relations fraternelles

Je ne pense pas que l'on revienne jamais, dans nos pays dits de civilisation avancée, aux grandes familles de sept ou huit enfants ou plus, mais je crois que la famille de trois enfants continuera à représenter un type souhaitable, et il faut l'espérer, tant pour le développement et la qualité des relations interindividuelles que pour les capacités et les aptitudes de la nation.

Deux enfants représentent souvent deux enfants uniques juxtaposés, alors que le petit troisième introduit, me semble-t-il, une dimension toute nouvelle, augmente beaucoup les liens affectifs entre les membres de la famille et constitue un facteur d'équilibre important, car son arrivée cimente souvent beaucoup *ce noyau familial qui constitue sans doute, s'il est bon et chaleureux, l'élément formateur essentiel de chaque enfant.*

Les jeunes couples, avec la mise en place généralisée de la contraception, posent maintenant beaucoup de questions sur la meilleure date pour concevoir le deuxième enfant et le développement des relations fraternelles en fonction des écarts entre les naissances. Il n'y a pas de règle certaine et *je suis persuadé que la plus ou moins grande intensité de la rivalité interfraternelle dépend, pour une grande part, de l'allure générale des relations interfamiliales.* Dans les familles où règne une bonne atmosphère, et si les relations parents-enfants ne sont pas trop conflictuelles, les relations entre les enfants ne se passent pas toujours sur un mode agressif. En revanche, c'est toujours lorsque les relations sont tendues que les parents disent : « Ils sont toujours en train de se chamailler, on ne peut pas les laisser ensemble. » Il n'est pas trop difficile d'essayer de comprendre pourquoi.

La jalousie entre aîné et cadet est tout à fait inévitable et elle est probablement d'autant plus importante que la différence d'âge est plus faible, au-delà d'une certaine limite. En effet, si la différence est la plus petite possible, 11 à 12 mois par exemple, l'aîné est encore un nourrisson lorsque le cadet arrive et il n'a pas encore atteint l'âge d'exigence maximale à l'égard de la mère, c'est-à-dire 15 ou 16 mois.

En effet, nous l'avons vu suffisamment, le bébé vit dans une fusion très étroite avec la mère. Jusqu'à un certain point « sa mère lui appartient », et 16 ou 18 mois est l'âge où il est empli complètement de cette possession. Par ailleurs, il est encore incapable d'exprimer ses sentiments par des mots et tout son comportement est pulsionnel. Il s'exprime par des actes et une certaine manière d'être. Lorsque le bébé arrive, inévitablement sa mère s'en occupe énormément et beaucoup du temps qui lui était consacré est réservé au bébé. Ce fait a une contrepartie : on remarque souvent que l'aîné qui allait à la crèche ou chez une nourrice reste avec sa maman lors des six ou huit semaines précédant l'accouchement. Le moment est tout à fait bénéfique pour leurs relations mutuelles et, de ce point de vue, une deuxième grossesse présente parfois des avantages pour l'intimité mère-enfant.

Mais la jalousie est inévitable, et c'est pourquoi il est important de parler à l'aîné du prochain bébé, au plus tard dès que la grossesse de la mère commence à être visible. On observe parfois des réactions curieuses de l'aîné : modification de comportement, troubles du sommeil ou de l'appétit, refus de parler de la grossesse, négation de celle-ci, agressivité à l'égard du ventre maternel. Son expression diminue parfois d'autant l'agressivité qui se manifestera lorsque le cadet sera là. Mais celle-ci est tout à fait constante, excepté peut-être lorsqu'une grande différence d'âge, de l'ordre de 8, 10 ans ou plus, une demande intense de la part de l'aîné, vient transformer celui-ci en deuxième père ou deuxième mère. On observait cela bien souvent, autrefois, et on l'observe encore, dans les grandes familles. Mais la jalousie trouvera, peut-être, à l'âge adulte d'autres modes d'expression que ceux de la première enfance. En tout cas, on comprend qu'elle soit moindre ou différente si elle n'a pas à tenir compte d'une rivalité vis-à-vis de la mère ou du frère, et si le petit ne prend pas du temps qui aurait été normalement consacré à l'aîné.

La jalousie à l'égard du cadet ne se manifeste pas de

suite si les parents ont pris garde de bien expliquer les choses, de ne pas mettre l'aîné à l'écart lorsque le cadet arrive à la maison, d'avoir parlé de cette arrivée même si l'aîné n'a que 16 ou 18 mois. Il arrive cependant que le traumatisme produit par cette arrivée soit intense et j'ai suivi longuement un garçon ayant présenté une première crise convulsive au moment exact où la mère franchissait le seuil de la maison, rentrant de la maternité, avec le petit frère dans les bras.

Les modifications du sommeil, l'apparition de cauchemars intenses, voire de terreurs nocturnes, ne sont pas rares dès les premiers jours. Et même si l'aîné ne se livre pas à des actes agressifs à l'égard du tout petit bébé, lorsqu'il commence à parler, bien souvent ses paroles ne laissent aucun doute sur l'ambivalence de ses sentiments. Raphaël avait deux ans et demi, lorsqu'il a dit à sa mère à propos de sa sœur âgée d'une quinzaine de jours : « Elle est très mignonne, Nathalie, elle est toute petite, on pourrait la mettre dans la poubelle. »

Car la caractéristique fondamentale des sentiments de l'aîné à l'égard du cadet est bien cette ambivalence. Il aime le petit, il le trouve mignon, mais en même temps il est dérangé, frustré d'une bonne partie de sa mère et bien souvent *il le déteste tout aussi cordialement qu'il l'aime, et ces sentiments contradictoires sont source de culpabilité.*

Lorsque le cadet aura huit ou dix mois, lorsqu'il commencera à manifester son autonomie, la jalousie se donnera libre cours par quelques actes nettement agressifs. Jusque-là un petit coup sur la tête ou une petite tentative pour voir si les yeux s'enfoncent auront résumé la situation.

On ne combat pas la jalousie en la réprimant, ni en la punissant. C'est le jaloux qui souffre. Il doit apprendre qu'on ne peut faire mal au petit frère, ni le punir d'exister, et je crois vraiment que *si l'enfant a peu de revendications affectives à l'égard des parents la jalousie sera relativement modérée ; si l'aîné n'a pas appris l'agressivité comme mode de relation essentielle entre les humains, et cela dans le cadre de ses rapports intrafamiliaux, il aura moins de raison de structurer sur ce mode ses liens avec le cadet.*

L'attitude de celui-ci est toujours très extraordinaire à l'égard de l'aîné lorsque la différence d'âge est faible ; tout se passe comme si le petit bébé en reconnaissait la nature infantile ; et manifestement sa préférence va à l'autre petit de la famille, en nombre de circonstances quotidiennes.

Il faut savoir aussi que l'inévitable jalousie de l'aîné ne se manifestera pas obligatoirement contre l'objet même de sa jalousie. Il peut être parfaitement gentil, agréable, serviable avec le cadet mais devenir intenable à la maison et très agressif à l'égard de sa mère, surtout lorsqu'il a 4 ans par exemple et que le plus jeune est une fille de 1 ou 2 ans, attirant tous les regards et toutes les cajoleries. Celle-ci jouera parfaitement de ce rôle et comme, dans tous les conflits survenant entre les enfants, les parents auront tendance, souvent à tort, à rendre l'aîné responsable ou à lui faire sans cesse la morale : « Tu es le plus grand, tu dois être le plus raisonnable, il ne faut pas faire mal au petit frère ou à la petite sœur », celui-ci en concevra de l'aigreur et sa jalousie ne s'atténuera pas, au contraire. Il faut être très attentif, dans les conflits, à éviter de ne demander qu'à l'aîné d'être raisonnable, et responsable, et à ne réprimander que lui.

Il est aussi bien banal, quand la différence d'âge est de trois ou quatre ans, que l'aîné ne présente que fort peu des symptômes de cette inévitable rivalité. Il est gentil, accommodant, protecteur, mais son agressivité apparaîtra plus tard, vers 9 ou 10 ans, au moment du début de l'activité scolaire réelle du cadet, et plus grand il révélera combien il en a été tourmenté.

Bien sûr, tous les aspects de la personnalité, y compris physique, vont jouer un rôle dans le développement de sentiments jaloux. Et le cadet n'y échappe pas, qui voudra être toujours avec le plus grand, jalousant ses amis, ses activités, protestant parce qu'il porte des vêtements ou des chaussures de l'aîné. Il est bien difficile de prévoir à l'avance de quel type seront les relations interfraternelles. Elles jouent probablement, dans le caractère des enfants, un rôle modelant bien plus important qu'il n'est habituel de le penser et je sais nombre de cas où la présence d'un aîné nettement plus âgé a eu un effet considérable en doublant les rôles du père ou de la mère.

Mais je crois que la nature de ces relations dépend fondamentalement des liens noués entre les parents, et de l'allure générale qu'ils savent donner aux sentiments intrafamiliaux.

3/ La fin de l'angoisse primaire
Nouvelles relations avec les adultes

J'ai souvent, au cours de ce travail, envisagé les rapports du petit enfant avec son pédiatre ; ils constituent un test important de la relation avec les adultes en général.

A partir de quatorze, quinze mois, sa crainte n'est plus aussi intense. Dès qu'il perçoit la fin de l'examen, dès que sa mère commence à le rhabiller, il est prêt à sourire de loin, à grimacer, à faire le clown.

Un peu plus tard, vers dix-huit, vingt mois, rassuré, il sera capable de s'approcher de cet adulte étranger, voire même de venir s'installer sur ses genoux. Mais seulement à la fin de l'examen. Durant toute cette période, entre le moment, vers six ou sept mois, où débute la crainte intense de l'étranger agresseur, et le moment, vers deux ans, où il n'aura plus peur du tout et sera capable de dire bonjour et pas seulement au revoir comme il le faisait auparavant, on voit se modifier progressivement les comportements témoignant de sa crainte et de son angoisse. L'élément le plus important en est la distance qu'il veut bien prendre par rapport aux bras protecteurs de sa mère. Il y est d'abord constamment accroché, n'acceptant de se retourner pour regarder l'étranger que si celui-ci est loin et manifestement non menaçant. Puis, vers dix ou onze mois, il se retourne très vite, mais ne sourira pas. Le sourire est pour plus tard, comme l'acceptation de descendre des bras maternels pour jouer un peu. Mais il ne laissera pas l'autre s'approcher sans s'y réfugier à nouveau.

Aux alentours de deux ans, la peur s'estompera et le petit enfant sera alors capable d'accepter d'emblée un contact, de dire bonjour en embrassant, sans crainte et sans réticence.

Comme s'il avait fallu tout ce temps, entre six et vingt-quatre mois, pour que l'enfant ait pris conscience du caractère non agressif, éventuellement protecteur d'un adulte inconnu de lui, et en même temps de sa capacité à nouer avec lui une relation indépendante. Cette relation reste cependant très soumise à la présence rassurante, à ses côtés, d'un adulte avec lequel il a noué des liens d'attachement.

Et cela s'observera encore, bien plus tard, lorsqu'il ira à l'école pour la première fois par exemple. Il lui faudra parfois bien du temps, s'il n'a pas été habitué à la crèche, pour accepter de se séparer de sa mère ou de son père. Il faudra parfois reculer de trois mois ou de six mois l'entrée à l'école. Et nombre de petits enfants inquiets resteront collés à la maîtresse, craignant de se livrer aux jeux de la cour et de rompre le lien avec l'adulte rassurant qu'ils connaissent.

Cette prise de contact avec le monde des adultes inconnus s'opérera plus ou moins facilement selon les conditions de vie que l'enfant a connues jusqu'alors.

C'est l'âge auquel, par exemple, il est le plus facile de mettre un enfant à la crèche ou chez une nourrice lorsque la mère doit reprendre son travail ; mais, même à cet âge, il a besoin d'être habitué progressivement et rassuré par la présence maternelle quelques instants chaque jour au début. Antony, mis à la crèche à deux ans, est resté très prostré, refusant le contact avec ses parents pendant les trois premiers jours.

L'enfant élevé très près de son père et de sa mère, voyant peu d'autres adultes, s'accoutumera plus difficilement et ne sera guère indépendant à deux ans. Mais il ne faut jamais perdre de vue que la solidité de ces liens affectifs précoces donne la possibilité de nouer plus tard des relations faciles avec les autres.

On ne peut pas dire qu'un petit enfant de deux ans et demi *a besoin* d'aller à l'école maternelle une journée entière. C'est la nécessité du travail des mères qui commande cette habitude prise par nos sociétés. Le petit enfant tire bénéfice de contacts sociaux avec des partenaires de son âge. Mais il a encore besoin d'un long temps quotidien de contact avec ses parents que l'organisation sociale ne permet pas de dégager comme il conviendrait.

4/ L'enfant de deux ans

C'est un être dynamique, prenant intérêt à tout, ouvert sur la vie, prêt à toutes les expériences, à condition que l'on respecte son besoin de sécurité, et qu'il se perçoive lui-même en complète sécurité affective.

Il est très sociable, peut lier connaissance, aller jouer avec d'autres enfants. Il est même parfois capable d'aller quémander quelque chose à un adulte inconnu, au parc, et de s'éloigner des siens, sans conscience du danger, pour se promener à sa guise ou suivre un objet ou un animal qui l'intéresse. A cet âge, il exige souvent une surveillance de tous les instants car son esprit d'entreprise peut être redoutable, et sa témérité — teintée parfois d'une certaine prudence —, considérable.

Il comprend et veut imiter les activités des plus grands. Il sait fort bien tenir un crayon, griffonner et noircir du papier ou un mur.

Il comprend tout, même si son langage est encore rudimentaire. Mais il sait dire son nom, souvent son âge, et c'est « deux ans », le premier âge qu'il est capable de bien énoncer.

On ne saurait trop insister *sur les variations individuelles en cette matière.* Les uns commencent à très bien parler, d'autres à peine ; en règle, cela n'a pas beaucoup d'importance car les capacités de compréhension sont toujours très grandes. Il en va de même pour la propreté. Celle-ci n'est pas forcément bien acquise ; les uns sont déjà propres, même la nuit ; d'autres pas encore et ce n'est pas anormal; si l'on n'y attache pas une importance exagérée, la propreté s'installera souvent très vite, après quelques jours ou semaines d'incertitude.

Souvent, à deux ans, le sommeil, parfois troublé vers dix-huit ou vingt mois, redevient calme, profond et régulier au long des nuits. Le petit enfant a toujours besoin de sieste, parfois longue, deux ou trois heures au début de l'après-midi. Quand il ne dort pas, son dynamisme est extrême et il est toujours en mouvement, passant vite d'une activité à l'autre, ne se concentrant longtemps que sur une activité vraiment intéressante : vider un sac, un tiroir ou un placard. Dans ces circonstances, il est capable d'une attention très soutenue, et d'une grande persévérance. Mais il manifeste toujours, avec beaucoup de détermination, pour ce qu'il a envie de faire ou d'obtenir.

Les petits garçons semblent en moyenne plus entreprenants et actifs que les filles qui ont davantage d'esprit de suite dans leurs entreprises.

Il réclame souvent des activités de type social, la présence d'autres enfants, de compagnons de jeux. Toutes les mères, gardant elles-mêmes un enfant unique, savent combien il demande à sortir, est heureux d'aller au jardin et de rencontrer d'autres enfants.

A deux ans, il est tout prêt pour un début d'activités de type social. Si la mère reprend son travail, il acceptera vite la crèche dès qu'il y sera un tant soit peu habitué. Il adorera aller dans un petit atelier, quelques heures par semaine. C'est un petit bout d'homme très indépendant mais il a, encore et toujours, besoin avant tout de sécurité affective.

II

QUELQUES DONNÉES DE BASE

Tout au long des chapitres précédents, j'ai décrit l'évolution qui conduit le nouveau-né au stade de petit enfant de deux ans, essayant de réaliser ses velléités d'indépendance, comprenant beaucoup de choses même s'il ne maîtrise pas parfaitement le langage, menant une épreuve de force avec ses parents. Cette tentative d'analyse ne nous donne aucune clé décisive du fonctionnement de l'enfant ni de la compréhension de son développement. Il convient maintenant de confronter ces données de l'observation à l'apport des sciences fondamentales pour tenter de comprendre véritablement comment se forme et comment fonctionne un petit enfant, quelles sont ses capacités de base, quelle est la part de l'acquis culturel.

A/ QUELQUES DONNÉES DE BASE DE NEUROPHYSIOLOGIE

La neurophysiologie est l'étude du fonctionnement du système nerveux.

Il est dorénavant bien évident que le cerveau commande, dirige ou module l'ensemble du fonctionnement de l'organisme. Son développement très extraordinaire dans l'espèce humaine explique l'acquisition du langage, l'incomparable intelligence de l'homme par rapport aux autres espèces animales et la place prise par celui-ci dans la nature.

La compréhension des mécanismes cérébraux constituera une des priorités scientifiques dans les décennies à venir.

Mais par rapport aux autres espèces animales supérieures, le petit homme vient au monde avec *un cerveau particulièrement immature.* Il faut quelques minutes au petit chevreau pour se mettre sur ses quatre pattes et un an au bébé pour marcher.

Pendant les deux premières années de la vie, le cerveau humain subit des phénomènes fondamentaux de maturation, *maturation qui s'opère dans un univers de stimulations. Et je crois que cela, joint aux aptitudes acquises à travers les millions d'années de l'évolution du programme génétique, explique fondamentalement la nature même de l'homme, dépositaire de certaines capacités d'acquisition propres à son espèce mais ne pouvant les réaliser qu'en fonction de son environnement culturel.*

La neurophysiologie a fait, depuis une centaine d'années, des progrès extraordinaires auxquels ont contribué l'anatomie, la chimie, l'histologie, toute une technologie. On connaît bien — on peut en construire le modèle, par exemple — la transmission des informations entre deux cellules nerveuses.

Mon seul objectif est d'essayer d'exposer, très succinctement, ce qui, dans les travaux de neurophysiologie, démontre combien le développement même du système nerveux du nouveau-né est influencé par les stimulations du monde ambiant.

Le cerveau humain est constitué de cellules appelées neurones dont le nombre est compris entre dix et cent milliards (nombre d'étoiles dans la galaxie). Chaque neurone est constitué d'un corps cellulaire avec un prolongement, appelé axone, qui emmène l'influx nerveux à partir de la cellule, et des prolongements, appelés dendrites, conduisant l'influx à partir des autres cellules en contact. Les dendrites sont hérissées de prolongements nécessaires à l'établissement des connexions, les épines dendritiques. Les connexions entre prolongements cellulaires s'appellent synapses. *Un neurone typique peut avoir de 1 000 à 20 000 synapses et recevoir des informations de quelque mille autres neurones.*

Dix milliards de cellules ayant en moyenne chacune dix mille connexions ! On ne peut même pas imaginer la complexité de cet appareil extraordinaire que constitue notre cerveau, lieu de traitement de l'information et poste de commande.

« Le système de communication entre neurones est double, à la fois électrique et chimique. Le signal est produit par un neurone et acheminé le long de l'axone sous forme d'impulsions électriques ; mais il est aussi transmis d'une cellule à l'autre par les molécules d'une substance chimique intermédiaire (neurotransmetteur) qui s'écoule à travers la synapse. » (D. Hubel.)

Les neurones ont quelques traits particuliers fondamentaux par rapport aux autres cellules de l'organisme ; ils ne se renouvellent pas. Nous venons au monde avec un stock définitif et tout neurone perdu l'est définitivement. Ils sont entourés, soutenus et nourris par d'autres cellules, constituant ce que l'on appelle la glie, cellules gliales également très nombreuses. Leurs prolongements axonaux sont entourés de la substance blanche du tissu nerveux, la myéline, fabriquée par les cellules gliales à partir d'un certain degré de développement des neurones. Un des rôles de la myéline est de faciliter la transmission de l'influx nerveux.

Le tissu nerveux se forme à partir de certaines zones de l'embryon et les cellules nerveuses vont se déplacer, migrer, à travers la masse du tissu nerveux pour prendre leur place définitive. Entre le cinquième et le huitième mois de la vie fœtale, le nombre total et définitif de neurones est acquis et ceux-ci ont, pour l'essentiel, gagné leur emplacement. A partir de ce moment, le cerveau va subir un processus de maturation dont l'essentiel se poursuivra jusqu'à l'âge de deux ans, processus de maturation constitué par le grossissement des neurones (dont le volume est triplé), la poussée des axones, la poussée des dendrites, la myélinisation.

C'est dans l'espèce humaine que la maturation est la

plus lente puisque, pour les grands mammifères, le cerveau à la naissance est équivalent, du point de vue de la maturation, à celui d'un enfant de un an. *Et de ce fait, c'est dans cette espèce que les stimulations vont jouer le plus grand rôle dans la maturation elle-même.* En effet, les expériences, faites évidemment sur les animaux, ont montré l'importance de l'environnement, par deux types de méthodes : soit suppression des informations provenant d'un organe sensoriel, le système visuel étant de ce point de vue le plus étudié, soit enrichissement de l'environnement par intensification des stimulations. Si on rend aveugle un chat adulte pendant plusieurs mois par suture des paupières, il ne perd pas la vue et on n'observe aucune lésion durable du cortex cérébral visuel. En revanche si on élève des chatons nouveau-nés dans l'obscurité complète à partir de la naissance jusqu'à trois mois, placés à cet âge dans un enrivonnement normal, ces animaux se comportent comme des aveugles. Ils ne reconnaîtront pas les obstacles et seront incapables d'apprendre à discriminer entre deux formes visuelles simples. Ils ne récupéreront pas la vue ; la lésion est irréversible. Si on élève des chatons dans l'obscurité tout en leur montrant par exemple, par intermittence, des raies lumineuses verticales, ils n'apprendront à reconnaître que les structures verticales et buteront toujours sur les structures horizontales. Les résultats de cette dernière expérimentation sont controversés du fait de sa difficulté de réalisation.

Or, le chaton voit dès la naissance. Cette aptitude à voir est génétiquement programmée et innée.

« *La privation de lumière entraîne donc une perte de fonctions innées.* » (J.-P. Changeux.)

« *Tout se passe comme si la privation d'informations*

avait empêché la maturation normale des mécanismes de détection des formes. » (Marc Jeannerod.)

Ces études physiologiques ont été menées essentiellement par deux chercheurs américains, Wiesel et Hubel (prix Nobel en 1981), dont les travaux ont été corroborés par des études anatomiques et structurales.

« Valverde, de l'Institut Cajal de Madrid, en suivant avec beaucoup de précision le développement du cortex cérébral visuel du souriceau, a montré que les épines dendritiques de certains neurones corticaux étaient sous le contrôle de la lumière... Leur accroissement est considérablement réduit (plus de 30 % au dix-neuvième jour de la vie), si les souriceaux sont élevés dès la naissance en l'absence de lumière. » (J.-P. Changeux.)

Ainsi donc, en l'absence de stimulations adaptées venant de l'extérieur, les structures dans le tissu nerveux correspondant au système sensoriel concerné se développent mal ou pas du tout.

Les moyens technologiques actuels ont fait progresser ces expériences déjà anciennes. Ainsi, en 1951, Riesen et ses collaborateurs publiaient une recherche effectuée sur quatre bébés chimpanzés. « Ils furent séparés de leur mère peu après la naissance et chacun d'eux fut maintenu dans une chambre obscure et ne fut exposé que quatre-vingt-six minutes par jour à une faible lumière diffuse. Testés sept mois plus tard, les animaux montrèrent des réactions pupillaires normales à la lumière, mais ils ne présentaient ni réaction de clignement, ni fixation visuelle, ni réaction de poursuite oculaire des objets en mouvement. A la différence des animaux contrôlés, ces chimpanzés ne paraissaient nullement perturbés si des étrangers venaient les nourrir, et ils ne reconnaissaient pas leurs mangeoires. Dans des tests de discrimination visuelle et de conditionnement, les animaux élevés dans l'obscurité avaient besoin de deux fois plus d'essais que les animaux contrôlés, et ils commettaient deux fois plus d'erreurs. Après avoir vécu trois mois et demi hors de la chambre obscure, un seul de ces chimpanzés seulement commença à porter le regard sur un objet mis en contact avec les lèvres. Chez cet animal, la discrimination entre bandes verticales et horizontales fut rapidement acquise, tandis que la récognition des visages prit beaucoup plus de temps. »

Delgado en conclut que « *la capacité à percevoir les formes ne préexiste pas dans l'organisation cérébrale, mais s'acquiert par l'expérience.* »

Une expérience fondamentale a été faite par Thomas Woolsey de l'Université de Wisconsin. Le museau de la souris porte de chaque côté des organes sensoriels très importants, les vibrisses, poils de la moustache. Chaque vibrisse est reliée, dans le cortex cérébral sensoriel correspondant, à un groupe cellulaire ayant une forme de tonneau. A chaque vibrisse correspond un tonneau. Si on enlève, dès les premiers jours après la naissance, un groupe de vibrisses, le groupe correspondant de tonnelets ne se développe pas dans le cortex cérébral. Le même résultat est obtenu si on colle simplement au collodion ces vibrisses pendant quelques jours de façon qu'elles ne soient pas fonctionnelles.

Diverses expériences ont été faites en changeant les groupes de vibrisses rendues non fonctionnelles ; il est absolument évident que le groupe de tonnelets non développés correspond au groupe de vibrisses enlevées ou modifiées. Or, il y a au moins deux cellules nerveuses intermédiaires entre les cellules sensitives qui innervent les vibrisses et les cellules constituant les tonnelets, autrement dit une chaîne de relations, à travers laquelle va passer l'information. Ce n'est pas la même cellule qui constitue le tonnelet et innerve la vibrisse.

Cette observation montre, avec beaucoup d'autres, combien le cerveau en croissance est plastique et *la nécessité absolue d'un fonctionnement normal dans les premiers temps de la vie, sous l'influence de stimulations, pour que se forment dans le cerveau les structures nécessaires à la commande et au contrôle du fonctionnement définitif.*

« La constitution même des cellules nerveuses, leur organisation, le type des relations entre elles dépendent de la qualité et de la quantité des informations qui leur sont fournies précocement. » (C. Lairy.)

Des expériences ont été effectuées sur les ratons, par exemple, pour montrer que l'apprentissage et l'hyperstimulation dont les effets sont évidents sur le comportement adulte avaient une traduction anatomique dans le cerveau. En soumettant des ratons dans les huit jours qui suivent la naissance à un environnement particulièrement enrichi de stimulations (et cela seulement par 4 ou 5 séances quotidiennes de vingt à trente minutes) on constate que les ratons de neuf jours présentent 30 % de plus d'épines dendritiques dans leur cortex que des animaux de référence élevés dans des conditions de calme normal (Shapiro et Vukovitch).

On ne sait encore si les adultes obtenus après de tels traitements ont plus de connexions nerveuses que les animaux de référence, « mais il est clair que le rôle des stimulations est particulièrement important lors des stades initiaux du développement post-natal avec certainement *des périodes critiques,* c'est-à-dire électives, dans le développement de tel ou tel système ». (P. Karli.)

Ainsi donc, on pourrait en multiplier les exemples, le développement du système nerveux est non seulement influencé, mais probablement en partie modelé par les stimulations subies au cours de cette phase de maturation qui s'étend jusqu'à deux ans, probablement beaucoup plus qu'à n'importe quel autre stade de l'existence. Il est bien évident que la maturation est seulement en partie achevée à deux ans ; elle va se poursuivre, et donc l'âge de deux ans n'est qu'une limite arbitraire, correspondant à un moment de l'évolution de la personnalité et non une limite biologique. Cela appelle trois remarques que je crois fondamentales :

- *Les stimulations subies dès après la naissance sont infiniment supérieures en nombre et en intensité à celles que reçoit le fœtus pendant la phase intra-utérine.* Il n'est soumis alors qu'à de faibles stimulations, auditives, tactiles et kinesthésiques (dues à ses propres mouvements). Ce n'est qu'après la naissance que l'ensemble de ses organes sensoriels, la vue, l'ouïe, le goût, l'odorat, le toucher, sont prêts à fonctionner et vont se trouver d'emblée soumis à un afflux énorme d'excitations.

J'ai déjà évoqué l'influence éventuelle de la réactivité maternelle sur l'état du fœtus. On peut facilement sur la femelle animale enceinte enregistrer toute une série de données sur le fœtus, tout en laissant se poursuivre la gestation normalement. On a, par exemple sur la brebis, enregistré l'électro-encéphalogramme de l'agneau-fœtus pour noter ses réactions en fonction du comportement maternel. Si l'on fait, dans ce cas, entrer un chien dans la bergerie, la brebis s'agite et réagit violemment. On note, en même temps, des modifications et une réaction importante sur l'électro-encéphalogramme du fœtus, témoignant de possibilités de transmission, probablement par intermédiaires chimiques, entre la mère et son enfant *in utero.* Le système nerveux du bébé subit donc sans doute quelques influences modelantes venant de l'état de la mère pendant la grossesse ; on apprendra de plus en plus de choses sur ces faits *qui restent cependant très modestes par rapport à l'influence de la réalisation du programme génétique dans le cours de la gestation.* Les mères posent souvent la question de savoir si leur état psychologique pendant la grossesse a pu jouer un rôle sur celui de l'enfant à la naissance.

Il y a là deux éléments à considérer. Si leur état psychologique a retenti sur la nutrition, le fonctionnement vasculaire, la tension artérielle, etc., alors oui, on pourra noter un retentissement sur le développement même de l'enfant. Mais dans un cadre vraiment physiologique.

En revanche, *leur comportement psychologique au moment de l'accouchement,* les premières réactions et les premiers comportements vis-à-vis de leur bébé, liés à leur état pendant la grossesse, et surtout à la manière dont ce bébé a été vécu en imaginaire, et attendu, vont jouer le rôle essentiel. C'est de cette manière qu'il y aura corrélation entre l'état psychologique de la mère et celui de l'enfant. Mais une femme très fatiguée, par exemple, durant les dernières semaines de grossesse pourra être épanouie, heureuse, et prête au plus grand travail dès l'accouchement.

• Dans les premiers mois de la vie, le nombre quotidien, horaire, d'établissement des connexions entre neurones est extraordinaire, et très probablement va en décroissant lentement à partir du premier jour de l'existence tout en restant considérablement élevé par rapport à ce qu'il sera à l'âge adulte.

L'enregistrement des données par le nourrisson est fantastique et ses capacités de mémorisation énormes.

Certes, l'aptitude à enregistrer telle ou telle donnée dépend en grande partie des connaissances déjà acquises dans le domaine concerné, et pour assimiler une donnée complexe, il est nécessaire d'avoir un acquis sur lequel cette donnée va pouvoir se greffer. Si vous ne connaissez rien en musique, vous pourrez d'emblée apprendre la place des notes sur un piano mais non jouer une sonate de Beethoven. Les processus de mémorisation font actuellement l'objet de travaux de nombreuses équipes de chercheurs et l'on connaîtra sans doute bientôt leur base physico-chimique.

« On peut en effet cerner et observer au niveau cellulaire, et peut-être bientôt au niveau moléculaire, des aspects élémentaires de la mémoire et de l'apprentissage. » (Eric Kandel.)

● Il se produit donc dans les premières périodes de l'existence un enregistrement quasi automatique des données de l'environnement qui vont constituer la base, le préalable des enregistrements ultérieurs et réaliser peu à peu, progressivement, par appositions successives, les fondements du développement des comportements.

Quel est leur rôle dans la personnalité définitive ? Quels sont les rôles respectifs des possibilités et de leur réalisation ? Tout cela sera discuté ultérieurement. Mais plus j'avance dans la connaissance des enfants, plus je crois avec Geertz qu'*il n'existe pas de nature humaine indépendante de la culture* », d'autant que, comme l'écrit A. Danchin, « l'inné, qui permet le cerveau humain, est déjà une image perfectionnée de l'environnement de l'homme », en tout cas de son histoire.

B/ L'INCONSCIENT

Malgré beaucoup de discussions et de réflexions, l'inconscient était resté pour moi une donnée parfaitement abstraite, jusqu'au jour où, dans la discussion du cas d'une petite fille, une remarque de sa mère m'a éclairé. Sans doute l'association des notions de refoulement à celles d'inconscient obscurcissait-elle pour moi ce concept. Mais de ce jour (que les psychanalystes me pardonnent) j'ai eu l'impression d'avoir « rencontré l'inconscient ».

Je connais Annie depuis qu'elle a six mois. C'était un bébé extrêmement malingre, chétif, avec un gros ventre ballonné, manifestement atteint d'une maladie sévère. C'était une maladie de Hirschprung, c'est-à-dire une anomalie de la partie terminale du colon. Elle a subi une hospitalisation prolongée, plusieurs interventions, divers soins longs et difficiles, mais elle était, à huit, neuf ans, une fillette superbe, faisant de la danse, travaillant bien en classe, avec cependant des difficultés de comportement, alors que son frère et sa sœur n'en avaient aucune.

Un jour, alors que nous abordions ce problème, la mère m'a dit : « Il y a une chose dont je ne vous ai jamais parlé : jusqu'à trois ou quatre ans, Annie avait des colères terribles chaque fois que je me mettais du rouge aux ongles. Elle ne supportait pas de voir une table blanche et s'agitait, criait si j'essayais de lui faire les marionnettes. Je crois que c'était le souvenir du sang et des tables d'opération. Et à l'hôpital, les infirmières qui s'occupaient d'elle lui faisaient souvent les marionnettes. »

Ces explications m'ont paru évidentes. Annie a maintenant quinze ans et supporte la vue d'une table blanche. Mais son histoire m'a fait comprendre concrètement, si l'on peut dire, que tout s'imprimait dans les circuits cérébraux, la moindre impression, la moindre relation entre les phénomènes, d'autant plus que le sujet est plus jeune, d'autant plus que les connexions inter-neuronales sont d'une fréquence quotidienne considérable; cela explique probablement en grande partie comportements et pulsions du petit enfant.

Si on veut bien essayer de réfléchir, lorsqu'un problème de comportement se pose, en se disant que rien n'est fortuit et que toute attitude a probablement une explication dans l'histoire brève mais déjà riche de l'enfant, et que ses manières de réagir sont commandées non par le hasard, mais par des modes de fonctionnement réactionnels déjà établis, alors beaucoup d'attitudes s'éclairent et se comprennent.

Dans le cas d'Annie, il est bien clair qu'elle n'avait aucune conscience de la raison de ses colères et de son irritabilité dans certaines circonstances. Elle n'avait pas — elle n'aura jamais — le souvenir conscient de ces interventions, des souffrances physiques, des souffrances affectives dues à la séparation, par exemple. Il n'empêche que ces souvenirs, inexprimables, et peut-être même sans image représentative susceptible d'affleurer à sa conscience, commandaient ses comportements.

L'inconscient n'est pas une découverte de Freud. Plus de deux siècles avant lui, divers auteurs ont exprimé clairement cette notion dont Malebranche (Recherche de la Vérité, 1675) : « Il ne suffit donc pas, pour connaître parfaitement l'âme, de savoir ce que nous en savons par le sentiment intérieur, puisque la conscience que nous avons de nous-même *ne nous montre peut-être* que la moindre partie de notre être. » Et un peu plus tard, un platonicien anglais, John Norris : « Nous pouvons avoir des idées dont nous ne sommes pas conscients. » « Des idées peuvent s'imprimer en nous sans que nous en ayons aucune perception réelle. »

Quant à Leibniz, considéré comme le premier penseur européen ayant formulé clairement l'idée d'une activité mentale inconsciente, il écrivait : « Nos idées claires sont comme des îles, qui surgissent sur l'océan des idées obscures. »

Mais Freud eut le mérite incommensurable « d'introduire l'inconscient en tant que dimension essentielle des phénomènes psychiques », « d'affirmer que les phénomènes conscients ne représentent que la partie la plus superficielle de la vie psychique dont l'inconscient forme la majeure partie, déterminant les conduites et les symptômes névrotiques ». (V. Smirnoff.)

La véracité de ces idées ne fait plus doute pour personne, à l'exception de quelques tenants d'un scientisme suranné datant du XVIIIe siècle. Et il est clair que l'inconscient ne détermine pas seulement les conduites et les symptômes névrotiques mais les attitudes pulsionnelles du petit enfant ainsi que toute une série de conduites de l'âge adulte.

Freud a nommé *refoulement* le mécanisme psychique entravant la perception de ses représentations et de ses émois, du fait d'interdictions ou de résistances émanant du conscient et considéré que l'inconscient était constitué fondamentalement de représentations refoulées qui n'en restent pas moins efficientes.

« A la notion d'inconscient et de refoulement, se rattache celle d'*amnésie infantile* qui recouvre les souvenirs refoulés se rapportant aux événements des premières années et qui forment la trame du vécu infantile, inaccessible à la conscience. » « Le refoulement préside au phénomène de l'amnésie infantile. » Or, l'importance de cette notion de refoulement me paraît gêner beaucoup la compréhension des mécanismes de l'inconscient, parce qu'elle est abstraite, que l'on peut en dire n'importe quoi, et qu'elle est utilisée avec beaucoup de légèreté par certains professionnels de la psychologie analytique. Non qu'il n'apparaisse évident que toute pulsion ne soit éventuellement contrôlée et refoulée par l'appareil psychique conscient ; non qu'elle ne joue un rôle considérable dans l'apparition de symptômes névrotiques ; mais *dans l'idée que l'inconscient est constitué essentiellement de refoulé.*

On ne peut manquer d'être frappé par la pauvreté des souvenirs de la première enfance. Nous n'avons guère de souvenirs conscients datant des trois ou quatre premières années ; ce sont soit des souvenirs vagues et confus, soit quelques images nettes traduisant une situation précise mais tout cela est très succinct. Encore ne pouvons-nous jamais faire la part entre le souvenir réel d'un événement vécu et l'image que nous avons fabriquée en fonction des récits qui nous étaient faits.

Piaget, à qui l'on demandait quel était son plus ancien souvenir, a raconté un jour cette savoureuse histoire.

Son plus ancien souvenir datait de l'âge de quatorze ou quinze mois. Il était promené dans un landau par une nurse lorsque deux ou trois voyous se sont précipités sur le landau et sur la nurse, pour essayer de le voler et de rançonner les parents. La nurse s'est défendue vigoureusement et finalement les voyous se sont enfuis et l'affaire a échoué. Il racontait qu'il revoyait encore la scène avec précision. Et puis, un certain temps après il s'est avéré que la nurse avait menti et raconté une histoire inventée. Le souvenir n'était que la représentation visuelle d'un événement que sa famille lui avait raconté, mais il n'en avait en réalité aucune réminiscence réelle. Dans nos souvenirs d'enfance, il est très difficile de faire la part entre l'événement réellement remémoré et la représentation mentale d'une anecdote plusieurs fois répétée par l'entourage. *Et le fait que nous ayons fort peu de souvenirs précoces peut faire penser à l'observateur superficiel que cette période de notre vie, puisqu'elle n'a laissé aucune trace dans notre mémoire, n'a laissé aucune trace susceptible d'influencer nos comportements.*

Rien n'est plus faux.

Je ne peux absolument pas croire, comme l'affirme Françoise Dolto en particulier, que l'enfant retrouvera par la psychanalyse tout un discours entendu durant les premières semaines de la vie. Cela n'a guère de sens, le nouveau-né ne pouvant posséder de mémoire verbale (car on ne mémorise sans doute que ce qui est possible à un moment donné) et il ne possède pas encore la connaissance de sons différenciés et ne peut les enregistrer, avec de plus leur signification !

Le processus de mémorisation est sans doute, dans l'immense majorité des cas, un processus cumulatif à partir de données déjà obtenues et de modifications déjà effectuées au niveau des réseaux nerveux.

Le nouveau-né reconnaîtra très vite la voix de sa mère, le ton général de son discours, sa chaleur et sans doute sa signification générale de sympathie ou d'agressivité, *il se créera des corrélations* entre certains sons de ce discours et des événements concrets. Mais il ne retiendra pas les mots et le sens d'un discours complet. Cela signifie que ne s'imprime dans sa mémoire de façon organisée que ce qui peut l'être en fonction des capacités existantes à la naissance ou de connaissances déjà enregistrées.

Mais il ne fait aucun doute que, dès la naissance, toutes les stimulations s'impriment dans les circuits cérébraux. Ce n'est pas parce qu'on ne connaît pas les mécanismes intimes du stockage des informations, de leur rétrocession, de l'apprentissage, que ces phénomènes n'existent pas, et il est loisible d'observer des corrélations entre eux, même sans en comprendre exactement le substratum biologique et moléculaire. Il est sûr que les images et les sensations des deux premières années de la vie s'impriment dans le système nerveux. Elles peuvent s'effacer si des stimulations semblables ne se répètent pas ultérieurement. Et pourtant elles laissent des empreintes sous forme d'un fonctionnement neuronal particulier.

« Est-on là en présence de phénomènes classés dans le domaine de l'inconscient ou du subconscient ? » (Scherrer.)

Je suis tout à fait persuadé que *l'inconscient est fondamentalement constitué par les structurations effectuées dans les circuits nerveux durant le temps où le langage est incapable d'exprimer la réalité du vécu.* Lorsqu'on observe le comportement du petit enfant jusqu'au moment où il est capable « *de se dire* » qu'il va effectuer une action, *il est évident que ce comportement est pulsionnel et obéit à un certain nombre de lois, qui ne sont pas des lois de simple réactivité, et ces pulsions ne sont pas des phénomènes dus au hasard.* Lorsqu'un bébé de dix mois est triste chaque fois que son père le conduit chez sa nourrice habituelle, fait des difficultés pour manger le soir avec sa mère, a des troubles du sommeil, vous pouvez à coup sûr comprendre qu'il n'est pas heureux chez cette nourrice-là, et manifeste ses difficultés par des problèmes d'appétit et de sommeil.

Son comportement n'est pas régi par un quelconque « caprice », mais possède une signification précise et non fortuite.

Les souvenirs précis remontent à peine au début de la maîtrise du langage ; ils restent pour les années suivantes frustes, fragmentaires et dépendent de la qualité de la vie affective durant cette période ; on gardera en mémoire quelques événements marquants, soit parce qu'ils se sont répétés fréquemment, soit parce qu'ils sont survenus dans un contexte particulier. Au cours des premières années, l'enfant qui accumule tant de connaissances de sa vie pratique, l'acquisition du langage, et tant de sentiments plus ou moins confus dans ses relations avec son entourage, engrangera toute une série d'informations dont la réminiscence sera aisée pour les uns (langage par exemple) ou impossible, mais commanderont son développement affectif et intellectuel.

Le rôle essentiel dans la structuration de la personnalité est sans aucun doute tenu par cet ensemble gigantesque de relations complexes créées dans le cerveau durant les premières années de l'existence.

Comment tout cela commande même les conduites qui peuvent paraître les plus « instinctives » et les plus innées ? Quelques données de l'éthologie vont nous éclairer sur ce point.

C/ QUELQUES DONNÉES D'ÉTHOLOGIE

L'éthologie est l'étude du comportement animal et elle est devenue une science par l'importance et le sérieux des travaux qui y sont consacrés. Pour ne citer que des noms connus du grand public, Konrad Lorenz, en Allemagne, prix Nobel pour ses travaux, Rémy Chauvin en France en ont vulgarisé des données fondamentales. Depuis les années 1967-1968, s'est développée une éthologie humaine, c'est-à-dire une étude des comportements, en particulier de l'enfant, avec les méthodes d'observation de l'éthologie animale. Cette science nouvelle apporte une dimension supplémentaire à la psychologie. Sans extrapoler directement les constatations ou les découvertes de l'éthologie au comportement humain, on est bien obligé de constater qu'elle illumine littéralement certaines attitudes du bébé humain.

Les travaux les plus significatifs me paraissent être ceux de Harlow et son équipe, entrepris à partir de 1930 au Centre régional de recherche sur les primates de Madison, près de Chicago. Harlow voulait étudier sur le singe rhésus certaines localisations cérébrales d'aptitudes diverses. Il fallait pour cela obtenir des groupes de singes homogènes, de même âge, de mêmes aptitudes et donc les séparer de leur mère dès l'âge de quelques heures et les élever de façon standardisée en cage individuelle, au biberon. Or, cet artifice présumé utile à l'expérimentation a permis de faire une série d'observations fondamentales, point de départ de travaux importants. Car si ces jeunes singes, élevés de façon tout à fait isolée, avaient une bonne santé et une allure d'apparence normale, on s'aperçut vite que leur comportement sexuel était profondément perturbé, et leurs attitudes très bizarres. Ce fut le point de départ de recherches systématiques sur le comportement sexuel et social de singes élevés dans diverses conditions d'environnement.

Les jeunes singes étaient élevés soit en isolement social partiel, soit en isolement complet, ne voyant aucun congénère à travers les barreaux de leur cage.

Dans une série d'expériences, on plaça dans chaque cage deux mamans factices, l'une formée d'un treillis métallique, l'autre dont le treillis était recouvert d'une étoffe moelleuse, toutes deux pouvant porter des biberons avec tétines à hauteur de la poitrine des vraies mamans singes. Les jeunes singes montrèrent très vite une prédilection pour la maman-étoffe, grimpèrent et se blottirent contre elle. Même nourris par la maman-fil de fer, ils ne restaient pas contre elle plus que le temps nécessaire à la prise du repas et se lovaient contre la maman-étoffe. Mais pas seulement cela ; la maman-étoffe, contre laquelle on se réfugie, constituait le lieu privilégié pour récupérer un sentiment de confiance et de sécurité.

Si l'on introduit dans la cage un objet insolite d'allure dangereuse, le bébé singe apeuré se blottit contre la mère douce au toucher, et dans ces conditions essaie d'entrer en contact, d'explorer l'objet inconnu. Mais il ne le fera pas avant de s'être rassuré par le contact charnel.

Ce comportement évoque tout à fait l'attitude du bébé soumis à une expérience nouvelle après la phase d'apparition de l'angoisse primaire (*cf.* page 137). A la vue d'un étranger, par exemple, il se réfugie contre sa mère, se colle à elle en pleurant. Mais rassuré par son contact et ses bras, il veut bien alors tourner la tête vers l'intrus et le scruter des yeux, sans manifester de crainte. Si celui-ci fait mine de s'approcher de lui, le bébé détourne la tête en pleurant et se colle obstinément contre sa mère.

De même, j'ai observé cent fois le phénomène suivant. Si vous présentez un objet attrayant à un bébé de sept mois environ assis sur les genoux de sa mère, il peut tendre la main vers lui mais ne le prend pas s'il ne vous connaît pas. Si sa mère se saisit de l'objet et le lui offre, il le saisit alors.

Concernant la relation charnelle avec la maman-étoffe, une autre expérience est significative. Si l'on introduit des objets divers et menus dans une cage possédant une maman-étoffe, les jeunes singes se réfugient d'abord contre elle, puis vont entreprendre l'exploration des nouveautés. S'il n'y a pas de maman-étoffe, ils deviennent à demi fous de terreur, courent en tous sens, finissent par se blottir dans un coin en criant, sans qu'une maman-fil de fer puisse les apaiser. Et ceux qui n'avaient été élevés qu'avec celle-ci dans leur cage montraient le plus de symptômes de perturbations émotives ; chez eux une profonde apathie remplaçait l'angoisse.

La première série d'observations souligne donc la nécessité absolue du contact charnel avec un substitut se rapprochant d'une mère par la chaleur, le contact, la douceur du pelage, contre lequel le bébé singe peut se rassurer avant d'avoir la moindre activité exploratoire. Mais ce substitut ne remplace en rien la mère comme le souligne la gravité des troubles observés chez les animaux élevés en situation d'isolement.

Si un bébé rhésus est élevé durant trois mois en isolement complet, il est extrêmement perturbé lorsqu'il est remis au contact de congénères. Il peut ne pas savoir manger seul et doit être nourri à la main. Mais replongé dans une communauté normale, au bout d'un mois environ, son comportement paraît semblable à celui des animaux du même âge élevés normalement.

Par contre, six mois d'isolement total à partir de la naissance entraînent des perturbations définitives. Les animaux se comportent comme des enfants psychotiques, restent accroupis, se balancent, s'étreignent eux-mêmes, sucent leurs doigts ou leurs orteils. Ils n'ont pas de contact social avec des jeunes de leur âge ; et après plusieurs mois d'essais, les seules attitudes sociales sont la peur et l'agressivité. Ils ont parfois des attitudes jamais observées en situation normale : attaquer violemment un petit ; être paralysés de terreur devant un autre animal du même âge ; s'attaquer à un mâle puissant et de rang élevé.

Douze mois d'isolement total entraînent une inaptitude absolument définitive au moindre comportement un tant soit peu social.

Les singes élevés dans l'isolement sont inaptes à nouer des relations sexuelles normales. Les femelles sont incapables de s'accoupler et l'absence de fécondité avait constitué le trouble essentiel sur lequel l'attention sur les modifications du comportement avait été attirée.

Les femelles fécondées soit par la violence d'un partenaire mâle, soit par insémination artificielle, *ont été incapables de nouer des relations normales avec leur propre enfant : indifférence, refus d'allaiter et même brutalité allant jusqu'à tuer le bébé.* Mais il est arrivé qu'une mère, arrivant à materner, soit peu à peu améliorée et guérie par le fait d'être mère.

Harlow et son équipe en variant les conditions de développement obtinrent beaucoup de résultats concordant étrangement avec les données de l'observation humaine. La séparation de la mère entraîne après une phase de protestation un état dépressif et un désintérêt complet pour les camarades habituels de jeux ; rendus à leur mère, les jeunes singes restent collés exagérément à elle et refusent pendant bien longtemps de s'en séparer. Et la répétition des séparations n'entraîne pas d'accoutumance.

Les bébés rhésus élevés par la mère seule pendant plus de huit mois sans aucun contact avec des congénères ont un degré d'arriération moindre que celui observé chez ceux élevés en état d'isolement total, mais nettement plus grave que celui remarqué chez les bébés élevés avec une mère en étoffe, au milieu de congénères. Ceux-ci sont capables de devenir des adultes normaux et *il est évident que chez le singe rhésus la relation avec le groupe de congénères est plus importante que la relation même avec la mère.* Et les pères, qui ont une mission majeure de protection, jouent le rôle de congénères privilégiés.

Toutes ces observations de Harlow paraissent fondamentales car elles recoupent à l'évidence les constatations de la clinique humaine, comme nous le verrons au chapitre suivant.

Une notion très importante tirée des travaux des éthologistes est celle de *l'empreinte.*

Elle a été clairement formulée par Lorenz dès 1935. On savait depuis longtemps que les jeunes poussins pouvaient rechercher la compagnie aussi bien d'un canard ou d'un homme que d'une poule. On savait depuis le début du siècle que de jeunes oiseaux d'espèce nidifuge (quittant le nid peu après l'éclosion) ne reconnaissent pas de manière innée leurs parents ou plus généralement les adultes de leur espèce. Dans certains cas, l'homme pouvait tenir lieu de parent d'adoption et Lorenz, par des expériences célèbres dont chacun a pu voir les films, a montré clairement cela avec de jeunes oies ou de jeunes canards.

« ... Les jeunes oiseaux de la plupart des espèces ne reconnaissent pas leurs congénères lorsque, avant de les rencontrer, ils ont grandi en isolement... L'objet adéquat pour l'expression de leurs réactions instinctives sociales n'est pas déterminé de manière innée (mais) acquis au cours de la vie individuelle. »

L'auteur donne le nom d'*empreinte* à cette « acquisition de l'objet (vers lequel s'orientent) les réactions instinctives sociales ».

Selon Lorenz, l'empreinte se distingue nettement des autres modes d'acquisition par apprentissage de la manière suivante :

« Cette imprégnation ne peut avoir lieu que lors d'une brève période critique au cours de la vie de l'individu, son établissement correspond à un état physiologique très spécifique du développement du jeune. »

« Une fois cette période physiologique critique dépassée, l'animal connaît l'objet de ses réactions sociales instinctives, *acquis par empreinte, exactement comme si cette connaissance était innée.* »

Fait assez extraordinaire, cette acquisition de connaissances est définitive et ne s'oublie plus comme ce peut être le cas pour un apprentissage quelconque.

L'empreinte aboutit chez le jeune à une reconnaissance définitive de sa mère et son espèce. Il existe à l'évidence un phénomène de même type, bien étudié chez la chèvre et la brebis, *empreinte maternelle par le nouveau-né, qui conduit à une reconnaissance définitive du nouveau-né par sa mère ;* elle est acquise dans les minutes qui suivent la mise bas, et tout jeune étranger est rejeté ; mais une substitution est possible si elle est effectuée dès après la naissance.

En réfléchissant sur cette notion d'empreinte chez le jeune, il semble que la rapidité de son installation, qui parfois se produit de façon un peu retardée par rapport à la naissance, sa solidité et son caractère définitif ultérieurs relèvent de l'intense activité des processus de liaison neuronale à cette période de la vie, et de la capacité, justement, à mémoriser un phénomène avec un très petit nombre de stimulations.

Il est évident que, pour ce qu'ils peuvent apprendre, les bébés apprennent et retiennent infiniment plus vite que les adultes. Il m'est souvent apparu qu'une seule stimulation permettait chez l'enfant de mémoriser un phénomène. Certes, il y a effacement possible sans stimulation ultérieure mais la reviviscence de la trace mnémonique est facile.

L'anecdote suivante, survenue chez un bébé de cinq semaines, le montre bien. Il était régulièrement alimenté par sa mère. Un soir, son père lui a donné le biberon puis ensuite l'a pris un peu violemment contre son épaule et le bébé a vomi. Pendant tous les jours suivants, il a pleuré et s'est débattu chaque fois que son père voulait lui donner le biberon. Et puis cette mauvaise impression s'est effacée.

Il semble, par exemple, que pour le poussin et le caneton, l'heure optimale pour l'imprégnation soit entre la treizième et la seizième heure. Tout joue un rôle dans ce processus de l'imprégnation : mobilité de l'objet, sons, stimulation visuelle. Par exemple, si les canetons sont privés temporairement de perception visuelle, la période optimale d'imprégnation se situe plus tardivement, entre 24 et 48 heures.

Nous avons vu, à propos des travaux de Harlow, le rôle des conditions précoces sur le développement des comportements affectifs. Il s'agissait de singes, mammifères supérieurs. Des expériences ont été faites sur la souris (Bower et coll. ; Ressler et Reading).

Il existe des lignées de souris possédant un *comportement d'effroi :* face à un événement inattendu, la présence d'un rat, par exemple, l'animal arrête tous ses mouvements et devient comme paralysé de frayeur. *Or, on peut noter que cette émotivité chez l'adulte est grandement influencée par les conditions d'élevage du souriceau.*

« Les souris élevées par une mère étrangère seront plus émotives que les souris élevées par leur propre mère... que leur nourrice soit d'une souche émotive ou pas. » Si cela ne change pas les aptitudes à l'apprentissage de souris de souche douée ou non, il est très instructif de constater que, *même chez la souris,* l'émotivité future est conditionnée par l'environnement familial, et l'existence ou non d'une relation avec la mère naturelle.

Une autre découverte de l'éthologie est le phénomène dit d'*acculturation* (mauvais terme puisque le préfixe « a » est habituellement privatif) qui indique la possibilité d'acquisition de connaissances de type culturel, et d'une sorte d'enseignement de l'un à l'autre, à l'intérieur d'un groupe d'animaux, singes en particulier.

Au large de la côte méridionale du Japon, existe un îlot appelé « Koshima » sur lequel vivent des groupes de singes macaques à face rouge. Ils sont nourris de patates douces et de blé. Une femelle du groupe, Imo, alors âgée de dix-huit mois, découvrit en 1953 que, pour enlever la terre qui la recouvrait, il était plus facile de rincer une patate douce dans l'eau d'un petit ruisseau, que de la gratter difficilement et longuement. La même femelle, plus tard, lava le blé de la même manière en jetant une poignée dans l'eau, au lieu de décortiquer grain par grain, et en prenant les grains surnageant. A partir de l'acquisition faite par un des leurs, les singes sont capables d'apprendre la technique, mais cela est long ; il a fallu quatre ans pour que quinze des soixante-deux macaques du groupe apprennent la technique, et neuf ans pour que quarante-deux l'aient assimilée. Et, fait remarquable, ce sont les plus vieux et les plus élevés dans la hiérarchie qui constituent le frein à l'acquisition nouvelle, en partie parce que les plus jeunes apprennent plus facilement si l'exemple vient de haut, en quelque sorte ; et les plus âgés sont les plus lents dans l'apprentissage d'une nouveauté. Les singes apprirent ultérieurement à laver blé et patates douces dans la mer, et préfèrent le goût salé ainsi obtenu.

Enfin, pour terminer sur cet aperçu de quelques données de l'éthologie, je voudrais souligner que la notion même d'instinct est très largement remise en question. On ne sait plus guère ce qu'est l'instinct tant il est difficile de faire, même chez un animal, la part entre comportements innés et comportements appris ou dépendant de l'interaction avec l'environnement.

« Pour certains, un comportement est instinctif s'il se développe en l'absence de toute forme d'apprentissage ou d'expérience individuelle. Si l'on adopte cette définition, *il n'existe pratiquement pas de comportements instinctifs.* Et s'il faut comprendre, toujours d'après cette définition, qu'il ne doit pas y avoir « d'interaction avec l'environnement », *la catégorie des comportements ins-*

tinctifs reste vide. Pour d'autres auteurs est instinctif tout comportement qui est transmis héréditairement. Or, nous avons déjà fait remarquer que *le comportement n'est jamais hérité : ce sont seulement des différences de comportement qui* peuvent être transmises héréditairement. »

Les notions exposées dans cette citation de Jack P. Hailman me paraissent essentielles.

La grande presse s'est fait récemment l'écho de quelques discussions à propos de « l'instinct maternel ». Existe-t-il, oui ou non ? Si l'on réfléchit aux constatations de Harlow et de son équipe, et au comportement vis-à-vis de leur rejeton éventuel des femelles rhésus élevées en isolement, on est bien obligé de constater que même cette chose aussi fondamentale que l'instinct maternel, conduisant à la protection des petits, donc à la prolongation de l'espèce, est apprise dans la bonne relation avec sa propre mère, et avec les semblables de son espèce.

Aussi peut-on dire que l'instinct maternel existe dans des conditions naturelles de développement des générations successives mais est une donnée culturellement acquise.

Comment, dans ces conditions, peut-on nier le rôle parfaitement structurant de la culture dans le développement humain, lorsque, pour une donnée de base aussi élémentaire que l'instinct maternel, retrouvé à partir d'un certain niveau, d'un bout à l'autre de l'échelle animale, on est obligé de tenir compte fondamentalement, pour le comprendre, d'éléments culturels ?

L'éthologie a pour but d'étudier les comportements animaux en tant que tels et non dans la mesure où ils permettraient de tirer des conclusions à propos des comportements humains ; cela est fondamental pour éviter de généraliser ou de théoriser abusivement ; le travail de l'éthologie est déjà immense et elle fournit des renseignements considérables permettant aussi à l'homme d'utiliser judicieusement la nature à son profit. Mais l'homme s'inscrit, sans hiatus, dans la grande chaîne de la vie ; il est un animal à peu (!) près comme les autres et il est légitime d'utiliser cet ensemble très extraordinaire de données apportées par l'éthologie. C'est en particulier ce qui a été fait par Bowlby pour dégager la notion d'*attachement.*

D/ UNE IDÉE FONDAMENTALE : L'ATTACHEMENT NOTION DE LA « QUALITÉ DE L'OBJET D'ATTACHEMENT »

La notion d'attachement est née de la confrontation de plusieurs constatations et en particulier des travaux des éthologistes.

On a longtemps cru que les liens tissés entre l'enfant et sa mère dépendaient essentiellement du fait que celle-ci était pourvoyeuse de nourriture et que le sein était l'objet privilégié de l'attachement du bébé. Or, s'il est vrai que l'administration de la nourriture a un rôle particulier dans la genèse des relations affectives nouées entre la mère et l'enfant, il est vite apparu que les bébés pouvaient avoir entre eux, par exemple, des liens affectifs jouant un rôle bien plus important que ceux existant avec les personnes nourricières, si celles-ci sont diverses et changeantes.

Les constatations de Harlow, dont nous avons parlé au chapitre précédent, montrent bien l'importance de la mère en tant qu'objet protecteur auprès duquel on va se réfugier et se réchauffer, dans le développement de la personnalité du bébé rhésus ; et beaucoup plus qu'en tant que dispensatrice de nourriture. Sans inférer outrageusement du primate à l'homme, il est dorénavant évident, pour tous les chercheurs sérieux en matière de psychologie du premier âge, que la genèse de la première affection entre le bébé et sa mère dépend fondamentalement de multiples facteurs, parmi lesquels le contact charnel joue un rôle considérable.

Nous avons examiné aussi (*cf.* page 137) le problème de l'angoisse du huitième mois qui souligne des liens particulièrement étroits entre l'enfant et un ou des adultes (la mère essentiellement), un ou d'autres enfants parfois auquel il se raccroche, et avec lequel il a des relations préférentielles. Chacun sait que lorsque le petit enfant est malade, souffrant, se réveille au cours d'un cauchemar, c'est la mère seule qu'il accepte de voir, par elle seule qu'il accepte d'être pris dans les bras et consolé.

En fonction de ces constatations, a été élaborée par le psychanalyste anglais R. Bowlby *la théorie de l'attachement* qui peut se formuler ainsi : « La construction des premiers liens entre l'enfant et sa mère, ou celle qui en tient lieu, répond à un besoin biologique fondamental ; il s'agit d'un besoin primaire, c'est-à-dire qui n'est dérivé d'aucun autre » (R. Zazzo), et en particulier pas du besoin de nourriture.

Sur le plan théorique, l'existence de l'attachement en tant que « besoin primaire inné » équivalent à la faim ou la soif est probablement très discutable, et particulièrement en considérant la notion même et la formation de l'empreinte, notion détaillée au chapitre précédent. Mais tout se passe comme si l'attachement, besoin inné ou acquisition très rapide, jouait effectivement un rôle tout aussi important dans la structuration de la personnalité de l'enfant que la nourriture dans sa survie physique, et en tout cas, tous les travaux montrent la *nécessité de liens d'attachement pour un développement harmonieux, et même probablement normal, de la personnalité.*

Ceci est valable même pour des oiseaux puisque « l'absence d'objet d'attachement aboutit à une mortalité accrue dans des lots de jeunes poussins élevés en isolement, bien que les cages soient équipées pour les besoins de chaleur, de nourriture ou de boisson ». (J.-M. Vidal, *La Recherche en éthologie.*)

A propos *des liens d'attachement,* je voudrais faire quelques remarques.

Il ne s'agit sans doute pas d'un besoin primaire inné du même niveau que la faim, la soif, le sommeil, mais d'une nécessité psychobiologique pour le développement harmonieux de l'individu compte tenu de la complexité de l'espèce concernée, et l'on voit bien que c'est chez les primates et l'homme que l'attachement paraît quasi indispensable à la survie.

L'attachement se développe en fonction de la nature et de l'étroitesse des liens, établis par les divers canaux sensoriels, qui se tissent entre le nouveau-né et les adultes qui s'en occupent. L'importance des stimulations sensorielles n'est pas la même selon les divers groupes humains, leur mode de vie, leurs coutumes. En Afrique, par exemple, le contact peau à peau, les perceptions olfactives jouent probablement un rôle plus important que dans nos civilisations. Mais tout concourt à l'établissement de ces liens : les perceptions olfactives, les plus précoces probablement ; les perceptions auditives et les contacts cutanés viennent ensuite, ainsi que les perceptions visuelles ; l'ensemble des dialogues tonique, vocal, visuel, auditif et le sein, élément qui comble par lui-même une grande partie des besoins, indépendamment même de la satisfaction de la faim. Tous ces liens se fixant peu à peu dans la mémoire du nouveau-né créent *le lien d'attachement* dont la force tient peut-être justement à la vigueur des liens neuronaux à cette époque de la vie.

L'établissement des liens d'attachement n'est pas, comme on l'a dit, indépendant de la satisfaction des besoins alimentaires *mais lié en partie à la qualité de la réponse donnée à ce besoin primaire. Il est bien probable que les liens d'attachement se tissent en fonction de la manière dont les adultes répondent aux besoins fondamentaux et aux appels adressés par le petit bébé.*

Il y a là une constatation d'importance considérable. Des travaux ont été effectués, fondés sur les attitudes maternelles face aux demandes exprimées par pleurs, cris ou appels divers, sur les réactions de l'enfant aux comportements maternels, et sur l'interaction entre la demande infantile — la réponse adulte — l'acceptation plus ou moins chaleureuse de cette réponse par l'enfant. Car c'est dans les séquences d'interactions qu'il faut comprendre l'institution des liens enfant-mère ou enfant-autres personnes de l'environnement, que l'enfant ou l'adulte soit le premier demandeur. *La notion de concordance* développée au chapitre me paraît pouvoir rassembler ces données.

« Un enfant qui obtient de sa mère une réponse rapide développe sa confiance à la fois en la réponse maternelle et en sa propre capacité de contrôler ce qui lui arrive... Ces résultats vont à l'encontre des théories affirmant que répondre (« par exemple ») aux pleurs aboutit à les renforcer : on « pourrit » les bébés si on leur prête trop d'attention. On les encourage à pleurer de plus belle ! Les résultats de notre enquête aboutissent à la conclusion inverse. » (M. Ainsworth, S. Bell, et D. Stayton, Université John Hopkins, Baltimore.)

Tout ce que nous avons rapporté, au premier chapitre, sur les dialogues tonique, vocal, à travers le sourire, concourt à l'installation solide des attachements. Tout cela conforte les observations du pédiatre qui veut bien regarder et réfléchir sur le développement du bébé.

On ne peut « gâter » un bébé de quelques mois, cela ne veut rien dire.

On ne « dresse » pas un bébé de quelques mois. Plus on lui manifeste d'affection et de chaleur, plus il sera calme, tranquille, et peu exigeant, contrairement à ce qu'une observation superficielle pourrait faire croire.

L'attachement est sans doute équivalent à *un amour primaire* et « l'ouverture à autrui, la dimension sociale appartiendraient donc originellement à l'animalité ». Cette remarque un peu étonnée de R. Zazzo est surprenante, car il est bien évident que l'amour maternel, les liens entre individus d'une même espèce existent avec autant de force chez les animaux que chez les hommes. C'est pourquoi, j'avais tant envie d'écrire en tête de ce livre « ce qu'il y a de meilleur en l'homme, c'est l'animal ». En réalité, cette proposition n'a pas beaucoup de sens. Elle pouvait évoquer l'importance et la primauté des grands instincts de base que l'on retrouve aussi bien chez les animaux un peu évolués que chez l'homme. Mais le terme même d'instinct est tout à fait discutable et ne peut plus être utilisé sans complément d'information pour chaque cas ; et même, nous l'avons vu avec les observations de Harlow, ce qu'on pourrait appeler l'instinct maternel est un phénomène culturel dépendant en grande partie de l'apprentissage des relations mère-enfant qu'une mère a fait, dans sa propre enfance, à travers les relations avec ses propres parents.

Arrivé à ce point, je voudrais me permettre d'avancer

une hypothèse que je n'ai pas vu exprimer de cette manière et qui peut être importante sur le plan théorique.

S'il est vrai, et cela paraît fort probable, que se créent des liens d'attachement avec un, deux ou plusieurs objets (mère, père, frère ou sœur, parent habitant au domicile familial, nourrice s'occupant de l'enfant plusieurs heures par jour) parmi lesquels l'un d'eux (la mère en général) occupe une fonction privilégiée, *ce qui va jouer le rôle le plus structurant dans le développement de la personnalité sera la qualité de l'objet d'attachement, ceci comprenant la qualité des liens noués entre l'enfant et l'objet d'attachement et la qualité même de cet ou ces objets.*

La formulation de cette hypothèse est née de deux types d'observations :

• *La première* est la constatation du comportement des enfants de quinze à seize mois, très attachés à leur mère, très « symbiotiques ». Il existe deux types d'attitudes différents qui se sont structurés selon la manière d'être de la mère elle-même et donc selon la qualité des relations mère-enfant.

A quinze-seize mois, l'enfant élevé et gardé par la mère, n'allant pas en crèche, ayant donc une relation très privilégiée et très étroite avec sa mère, pleure beaucoup à toute tentative d'examen, se réfugie dans les bras de sa mère, détourne la tête pour éviter de voir celui qui l'examine, et proteste vigoureusement à toute tentative d'approche. Mais dès qu'il a compris que cet examen est terminé, que le médecin se retire derrière son bureau et ne le touchera plus, alors il se tourne vers lui, regarde partout, est prêt à sourire, à prendre un objet et même à descendre des bras de sa mère pour ébaucher quelques pas vers celui qui le faisait tant pleurer auparavant.

C'est là le comportement normal de l'enfant normalement angoissé, qui a des relations satisfaisantes avec une mère à l'humeur stable.

Par contre, d'autres bébés vont continuer à pleurer longtemps, refuseront toute tentative d'approche, refuseront de se séparer des bras de leur mère, continueront à pleurer dans ses bras, non apaisés par le contact maternel qui serait tout à la fois leur seul havre de sécurité et insuffisant à l'assurer. Il s'agit de bébés dont les mères sont particulièrement angoissées, présentant en général une instabilité de l'humeur et des réponses parfois inadaptées aux demandes de leur enfant.

Ces constatations recoupent tout à fait les observations de Mary Ainsworth concernant la genèse des liens d'attachement. Et son propos est si important que je voudrais le citer largement.

« Les bébés dont les mères sont tendres et attentives manifestent des réponses positives quand ils sont pris dans les bras et même très jeunes *ne protestent pas quand le contact cesse.* Les enfants dont les mères sont brusques ont tendance *à répondre négativement quand ils sont pris dans les bras et à pleurer quand ils sont remis par terre.* »

Ce qui est souligné, l'est par moi. Son importance ne peut être surestimée, car ces phrases montrent comment s'instaurent de bonnes ou mauvaises relations, des relations harmonieuses avec, plus tard, une possibilité de dialogue normal, ou des relations difficiles, volontiers conflictuelles, avec un dialogue agressif. Et lorsque des parents ont un enfant de quatre, cinq ans, avec lequel tout fait problème, les repas, l'habillement, le coucher, la relation avec le cadet, ils doivent réfléchir à la façon dont se sont installés leurs rapports avec l'enfant et à leur propre manière d'être vis-à-vis de lui.

Etudiant de façon expérimentale les comportements infantiles en corrélation avec les comportements maternels, Mary Ainsworth écrit également :

« Ces observations nous conduisent à formuler deux hypothèses :

1. Une relation non harmonieuse ou non satisfaisante entre la mère et l'enfant crée un état d'insécurité chez l'enfant, insécurité qui se manifeste généralement par une augmentation de la recherche du contact et par l'anxiété de séparation.

2. Lorsque le rejet maternel s'est traduit pour l'enfant par des expériences pénibles du contact ou de la recherche de contact, il connaît l'insécurité engendrée par une relation non harmonieuse en même temps *qu'il éprouve un conflit entre la recherche du contact et le désir d'éviter le contact :* ce conflit aboutit au développement de réactions de défense. L'enfant se plongera alors dans des activités indépendantes, qui l'absorbent et lui font oublier son insécurité, tout en bloquant son comportement de recherche de contact. »

Ces remarques confirment tout à fait l'absence permanente d'une bonne situation, observable en toutes circonstances, lorsque les premières relations ne se sont pas effectuées sur un mode satisfaisant pour l'enfant.

● La deuxième série d'observations est très générale. Lorsque l'on a l'habitude de suivre de nombreux enfants, avec plus ou moins de régularité, mais que l'on va voir évoluer de la naissance à l'adolescence, on ne peut manquer d'être terriblement frappé par la grande uniformité des qualités aux premiers stades de la vie (curiosité, vivacité, compréhension, aptitudes diverses), puis ensuite par le modelage en fonction des modèles parentaux. Pour un pédiatre entraîné, il n'est pas très difficile de faire un pronostic de développement affectif et intellectuel (compte tenu évidemment des aléas de l'existence) en ayant suivi l'enfant pendant les premiers mois de sa vie et en connaissant bien son milieu familial.

Les études psychologiques montrant que, parmi les facteurs agissant sur les réalisations ultérieures d'un enfant, le plus influent est peut-être le projet maternel (réel, profond, exprimé ou non), apportent un appui à ces constatations.

Dire que la qualité des objets d'attachement, et particulièrement celle de l'objet principal, joue le rôle essentiel dans le développement, rend compte de leur rôle de modèles dans la structuration de la personnalité, soit par imitation, soit par opposition, et souligne autre chose que dire, « *tout se passe comme si le nourrisson était en contact avec l'inconscient maternel* », en faisant ressortir également le rôle de cet objet d'attachement *en tant que modèle culturel.*

Cette notion du rôle de la qualité de l'objet d'attachement mérite donc d'être quelque peu détaillée.

• Nous avons vu que l'attachement se crée, et se consolide par tous les liens tissés par les diverses relations sensorielles entre le bébé et les personnes de son environnement, sa mère en particulier. *Le lien affectif joue le rôle déterminant dans la structuration à ce stade de l'existence.* Et cela peut être expliqué par ce que nous avons dit sur la dépendance affective et la notion de concordance. Le bébé a fondamentalement besoin que l'on comprenne, et que l'on réponde à ses demandes, de façon adaptée et sans agressivité. Il a besoin, pour se développer correctement, de *la sécurité affective,* donnée par toutes les fonctions que la mère remplit au mieux, compréhension, protection charnelle, tendresse, nourriture.

Bien évidemment, si la mère n'est pas là, un substitut peut très bien jouer ce rôle et le remplir parfaitement. Et chacun connaît nombre de petits enfants ayant été élevés par une grand-mère ou une tante, devenir des adultes tout à fait normaux. *Mais on peut noter la fréquence des problèmes relationnels si la mère est malgré tout présente, mais s'est départie de son rôle naturel.*

La sécurité affective perçue par le nourrisson ne dépend pas, à ce stade de l'existence, du niveau culturel de l'objet principal d'attachement. Elle dépend de sa propre affectivité, de ses capacités de contact avec le nourrisson et de réponses aux diverses demandes faites par lui.

Et l'on peut remarquer combien se développent harmonieusement les enfants dont les mères sont parfois incultes, mais chaleureuses et instinctives, et combien est excellent leur développement intellectuel quand leur milieu, connaissant les limites de sa culture, a su les insérer dans un environnement stimulant.

Pendant les premiers mois de la vie, le rôle essentiel du ou des objets d'attachement est de fournir au nourrisson la sécurité affective dont il a besoin pour un développement harmonieux.

• Mais, en même temps, se dégage leur impact culturel. Déjà à travers le langage, la manière dont il est manipulé par les parents et perçu par le nourrisson, avant même d'être clairement compris par lui. Dès que, très tôt, commencent les échanges verbaux, mais surtout à partir du moment où l'enfant commence à comprendre le langage adulte, possède un langage intérieur pour la désignation des objets, même s'il n'est pas clairement exprimable, le rôle culturel de l'ambiance va jouer son rôle structurant dans le développement des modes de raisonnement, des capacités intellectuelles, en un mot.

Le langage de la mère joue d'abord un rôle structurant fondamental dans le développement de l'humeur.

Mais, ultérieurement, il est dans la nature même du *langage à partir du moment où il est compris* dans sa signification, d'influer, comme véhicule de culture, sur les données et les capacités de l'intelligence.

Les bonnes conditions affectives sont nécessaires à un épanouissement intellectuel, mais elles ne sont pas suffisantes si l'apport culturel ne vient pas fournir des aliments substantiels. Ou, du moins, l'empreinte culturelle qui se fait à cet âge va pouvoir imposer sa marque pour le restant de la vie. Et cela explique sans doute la lenteur des progrès collectifs de l'humanité par rapport à la vitesse des acquis techniques, et rejoint la remarque d'Henri Atlan (*cf.* page 314) : « *Le véritable vouloir est inconscient.* » Car c'est celui qui dépend des structures de l'inconscient fabriquées à cet âge, et commande les pulsions profondes, le désir du maintien des traditions et des habitudes.

J'ai été frappé, lors d'une visite dans le Nord Cameroun, par l'étroitesse des cases construites dans des zones où l'espace est parfois immense. J'en ai demandé la raison. Il semble s'agir d'une habitude ancestrale, datant du temps où les hommes devaient dresser leurs huttes sur les plateaux rocheux de la montagne pour échapper aux dangers, représentés par les éléphants et les bêtes féroces. Ceux-ci sont désormais parqués dans des réserves, mais les cases sont toujours aussi petites, et il faudra longtemps pour changer d'habitude.

Actuellement, et *dans nos pays,* ce n'est pas fondamentalement l'environnement culturel qui fait défaut et crée les inégalités. L'école est la même pour tous, au départ, mais elle ne peut rattraper les inégalités qui sont déjà créées, lorsque l'enfant y arrive, par les différences de structures entre personnalités et les possibilités d'aptitude à profiter d'un enseignement scolaire.

La véritable inégalité ne réside ni dans les gènes, ni vraiment dans les possibilités culturelles données par le milieu social général. Elle réside dans les inégalités de développement déjà réalisées vers l'âge de deux ou trois ans, et qui sont fonction des qualités, y compris culturelles, du milieu ambiant dans lequel se passent les premières années de la vie, et il ne peut en être autrement.

On peut comprendre ainsi, me semble-t-il, l'importance du ou des objets d'attachement essentiels du petit enfant, par leur rôle culturel général.

● Lorsqu'on essaie de comprendre comment se forme la personnalité d'un enfant, la complexité de son psychisme à un moment donné, il est impossible de le faire sans connaître vraiment tous ceux qui ont joué un rôle dans son développement, mère, père, frères et sœurs, grands-parents, nourrice. L'enfant n'a pas qu'un seul objet d'attachement, il en a plusieurs, jouant tous des rôles différents, et il est sans doute bon, pour sa formation, qu'il en ait plusieurs. Au temps des grandes familles, et dans les milieux où elles existent encore, on peut remarquer combien elles étaient génératrices de chaleur affective et favorables à un bon épanouissement.

Nous avons vu (*cf.* page 225) quelle importance, un frère ou une sœur, nettement aînés, pouvaient avoir dans le développement.

La mère joue, bien sûr, le rôle privilégié et représente l'objet principal d'attachement. La clinique humaine montre, à l'évidence, qu'une mère bien équilibrée protège les enfants de l'impact d'un père très difficile, alors que l'inverse est beaucoup moins évident. Si l'objet principal d'attachement est une personnalité perturbée et perturbante, l'enfant ne se développera pas très harmonieusement s'il est élevé par elle.

Par contre, si une autre personne élève l'enfant (grand-mère, nourrice, tante), à plus forte raison si celui-ci a plusieurs objets d'attachement stables et solides, son développement sera considérablement préservé.

« En fait les soins maternels prodigués par plusieurs personnes écartent quelques-uns des problèmes auxquels sont confrontées les familles trop intensément repliées sur elles-mêmes, tel qu'un trop grand attachement au parent du sexe opposé, la rivalité entre les enfants pour accaparer l'attention des parents, l'agressivité envers le parent du même sexe ou la compétition entre les parents pour accaparer l'attention de l'enfant. *Mais il faut quand même qu'il y ait une personne entre toutes sur laquelle l'enfant puisse compter pour obtenir l'aide, le bien-être, l'apprentissage et l'affection dont il a besoin. Si personne n'a formé de liens vraiment étroits avec lui, l'enfant aura peu de chances d'établir des liens profonds avec un autre être humain.* » *(F. Caplan.)*

● *Si ce que nous avons dit sur l'attachement a quelque réalité, on peut penser que ces deux ou trois premières années de la vie ont tant d'importance qu'elles vont conditionner en grande partie, en fonction des hasards de la vie, le développement ultérieur de l'individu.*

Filles et garçons ne sont déjà pas égaux dans cette évolution. Du fait de la nature même des choses, les rôles du père et de la mère ne peuvent être symétriques.

« Les filles ont pour tout premier objet d'amour un individu du même sexe. » (F. Dolto.) Mais la genèse des premiers attachements, la structuration de l'inconscient à la phase préverbale du développement de l'enfant en font ce qu'il est à deux ou trois ans. Et l'on ne peut complètement souscrire à cette phrase de V. Smirnoff. « Dès lors, le complexe d'Œdipe prendra le sens d'une situation nodale, fondatrice des rapports qui régissent toute la vie sociale et qui introduit le sujet au monde symbolique. » *La manière dont l'enfant pourra résoudre la situation œdipienne, vers quatre ou cinq ans, est tout entière incluse dans la qualité des liens d'attachement constitués tout au long des trois premières années de la vie.*

E/ QUELQUES EXEMPLES TIRÉS DE L'EXPÉRIENCE ET DE LA CLINIQUE

Je voudrais ici rassembler une série de faits, plus ou moins anecdotiques, qui pourraient sembler ne pas avoir de rapports entre eux. En réalité, ils soulignent tous l'importance des premières périodes de la vie dans la structuration de l'affectivité et de l'intelligence de l'individu et me paraissent apporter des arguments à cette démonstration essentielle que j'aspire à rendre évidente dans ce livre.

Parmi les faits connus qui, chez l'homme, sont susceptibles d'évoquer le type d'observations recueillies par Harlow sur les singes rhésus, quelques-uns méritent d'être rapportés.

Au XIIIe siècle, l'empereur d'Allemagne, Frédéric II, s'intéressait à la science.

Pour essayer de découvrir quelle pouvait être la langue naturelle innée de l'espèce humaine, celte, germain ou hébreu, il eut l'idée de séparer de leurs mères des enfants nouveau-nés, de les faire élever par des gardiens sourds-muets qui avaient comme consigne de ne donner aucune tendresse à ces bébés et de ne leur fournir que les soins d'hygiène et d'alimentation, mais les meilleurs possibles.

Non seulement les bébés ne parlèrent aucune langue, mais rapidement ils dépérirent et moururent.

En 1828, à Nuremberg, serait apparu un adolescent de seize ans, Gaspard Hauser, qui aurait été élevé en isolement complet et qui n'aurait su ni parler, ni distinguer le jour de la nuit, ni marcher normalement. Ce cas rappelle ceux que l'on a pu évoquer sous le nom d'« enfants-loups ». S'il est vrai que des enfants se sont développés en isolement complet par rapport à leur propre espèce, environnés ou protégés par des animaux, ils ne sont pas devenus êtres humains : ils n'ont appris ni à se tenir debout ni à parler et se comportent comme des êtres sauvages pour lesquels la relation humaine n'a aucun attrait particulier. Ce qui paraît signifier très clairement la nécessité absolue d'un environnement humain pour que l'homme réalise les potentialités génétiques contenues en lui ; elles ne sont capables de réaliser que la morphologie d'un homme mais pas du tout son contenu, si elles ne sont pas fécondées par des stimulations de type social.

Des psychologues du comportement ont élevé des chiens à la Gaspard Hauser, c'est-à-dire en cages spécialement aménagées pour un isolement visuel et phonique complet, avec une lumière diffuse permanente, en évitant que l'animal ne voie ni congénère ni même gardien.

Au bout de quelques mois, le comportement de ces animaux est semblable à celui des singes de Harlow élevés en isolement et fait apparaître des troubles extrêmement importants du développement affectif et de l'intelligence.

Si, évidemment, les médecins ne se retrouvent jamais dans la position du spécialiste du comportement animal, susceptibles de susciter des conditions tout à fait expérimentales, la vie est suffisamment riche et diverse pour fournir quantité de données à partir de situations cliniques tout aussi instructives que les observations expérimentales.

Et je voudrais rapporter ou souligner de nombreux faits illustrant l'importance des premières relations.

Il y a plus de quarante ans, le très grand psychologue et psychanalyste R. A. Spitz mettait l'accent, entre autres, sur ce qu'il appelait *les désordres psychotoxiques* de la première enfance, dus aux perturbations des relations précoces mère-enfant, et sur les conséquences d'hospitalisations ou de séjours prolongés en institutions, chez les nourrissons. Il décrivait la dépression du nourrisson, au bout de quelques semaines d'hospitalisation, les conséquences effrayantes et définitives d'une séparation de plusieurs mois du bébé d'avec sa mère.

Des enfants ayant été abandonnés à la naissance, puis ensuite placés en crèche ou chez une nourrice, mais surtout ballottés de crèche en nourrice pendant les deux premières années de leur vie, *sans aucun objet d'attachement stable,* n'ont jamais *un développement intellectuel normal,* et ont toujours des difficultés affectives et de comportement.

En revanche, une expérience a été faite à Budapest par une pédiatre, initialement pédiatre de quartier, le Dr Emmiliker, à partir de juillet 1946. Elle créa l'institution de Loczy (du nom de la rue où elle est située), à Budapest, pour soixante-dix enfants abandonnés après leur naissance. Elle a fait en sorte que chaque enfant ait une nurse privilégiée, toujours la même, pour s'occuper de lui et respecter les rythmes propres de l'enfant. *Les résultats ont été extraordinaires.* Il y a maintenant des centaines et des centaines d'*anciens « enfants de Loczy »*. Une enquête récente de l'O.M.S. auprès de cent anciens a montré que « leur scolarité était en moyenne d'un meilleur niveau que celle des autres enfants, les tests d'intelligence étaient conformes à la moyenne nationale ; ils n'avaient aucun des symptômes qu'on observe habituellement chez des enfants qui ont été élevés en institution ».

De même dans les travaux de criminologie, des études ont été faites permettant de prévoir un risque à partir de familles susceptibles d'engendrer une criminalité chez leurs enfants. En étudiant essentiellement trois paramètres : « Comment la mère veille sur l'enfant ; comment elle se comporte en matière de punition » ; « quels sont les intérêts de la famille ? » S. et E. Glück, criminologistes, professeurs à Harvard, ont montré les risques ultérieurs, considérables, encourus par les jeunes dont la mère s'occupait peu, punissait trop souvent et à tort et à travers, dans des familles désunies de mauvais niveau socioculturel.

Une enquête a même été menée à partir de 1952 sur des enfants commençant leur scolarité dans des milieux médiocres, en essayant de prédire les risques de criminalité. Les résultats en ont été placés sous scellés, sans en prévenir ni parents, ni enfants, ni maîtres. Treize ans plus tard, au moment où l'on a comparé les prévisions à la réalité, celles-là se sont avérées exactes pour la très grande majorité des cas (K. H. Thews).

Une querelle agite depuis de nombreuses années les milieux pédiatriques, mais rebondit en ce moment avec les progrès de la génétique et de la chimie moléculaire : la psychose infantile est-elle d'origine organique ou psychologique ? *Cette querelle est vaine* car les deux mécanismes peuvent être détectés à l'origine de cas de psychose. Il en est qui sont à l'évidence d'ordre organique : chimique, malformatif, secondaires à des lésions cérébrales congénitales ou acquises. Il en est pour lesquels aucune cause de cet ordre ne peut être décelée en l'état actuel des connaissances. Parmi ceux-ci, les pédiatres ou les pédopsychiatres peuvent évoquer, dans un certain nombre de cas, une cause non décelable en l'état actuel de nos moyens, mais que les progrès de la biochimie apprendront à connaître.

Mais, il en est où, à l'évidence, un trouble de la relation précoce entre le bébé et son environnement est responsable du grave désordre psychologique. Dans nombre de cas, on ne peut en apporter une preuve absolue. *Mais,* chaque pédiatre a examiné, précocement, des enfants qui étaient en train de devenir psychotiques, et pour lesquels son action a joué un rôle préventif évident et considérable.

J'ai connu Olivier lorsqu'il avait vingt mois. Il était en très mauvais état psychologique : aucun développement du langage, troubles sévères du sommeil, refus absolu du moindre contact affectif avec sa mère. Il se balançait en permanence d'un pied sur l'autre, et la nuit, à quatre pattes dans son lit, se balançait pendant des heures. Il avait été placé en nourrire à l'âge de deux mois, changé de nourrice, séparé quelques mois de sa mère, repris par une nourrice à la journée.

Les parents se rendaient plus ou moins compte de la situation et avaient cru bien faire dans l'intérêt de sa santé en « l'envoyant à la campagne » quelque temps.

J'ai demandé à la maman d'interrompre son travail et de s'occuper d'Olivier à plein temps. Une aide psychologique a été mise en place. Peu à peu, on a vu s'améliorer les relations du bébé avec sa mère, puis disparaître progressivement tous les symptômes alarmants, le langage se développer. Il a fallu plusieurs années, plus de trois ans, pour que l'on ait le sentiment que l'enfant redevenait normal.

A six ans, la première année de grande école a été un succès ; c'était un petit garçon calme, attentif, aimable, parlant bien, sans aucun trouble particulier.

Les parents, originaires de province, ont, après bien des difficultés, obtenu une mutation professionnelle pour le père.

Olivier a maintenant neuf ans. Il y a longtemps que je ne l'ai revu. Mais nul doute que son évolution sera normale.

L'importance du rôle des nourrices est parfaitement méconnu des parents, des organisations sociales, des pouvoirs publics, sinon ils ne traiteraient pas ce problème avec un tel mépris. A côté de femmes et de couples remarquables, chaque pédiatre rencontre, chaque année, des dizaines d'enfants pour lesquels il est parfaitement évident que la nourrice a joué un rôle pathogène sévère : troubles de l'appétit, du sommeil, de l'humeur, quand il ne s'agit pas de perturbations longues et durables des comportements. On pourrait multiplier les exemples ; j'ai eu l'occasion de voir tout récemment un bébé de dix-huit mois pour d'importants troubles de l'appétit retentissant sur son état général. Cette petite fille a été chez une même nourrice de deux à cinq mois ; elle y était manifestement très mal et ses parents ont changé de nourrice ; mais encore maintenant, à dix-huit mois, elle pleure et crie lorsqu'elle aperçoit cette nourrice qu'elle a quittée autour de l'âge de cinq mois. Qu'une mauvaise relation si précocement instaurée puisse entraîner un souvenir aussi persistant chez un bébé de cinq mois, et encore bien ancré à l'âge de dix-huit mois, est chose très rare.

Peu de temps auparavant, j'avais été conduit à examiner une petite fille de trente mois environ qui n'avait pas grossi d'un gramme à partir de l'âge de dix-huit mois. Elle avait, à cet âge, été mise chez une nouvelle nourrice et dès lors sa croissance en poids s'était totalement arrêtée.

J'ai examiné Sonia la première fois à l'âge de deux ans et demi pour une grande nervosité et des difficultés de sommeil datant d'une année et désespérant les parents. A l'évidence, c'était une petite fille normale, avec des parents normaux, gentils et attentifs.

Elle avait été chez une première nourrice jusqu'à l'âge de un an et demi. Puis chez une deuxième, jusqu'à deux ans. Elle pleurait chaque fois que ses parents l'y conduisaient. Les parents l'avaient gardée durant une période de vacances et elle était chez une troisième nourrice. A l'évidence, elle n'aimait pas cette nourrice et ne se trouvait pas bien chez elle. J'ai conseillé aux parents, malgré la nocivité du changement, de trouver quelqu'un chez qui Sonia serait heureuse d'aller. Ce qui fut fait ; un mois après ce nouveau placement, Sonia était guérie de ses troubles de sommeil, sans médicaments, elle était redevenue une petite fille calme et non angoissée.

Il est évident que les pouvoirs publics ne sont pas responsables de la qualité humaine des gardiennes à la journée ; les personnes que choisit l'aide à l'enfance comme parents nourriciers d'enfants abandonnés ou confiés à l'assistance publique sont bien souvent remarquables. Mais d'une part, *le réseau de crèches* est, en bien des endroits, *notoirement insuffisant,* et cela est assez scandaleux dans un pays de notre niveau de développement.

Par ailleurs, les parents doivent être prévenus de l'impact que peut avoir, sur un bébé, la relation avec une gardienne, en bien ou en mal. Ils doivent être tout à fait attentifs à ce choix.

Ceux qui ont la charge de s'occuper des enfants devraient savoir un minimum de choses :

— Durant les premiers jours on manipule parfois violemment les nouveau-nés. Un nouveau-né doit être manipulé avec beaucoup de douceur, et non brutalement comme c'est souvent le cas.

— A l'hôpital, si les infirmières s'occupent parfaitement bien des bébés et les maternent, le personnel médical méconnaît dans son ensemble, malgré des progrès récents, l'impact des séparations et de la frustration sur l'état psychologique des petits enfants. Ceux-ci sont rarement considérés comme des individus mais plutôt comme des objets pour lesquels les problèmes psychologiques jouent peu ou pas du tout. Et pourtant, il y a bien longtemps que les hôpitaux d'enfants sont « humanisés » par rapport à ceux d'adultes !

La mise en place, dans les consultations de P.M.I. [1], d'examens conjoints par un médecin et un psychologue permettra sans aucun doute d'améliorer le rôle préventif joué par la pédiatrie en matière de santé mentale de l'enfant ; son effet peut être considérable.

Il y a plus de trente ans, avant la mise en place des importants réseaux de soins concernant la santé mentale de l'enfant, telle que nous les connaissons, le grand pédiatre et psychanalyste Winicott écrivait : « Le rôle

1. Protection maternelle et infantile.

essentiel du pédiatre est de prévenir la maladie mentale... Si seulement il le savait. »

La distorsion des relations précoces n'est pas seulement susceptible d'entraîner des perturbations affectives, mais aussi des troubles parfaitement physiques. On connaît bien, actuellement, ce que les pédiatres appellent le « *nanisme affectif* ». Il s'agit d'enfants qui, à un moment donné, s'arrêtent de grandir, connaissent une cassure très importante de leur courbe de croissance. Les conditions socio-affectives en sont responsables, en particulier par l'intermédiaire de leur retentissement sur le fonctionnement de l'hypophyse. Et l'on a pu mettre en évidence le déficit transitoire et réversible, sous l'influence de ces mauvaises conditions, de la sécrétion des hormones de croissance. Il s'agit là, je crois, d'un exemple représentatif de la véritable médecine psychosomatique, celle où l'on commence à connaître et à comprendre par quels mécanismes chimiques et biologiques les phénomènes psychiques agissent sur l'organisme.

J'ai connaissance d'une famille chez laquelle le très extraordinaire phénomène suivant est survenu. L'aîné, alors âgé de deux ans, a présenté une pelade (chute localisée de cheveux) à la naissance du cadet. Lorsque celui-ci avait deux ans, il est né un troisième enfant qui est décédé au deuxième jour de la vie et qui n'est donc jamais rentré à la maison. Eh bien, l'aîné a présenté une pelade, non pendant la grossesse de la mère, mais après le décès de cet enfant, comme à la naissance du second. On ne peut prétendre que les petits enfants n'ont pas une affectivité très vive et toujours en alerte !

Pour clore ce chapitre, je voudrais dire quelques mots sur le problème de l'adoption, pour souligner combien il faudrait s'efforcer *de faciliter une adoption très précoce,* chaque fois que cela est réalisable, si l'on veut obtenir le meilleur succès possible.

Combien d'enfants adoptés à huit mois, dix mois, vont rester insécurisés, très angoissés des années durant. J'ai suivi il y a trois ans une petite fille qui avait été adoptée à six semaines dans les meilleures conditions imaginables grâce à la chaleur du foyer dans lequel elle était entrée. La mère s'est bien rendu compte que l'enfant a mis beaucoup de temps, plus de trois mois, à s'habituer vraiment à elle.

Ce problème de l'adoption et des enfants abandonnés mérite d'être pensé en fonction de ce que l'on sait de l'impact des premiers mois de la vie sur l'ensemble du développement.

F/ L'INNÉ ET L'ACQUIS

La querelle de l'inné et de l'acquis agite les hommes depuis bien longtemps ; elle a rebondi récemment et donné lieu à quelques discussions passionnées à propos de ce que l'on a appelé, de façon fort contestable, l'héritabilité de l'intelligence.

De telles discussions n'ont pas seulement un intérêt théorique passionnant ; il peut en découler des attitudes pratiques d'une importance fondamentale pour les comportements sociaux humains. Lorsque nous disons que la stabilité de la vie du petit nourrisson, ses relations affectives précoces, l'amour qui lui est porté, vont avoir une importance considérable dans son développement affectif et émotionnel, *et, de mon point de vue, lui permettre ainsi le développement intellectuel le plus favorable possible,* nous affirmons une chose essentielle pouvant avoir des répercussions sur les comportements de tous ceux qui s'occupent d'enfants, à commencer par leurs parents.

L'objet de ces quelques lignes n'est pas de faire une

démonstration péremptoire (dont personne n'est actuellement capable) pour affirmer : voilà ce qui vient de l'hérédité, voilà ce qui vient de l'environnement culturel. *Personne n'en sait rien et d'ailleurs, il ne sera jamais répondu de cette manière à ce problème dans la mesure où les interactions des deux influences sont mêlées de façon indissoluble.*

Le but de cet ouvrage est de montrer à quel point dans la fabrication d'un être humain, la stimulation culturelle ambiante joue un rôle considérable, quel que soit son héritage génétique que nous sommes bien incapables d'apprécier sur le plan des comportements, quelques cas pathologiques mis à part.

Tirer argument des capacités intellectuelles limitées d'un enfant mongolien pour dire, comme le font un certain nombre d'organicistes à tout crin, « vous voyez comme les gènes commandent » est un argument d'une mauvaise foi évidente. Nous sommes dans un cadre pathologique majeur, en dehors d'une moyenne de normalité. Et l'on sait de plus, même dans ces cas, combien la qualité des stimulations va pouvoir jouer un rôle dans les acquisitions. *Cette notion est fondamentale, actuellement, dans l'attitude de la société à l'égard d'un certain nombre de handicaps, même si, d'un point de vue social et économique, il n'est pas très cohérent de déployer quantités de moyens pour faire passer le quotient intellectuel d'un grand encéphalopathe de quinze à dix-huit en cinq ou six ans d'efforts. Mais, et c'est la raison logique de cette attitude, les médecins et les éducateurs ne savent pas toujours, au départ, quel sera le résultat de leurs efforts.* Il est donc normal, dans la majorité des cas, de les déployer.

Dans l'aspect qu'il a revêtu, par exemple, dans la discussion scientifico-journalistique à propos de « l'héritabilité de l'intelligence », le débat sur l'inné et l'acquis part de constatations qui peuvent paraître de bon sens, mais ne reflètent qu'une appréciation subjective et fausse de la réalité.

Lorsque dans la conversation courante, les gens disent : « Cet enfant est tout le portrait de sa grand-mère », ils ont dans l'idée que, s'il lui ressemble dans sa manière d'être et ses comportements, c'est bien sûr parce qu'il a hérité d'elle. Or, c'est une appréciation bien superficielle, et pour tout dire fausse. Il a pu hériter d'elle des traits physiques, une taille, une morphologie. Pour les comportements, et le caractère, c'est une autre histoire, et tout montre, lorsqu'on se penche un peu sur chaque cas, combien ils relèvent de schémas similaires ou réactionnels inculqués. Il ressemble à sa grand-mère parce qu'il ressemble à sa mère ou à son père, lequel ressemble à sa mère et ainsi de suite. Combien de fois m'est-il arrivé, comme surtout à tous ceux dont la psychologie est la profession, de retrouver à la source d'un comportement infantile perturbé l'histoire de l'enfance de la grand-mère !

Il est tout aussi faux de penser que l'enfant ressemble à sa grand-mère trait pour trait parce qu'il en a hérité génétiquement les manières d'être, que de penser que la terre est plate parce qu'elle donne cette impression dans son propre champ de vision.

La deuxième constatation courante et d'apparence évidente peut être résumée par : « Voyez mes trois enfants comme ils sont différents et pourtant, ils ont bien été élevés de la même manière ; c'est donc bien leurs gènes qui commandent ces différences. » Cela n'est que très partiellement vrai.

D'abord l'état physique, l'aspect, la taille, la beauté, les capacités physiques qui, elles, sont sans aucun doute en grande partie sous la dépendance de l'héritage génétique vont jouer un rôle important dans le développement de la personnalité et des comportements, par la conscience que le sujet a de soi, et par la manière dont les autres le perçoivent.

Le fait même qu'existe ou non une fratrie, la place de l'enfant, premier, deuxième, etc., vont jouer un rôle considérable dans ses acquisitions et son développement. Bien souvent, on ne tient pas assez compte des relations, de la rivalité ou de l'aide interfraternelle dans le comportement des cadets. Nous avons parlé de ce problème (cf. page 225). Indépendamment de la manière particulière dont chaque parent « reçoit » chaque enfant, il n'est que de regarder l'attitude différente à l'égard de l'aîné et des suivants. Avec l'aîné, les parents vont faire l'apprentissage du métier de parent, qui est loin d'être facile. Ils sont souvent perfectionnistes, tâtillons, veulent le fabriquer en fonction de l'image qu'ils se font de l'enfant idéal, obéissant, travailleur, attentif, bien élevé. Ils croient qu'ils vont pouvoir le modeler en quelque sorte, comme le potier pétrit la glaise, et ils se rendront compte, plus ou moins vite, qu'il y a loin du désir à la réalité.

Lorsque c'est un garçon, le père l'investit souvent d'une charge énorme en espérant qu'il pourra réaliser ce que lui-même n'a pu faire et qu'il portera ses espoirs déçus ; en même temps des sentiments de jalousie et de compétition, bien proches de ceux existant entre vieux et jeunes mâles d'une tribu de babouins, se feront jour progressivement, même s'ils restent totalement inavoués ou non perçus. La mère n'a souvent que l'expérience de sa propre enfance, enfance de fille, pour guider ses comportements ; elle comprendra mal, parfois, l'agressivité, les manières d'être de ce jeune mâle turbulent, réussira mieux avec sa fille dont elle perçoit bien les manières d'être, mais qui lui fera sentir le poids de la rivalité. Et c'est pourquoi il y a davantage d'aînés dans les consultations de psychologie.

Mais surtout on n'élève jamais ses enfants de la même manière. La façon d'être, consciente ou inconsciente, des parents est très différente selon chaque enfant, le sexe, le rang dans la fratrie, le moment de la venue au monde, la ressemblance plus ou moins marquée avec le parent de sexe opposé, en un mot avec l'imaginaire et le symbolique, rançon inévitable et obligée de l'existence de la pensée humaine et de la notion de la conscience de soi. Et aussi avec l'angoisse inhérente à l'inconnu que représente le premier enfant, la méconnaissance de ses réactions, la crainte de sa fragilité. Que de mères ont souligné, après le deuxième ou le troisième enfant, la différence d'attitude qu'elles pouvaient avoir à l'égard du premier enfant, puis des suivants, alors qu'elles m'ont avoué avoir considéré d'abord « comme du délire de pédiatre » ce que je leur disais, par exemple, sur la correspondance majeure entre leur humeur, leur manière d'être et les attitudes du bébé !

Je demandais un jour à une mère de deux enfants, un garçon de vingt-huit mois, une fille de deux mois, si elle avait déjà remarqué quelques différences dans le comportement de la fille par rapport à celui du garçon au même âge. Au lieu de répondre directement à ma question, elle m'a dit instantanément et spontanément : « Je réagis de manière complètement différente avec elle. J'allais écouter l'aîné respirer. Avec la fille, je suis beaucoup plus tranquille. Et puis elle a été intégrée plus vite. L'aîné arrive dans un couple, les autres dans une famille. » Remarques dont chacune pourrait donner lieu à une longue digression.

Comme je discutais avec un intellectuel éminent, auteur de quelques travaux sur le rôle de l'hérédité dans le développement humain, il illustra son propos par l'évolution de sa propre famille : une fille, bardée de diplômes, ayant tout réussi sauf sa vie personnelle, et un garçon ayant eu du mal à décrocher quelques examens, ce qui manifestement déplaisait fort au père ; il croyait par là défendre sa thèse de l'hérédité dans le développement de l'intelligence puisque ses deux enfants avaient réussi très différemment. Mais son épouse eut alors cette phrase pleine de sens : « Mais, mon ami, vous saviez bien que, pour vous plaire, je ne voulais pas avoir de garçon, puisque vous ne désiriez que des filles. » Qu'il est difficile d'être prophète en son pays !

• Dans la querelle sur le caractère inné ou acquis de l'intelligence, les tenants de l'innéisme, assimilant l'intelligence à la valeur du quotient intellectuel, ont, pour certains d'entre eux, abouti à la conclusion tout à fait simpliste que l'intelligence était héréditaire à 80 %, liée à l'environnement pour 20 %.

Tout d'abord, on ne peut assimiler l'intelligence avec tout ce qu'elle représente de capacités de compréhension et d'adaptation, de réflexion sur le réel, d'aptitudes à utiliser des situations nouvelles, d'intuition faite de connaissances déjà emmagasinées et non clairement classées dans le conscient, de sensibilité enfin, avec le quotient intellectuel, valeur grossière, détecté par l'aptitude à répondre à certains tests. Certes l'appréciation du quotient intellectuel a une valeur certaine, et l'on peut, *à un moment donné,* classer des enfants d'âge équivalent, de milieux culturels semblables en fonction de leurs quotients intellectuels, mais seules les *différences très importantes* ont une signification.

Car le quotient intellectuel n'est pas une donnée fixe et permanente de l'individu en voie de développement, comme la couleur de ses yeux ou la forme de son nez. Lorsqu'on suit des enfants en difficulté affective, on voit parfois, en une année, leur quotient intellectuel monter de vingt points lorsque leurs problèmes ont été aplanis ou résolus.

Où est, dans ces conditions, pour un enfant, la valeur absolue d'une telle donnée ?

Dans l'évolution d'un enfant, comme nous l'avons vu, tant de facteurs interviennent qu'il est impossible d'envisager leur prise en compte dans une étude statistique, même si ces tentatives commencent à se développer de façon sérieuse. *Mais qui fera jamais entrer dans une statistique la qualité de la voix d'une mère, avec tout ce qu'elle représente par sa musicalité et son message de contenu affectif et de valeurs culturelles ?*

Il est tout à fait évident — j'ai essayé d'en faire une démonstration au long de cet ouvrage — que le développement affectif et le développement intellectuel sont indissolublement liés.

Qu'en est-il alors des enfants surdoués ou de ces grands hommes fameux doués d'une précocité extraordinaire dans un domaine mathématique ou artistique par exemple, ou sachant à quatre ou cinq ans lire et écrire en plusieurs langues ?

Ceci ne peut être nié, et même avec le plus sérieux entraînement du monde, tout joueur de tennis ne sera pas Borg, et tout skieur ne sera pas Killy, dotés de capacités neurophysiologiques hors du commun. Ces différences d'aptitudes neurophysiologiques existent aussi certainement en matière de fonctionnement cérébral et leur conjonction avec un milieu favorable permet le développement d'individus exceptionnels. Lier le problème de l'égalité ou de l'inégalité des hommes à une soi-disant héritabilité de l'intelligence est une sottise *car on peut à la fois tenir pour vraies les deux propositions suivantes :*

- *Les hommes sont tous différents, et donc inégaux, par leur patrimoine génétique.*
- *L'intelligence n'est pas une qualité héréditaire.*

● On retrouve, même chez les animaux, l'impact du milieu ambiant dans le développement des aptitudes. Le chant des oiseaux par exemple est en grande partie appris.

« Chez les oiseaux, l'aptitude à chanter est innée. *Mais les jeunes ne chantent bien que s'ils ont d'abord entendu leur père.* Mis auprès d'espèces différentes dès leur naissance, leur chant sera notablement déformé. Le facteur *éducatif* explique que si tous les oiseaux d'une même espèce rencontrés dans la nature ont le même chant, il existe des différences selon les zones géographiques — ce que les ornithologues ont appelé des *dialectes régionaux spécifiques.* L'apprentissage du chant peut donc créer, dans un même groupe, certaines habitudes propres à une région donnée et transmises au cours des générations. Ces habitudes ne peuvent-elles pas, à la limite, être considérées comme un embryon de culture (protoculture) ? » (A. Jolly cité par J. Ruffié.)

Et chacun sait combien l'apprentissage de la chasse, par exemple, joue un rôle dans le développement des capacités des prédateurs.

Si l'on ne peut savoir ce que serait devenu un génie connu, s'il s'était développé dans un autre milieu que celui qui fut le sien, des expériences de changements de milieux sont faciles à réaliser chez l'animal.

Et J.-P. Hailman, après une étude synthétique sur

l'ontogenèse du comportement chez l'animal, fournit, entre autres conclusions, soulignant l'aspect indissoluble des influences du milieu et des gènes :

« — Tout comportement dépend de l'interaction continuelle de l'animal avec l'environnement particulier dans lequel il se développe.

...

— Enfin, dans bien des cas, c'est l'action conjuguée des facteurs héréditaires et de l'environnement qui aboutit au comportement observé. »

C'est dire si, même chez l'animal, le problème de l'inné et de l'acquis est souvent difficile à résoudre.

● Le problème des résultats scolaires est lié à celui de l'intelligence, et dépend tout autant de l'ambiance générale de la famille, de la qualité culturelle des objets d'attachement. Des tentatives ont été faites pour expliquer les résultats scolaires en fonction de facteurs génétiques, eux-mêmes plus ou moins liés aux classes sociales.

D'abord toute l'histoire de la IIIe République, puis des suivantes, montre combien, dans un pays comme le nôtre, la séquence grand-père ouvrier, père instituteur et fils ministre ou président de la République (ou quelque chose d'approchant) est répandue, même si elle n'est pas constante !

Une étude récente, effectuée par six chercheurs français de l'INSERM et publiée dans la revue *Science,* a porté sur le niveau intellectuel et les résultats scolaires de trente-deux enfants, très soigneusement sélectionnés, issus de parents « sans aucune qualification professionnelle » et adoptés, avant l'âge de six mois, par des « cadres ». Leurs résultats et leurs performances ont été comparés à ceux d'enfants issus de la même mère et non abandonnés. Une telle étude est d'une complexité et d'une difficulté considérables si l'on veut s'assurer de garanties absolues quant au caractère scientifique de ses résultats. Sa réalisation est donc remarquable et les résultats tout à fait éloquents et concordants dans l'ensemble des domaines examinés.

Parmi les enfants restés dans leur milieu d'origine, 31 % ont redoublé une classe de l'école primaire et 25 % ont dû être scolarisés en classe spéciale. Pour les adoptés, 11 % ont redoublé une classe et l'échec scolaire grave a toujours touché proportionnellement dix fois moins d'enfants que dans l'autre groupe.

Parmi les adoptés, la moyenne du quotient intellectuel est de 109 (conforme à la moyenne nationale des enfants de cadres) avec seulement 4 % de Q.I. inférieur à 85. Pour les autres, la moyenne du Q.I. est de 95 et 21 % ont un Q.I. inférieur à 85.

Tous ces résultats confirment bien l'impact culturel des conditions générales d'ambiance imprégnant le développement du bébé.

• Parmi tous les hommes de la terre, seuls les jumeaux vrais possèdent le même patrimoine génétique. Beaucoup de travaux sont effectués pour essayer de déterminer, dans ces couples de jumeaux, parfois désunis par la vie, quelles parts respectives de comportement ou d'intelligence pourraient revenir au milieu ou à l'hérédité.

Il semble bien (*cf.* locution citée page 81) que les différences d'environnements sociaux commandent en grande partie les différences de comportement.

• Il est bien probable que le cerveau de l'homme d'aujourd'hui et celui de l'homme qui vivait il y a

20 000 ans, qui sont la même espèce (« sapiens sapiens », si l'on peut dire !), sont semblables. L'homme de Néandertal qui déclina il y a environ 30 000 années (« sapiens néandertalensis ») avait même un volume cérébral légèrement supérieur au nôtre. Les différences de comportement ne sont pas d'ordre génétique mais dues à l'environnement et à la culture créés par l'homme lui-même qui est, par nature, une espèce sociale, même si, à un moment donné, notre état biologique est le reflet de toute notre histoire passée.

Mais « A lui seul le cerveau, avec tous ses gènes, ne suffit pas à développer l'esprit s'il y a absence d'informations venant du dehors. Sans le contenu de cette information, il n'y aura pas de structure mentale. » (Delgado.)

G/ COMMENT CONCEVOIR LE DÉVELOPPEMENT ? COMMENT FONCTIONNE UN PETIT ENFANT ?

Même les Spartiates, parmi les anciens Grecs, pensaient que pour un bon développement, il suffisait que « le petit enfant, jusqu'à trois ans, ne connût ni chagrin, ni peur, ni souffrance ». Et pourtant leur éducation était, ensuite, bien rude.

Je voudrais ici tenter de synthétiser en quelques pages ce qui est l'objet du travail de ce livre.

Comme nous l'avons vu, l'enfant arrive au monde avec un cerveau tout à fait immature mais pourvu d'immenses potentialités, reflets de l'évolution biologique et culturelle ayant conduit à l'homme en quelques millions d'années.

Ce ne sont que des potentialités, évidemment bien différentes de celles de n'importe quel autre animal. Les quelques exemples d'enfant sauvage montrent que, sans environnement normalement stimulant, l'homme ne devient pas un homme, n'acquérant ni la station debout ni la parole. Les expériences de Frédéric II (*cf.*

page 281) soulignent que, sans aucune stimulation, le bébé n'acquiert rien et meurt précocement.

Ces potentialités sont « vraisemblablement » équivalentes pour tous les hommes de la planète, abstraction faite des différences individuelles, car tous les hommes, à l'exception des vrais jumeaux, viennent au monde avec un patrimoine génétique différent.

J'ai essayé d'interpréter les différences individuelles de comportement, observables dès la naissance, comme, d'une part, soumises aux conditions de la grossesse et de l'accouchement lui-même, mais d'autre part et surtout comme des différences d'ordre neurophysiologique, excitabilité, réactivité, capacités d'inhibition ou d'enregistrement (*cf.* page 79), elles-mêmes sans aucun doute génétiquement programmées. L'interrelation entre ces capacités innées de départ et la manière dont il est répondu par l'environnement aux réactions précoces conditionnera en majeure partie le développement des comportements, qui, autrement dit, se fabriquent sous l'influence de la confrontation entre nature réelle des parents et modes de fonctionnement du nouveau-né.

Je suis persuadé que si un bébé de la peuplade la plus reculée et la plus primitive était adopté par une famille de milieu socioculturel élevé, *mais dès la première heure de sa vie,* et si ses *parents adoptifs et lui-même pouvaient penser qu'ils sont vrais parents et vrai enfant,* son développement psycho-intellectuel serait tout à fait équivalent à celui des autres enfants de la famille. Mais cette expérience même n'est qu'imaginable bien que de très nombreux cas d'adoption précoce soient connus.

Le racisme est une sottise, un non-sens biologique, une mauvaise action. Mais cela ne veut pas dire que ne s'installent pas, extrêmement tôt, des différences telles, sous l'influence du milieu et de l'environnement culturels, qu'elles vont justifier des différences profondes de comportement, même si tous les bébés ont grosso modo les mêmes potentialités.

L'enfant se forme donc à partir de l'instant de sa conception, avec un développement biologique programmé, mais qui a déjà subi les influences du milieu environnant (conditions de nutrition, de vascularisation, etc.) et peut-être des influences sur son évolution dépendant de l'état neurobiologique de la mère.

Mais c'est à partir de l'instant de la naissance qu'interviennent les stimulations dépendant du monde extérieur. Si l'on réfléchit à l'ensemble des données actuelles, il est bien évident que toute stimulation va s'imprimer dans le cerveau et intervenir dans l'établissement de connexions entre les neurones.

Dès les premières heures après la naissance le bébé a un certain nombre de capacités, et vont jouer les premières stimulations sensorielles. Si les données de la neurophysiologie sont vraies, il est probable que de tous les jours de la vie, le plus important est le premier, puis le deuxième... et ainsi de suite car le nombre des connexions interneuronales ne fait que décroître au fil des jours. Avec la réserve que, durant les premières semaines de la vie, le bébé ne subit, chaque jour, des stimulations que pendant un nombre limité d'heures, puisqu'il dort beaucoup de temps. Mais chaque minute d'éveil est sans doute merveilleusement employée.

Les stimulations intervenant fondamentalement durant les premiers jours et les premières semaines se font par l'intermédiaire de la vue, de l'ouïe, de l'odorat, du goût, d'un contact corporel global qui n'est pas encore le toucher, et des sensations intéroceptives, c'est-à-dire venant de l'intérieur du corps, jeu musculaire et jeu viscéral.

Les cinq sens que nous connaissons interviennent donc d'emblée et la répétition des excitations va permettre aux systèmes sensoriels concernés de se structurer progressivement et d'établir entre eux les interconnexions adaptées.

Il est clairement montré (*cf.* page 239) qu'un fonctionnement normal durant les premières semaines et les premiers mois est pour chacun des systèmes en cause la condition d'un fonctionnement définitif satisfaisant. Mais les stimulations sensorielles représentent simplement l'impact du monde extérieur, dont une partie est bien lointaine et l'autre toute proche. Cette partie toute proche, *qui fournit au bébé le maximum de ses stimulations,* par laquelle passe la plus grande partie des contacts avec le monde extérieur, est bien évidemment constituée par les adultes qui s'occupent de lui et tout particulièrement sa mère qui, si elle l'allaite, le nourrit toujours elle-même et lui procure un contact totalement intime plusieurs heures par jour. Il s'imprime dans son esprit en formation de simples stimulations sensorielles, mais aussi et surtout des impressions complexes, stimulations sensorielles accompagnées de sensations d'agrément ou de désagrément ; l'image de la mère, en particulier, va se trouver dorénavant — et définitivement —, par la structuration de plus en plus riche des bases neurobiologiques du subconscient, liée à ces diverses sensations.

Ces facteurs intervenant sont si nombreux, si complexes, si divers, qu'ils sont très impropres à un abord « scientifique » et je ne vois pas comment on pourra seulement comptabiliser les données jouant un rôle dans la formation de la personnalité. Ces données elles-mêmes, dont les plus fondamentales relèvent de la « chaleur humaine », de l'environnement affectif du nouveau-né, sont difficilement accessibles à une codification sérieuse quelconque.

Et c'est pourquoi la conception psychanalytique restera encore longtemps liée au modèle de compréhension de la personnalité autour duquel tourneront critiques, améliorations, amendements et recherches diverses qui peu à peu modifieront ses schémas traditionnels.

Sur la base des interrelations entre le bébé et la ou les personnes qui lui donnent les soins nécessaires vont se former le ou les premiers attachements dont le fondement est sans doute une structuration neurophysiologique de connaissances agrémentées de sensations diverses qui sont absolument nécessaires pour un développement harmonieux de la personnalité.

On insiste sans cesse sur l'importance de la qualité des rapports entre le bébé et sa mère, ou sur la qualité même de la personnalité maternelle. Cela est partiellement vrai ; mais le comportement maternel lui-même est en partie sous la dépendance de sa propre relation avec son monde ambiant ; et tout autant que la relation à la mère un élément structurant fondamental, pour l'enfant, est *sa propre relation avec la relation du couple parental en particulier à propos de l'enfant.*

Elle joue un rôle majeur dans la manière dont l'enfant est vécu par chacun des parents et donc dans les rapports affectifs réels entre l'enfant et chacun des parents.

Et cela explique, je crois, la phrase du Zohar citée page 23.

La formation du ou des premiers attachements se fait, bien sûr, par les diverses perceptions sensorielles à la disposition du nouveau-né et nous avons vu combien elles étaient précoces, d'une grande finesse et d'une grande précision. Nous avons vu que le bébé reconnaît sa mère par l'odeur à quelques jours, par l'ouïe à trois ou quatre semaines, par la vue à cinq ou six semaines.

Dire qu'il « reconnaît », cela signifie le début de la connaissance, installée du fait de la répétition de stimulations toujours semblables.

Imaginez un bébé qui serait soigné chaque jour par une personne différente ; il ne pourrait reconnaître personne, donc ne pourrait nouer aucun lien d'attachement stable et son développement en serait fortement affecté. Nous avons insisté sur cela à plusieurs reprises.

On perçoit bien, vers l'âge de deux mois, le changement du regard tourné vers l'étranger. Jusque-là, le bébé sourit instantanément en réponse au sourire qui lui est adressé, alors qu'à deux mois le regard est d'abord grave, attentif et scrutateur avant d'être souriant. Cela signifie à quel point le bébé a déjà une connaissance, très précise et très élaborée, de ses visages et de ses lieux familiers. Cette connaissance est en liaison avec la capacité à former une image mentale, ou en tout cas une représentation mentale d'un type peut-être différent, liée à des souvenirs d'un quelconque ordre sensoriel. Tout ceci commence à se créer très tôt, à partir des premiers jours, et nous avons insisté sur la richesse des connexions nerveuses durant les premières semaines de la vie.

Lorsque l'on réfléchit d'ailleurs à l'importance considérable des liens qui s'établissent durant cette période de l'existence, qualifier le premier stade de développement du nourrisson de « stade oral passif » peut paraître léger et superficiel. Mais nous ne sommes qu'au début d'une réflexion sur ces approches nouvelles.

Jusque vers l'âge de quatre mois, quatre mois et demi, date du début de la préhension, commencent à se structurer et se renforcent les premiers attachements du bébé. Cela est rendu possible par la permanence des soins dont il bénéficie et l'aptitude à des réponses concordantes, par rapport à ses demandes, de la part de ceux qui s'occupent de lui.

La qualité de l'objet principal d'attachement intervient déjà fortement mais dans son aspect affectif plus que culturel.

C'est à partir du sixième, huitième mois que les liens avec les objets d'attachement entraîneront *l'adhésion au modèle culturel ;* en particulier, la parole va jouer un rôle considérable, la qualité du discours, sa richesse et surtout, je crois, sa logique dans la capacité qu'aura le nourrisson d'élaborer, ultérieurement, un bon mode de pensée. Mais la parole n'est qu'un des aspects du langage relationnel, et la logique et la stabilité des réponses de tous ordres aux demandes du petit enfant vont être très importantes, notamment dans le développement de son humeur.

C'est manifestement dans cette première phase de la vie, allant jusqu'à quatre mois, que s'installent les grandes fonctions, sommeil, appétit, et aussi calme et tranquillité. *En dehors de la maladie, physique ou mentale, il n'y a pas de bébé triste.* Pour que tout continue d'aller bien et normalement, le bébé a besoin de stabilité dans son existence quotidienne et de ne pas subir de frustration affective importante, susceptible de laisser des traces (séparation prolongée de ses objets d'attachement par exemple).

A partir de quatre mois, quatre mois et demi, commence une phase fondamentale du développement au cours de laquelle on est toujours fasciné par la rapidité et l'importance des progrès quotidiens. Car le bébé va faire une quantité d'acquisitions diverses et dépendant pour beaucoup les unes des autres.

La préhension va lui permettre une connaissance beaucoup plus précise des objets, de son propre corps et lui donner la possibilité de manipuler et d'agir sur les éléments de son monde extérieur. Lui permettant d'affiner ses capacités, elle l'aide à acquérir la notion de *la permanence de l'objet,* même lorsque celui-ci n'est pas dans son champ de perception.

Il paraît raisonnable de penser que l'approfondissement de sa propre connaissance des personnes de son entourage en tant qu'êtres indépendants le conduit à l'angoisse lorsqu'il est en présence d'étrangers sans avoir encore acquis par l'expérience la notion qu'ils ne représentent pas de danger pour lui-même. C'est pourquoi l'angoisse du huitième mois n'évolue pas de la même manière chez les enfants élevés par leurs parents seuls ou vivant déjà en groupe.

Toutes ces connaissances accumulées, toutes ces traces ancrées dans la mémoire du bébé, quel que soit le mode physiologique de l'acquisition (empreinte, réflexe conditionné, apprentissage) vont constituer bien évidemment la base à partir de laquelle peuvent se comprendre et s'expliquer les premiers comportements, les conduites pulsionnelles simples, en réponse à des *stimulations* extérieures, puis complexes, en réponse à des mouvements intérieurs ou à des stimulations extérieures à composantes multiples induisant des choix.

Mais ces choix ne sont jamais fortuits même s'ils ne sont en rien réfléchis, dans les débuts de la vie. Le comportement pulsionnel est la réponse de l'inconscient aux demandes extérieures ou intérieures, qui sont en réalité le désir, et tant que l'enfant n'a pas acquis la pensée réflexive, il n'a aucune autre possibilité de mode de fonctionnement.

Il semble bien que le comportement pulsionnel va

être, tout au long de la vie, l'expression de l'inconscient ou de schèmes de comportement innés modulés par l'inconscient, qu'il prenne, au cours du développement, des formes plus élaborées, ou reste parfois, comme on l'observe dans les cas pathologiques, les conduites suicidaires ou délictueuses graves, un mode de fonctionnement élémentaire.

Il paraît bien évident, du seul fait de l'observation de l'enfant et de son développement précoce, que les perturbations les plus profondes de sa personnalité en dehors des cas de pathologie organique relèvent du trouble de ses premières relations. *De ce point de vue, l'expérience psychanalytique paraît bien confirmée par les données de cette science nouvelle qu'est la neuropsychologie du développement du nourrisson.*

Pendant la première année de la vie, commence à se structurer le langage que le bébé comprend, bien avant de le parler correctement. Mais très vite, pour lui, les mots ont leur sens symbolique et servent à nommer des objets dont il a la représentation mentale.

Ce progrès décisif, combiné à la connaissance de son nom, lui permet la prise de conscience de l'existence de sa propre personne, indépendante des autres, l'acquisition du je, et l'aptitude à une pensée réflexive dont, me semble-t-il, son comportement lors de l'épreuve de force vers seize ou dix-sept mois montre les débuts. L'indépendance motrice lui a permis d'aller, tout seul, faire connaissance avec les objets extérieurs sollicitant son désir.

Trois petits schémas me paraissent éclairer le développement du petit enfant :

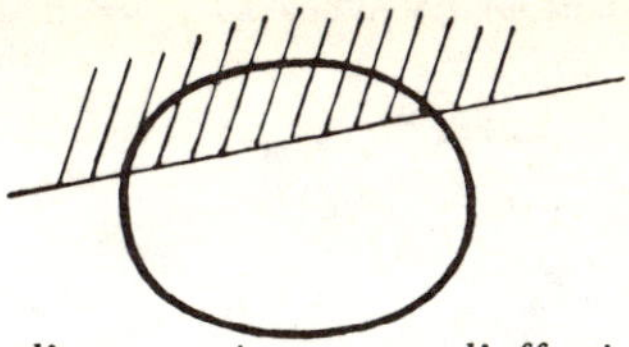

L'enfant a besoin d'une certaine somme d'affection au cours de ses deux premières années. S'il ne l'a pas, toute sa vie, il sera en quête de ce manque.

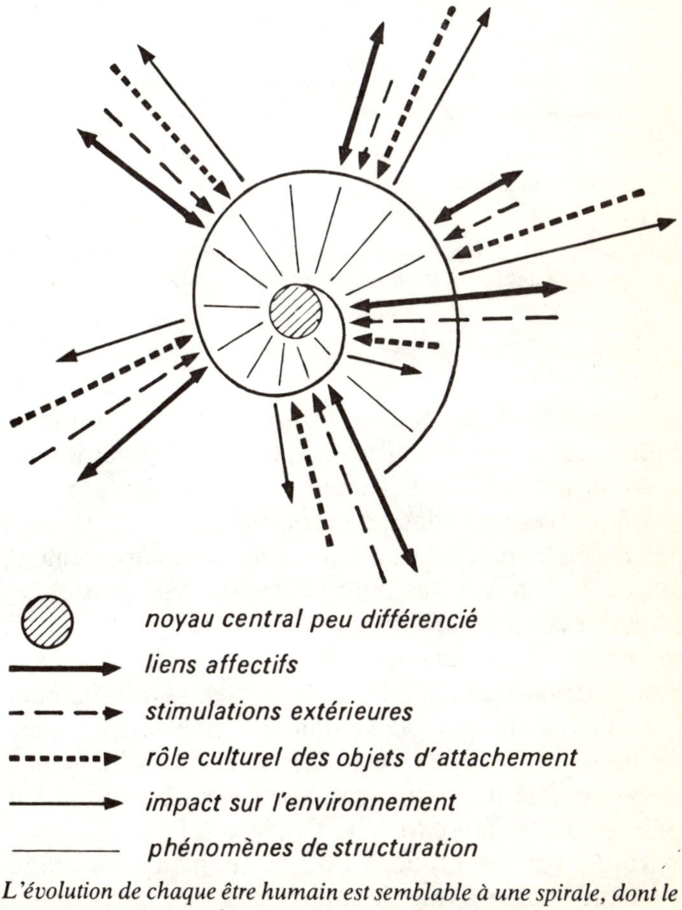

L'évolution de chaque être humain est semblable à une spirale, dont le centre, représentant les acquisitions, s'enrichit à partir d'un noyau central peu différencié, sous l'influence des relations avec tous les aspects du monde extérieur.

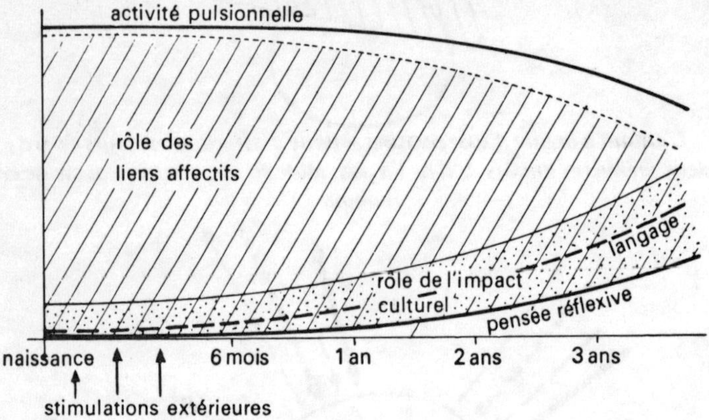

Rôles respectifs de l'activité pulsionnelle et de la pensée réflexive, en fonction des liens affectifs et des relations culturelles dans la structuration de l'enfant.

L'aptitude à la pensée réflexive va lui permettre d'effectuer des choix conscients, en pesant les avantages et les inconvénients de chaque action, confrontée à ses conséquences individuelles et sociales. Elle ne prend que peu à peu sa place dans l'ensemble des comportements toujours soumis à des motivations de type pulsionnel. L'impact culturel de l'environnement affectif structurant les bases de la personnalité peut s'exprimer dans la notion de la qualité du ou des objets d'attachement.

Toute l'évolution de l'enfant est une longue quête d'amour qui se passe dans une angoisse « inimaginable », comme dit Winicott, contre laquelle, justement, l'amour est le rempart. Et, l'arrivée à l'âge adulte est marquée par l'aptitude à donner lui-même un amour « oblatif », c'est-à-dire désintéressé, sans contrepartie, à l'autre tel qu'il est, et d'abord à son propre enfant.

Tout petit, le bébé est le reflet de son ambiance émotive ; plus il grandit, plus il est influencé par le rôle culturel de cette ambiance, qu'il se modèle en imitant ou en s'opposant, toujours pour l'ensemble de sa personnalité, en un mélange des deux manières ; petit enfant, il restera comme un ludion, dépendant des courants imposés par son mode de vie et les contraintes de son milieu ; elles auront façonné son inconscient, et qu'on le veuille ou non, les possibilités de ses conduites individuelles en présence de chacun des choix proposés par l'existence.

C'est la nécessité et les hasards.

H/ LA NÉCESSITÉ ET LES HASARDS : « UN HOMME SE PENCHE SUR SON PASSÉ »

Il est difficile d'échapper au désir et au plaisir de philosopher quelque peu. Encore bien davantage après avoir tenté d'aborder un sujet aussi complexe que le développement de l'être humain. Chaque homme, parvenu à un certain point de sa réflexion, pense qu'il a quelque chose à dire. Il devrait s'en défier, « Des idées, on en a si peu... », disait Einstein à Paul Valéry.

Lorsque le biologiste J. Monod, reprenant la phrase de Démocrite : « Tout ce qui existe dans l'univers est le fruit du hasard et de la nécessité », réfléchit sur ces deux données et en fait le titre de son essai, il leur donne la signification suivante, fondée sur, et confirmée par, les travaux des généticiens. L'évolution est le résultat d'un vaste « bricolage » (F. Jacob) dont chaque moment, fruit du hasard, est soumis aux contraintes des nécessités ambiantes qui lui donnent ou non la capacité de se reproduire et de prospérer. Et c'est ainsi, grâce à la sexualité, que va se former la longue chaîne des êtres vivants, avec ses succès, ses déchets, ses erreurs, ses voies de garage et ses rançons que sont, par exemple, pour l'espèce humaine, cancers, avortements spontanés et anomalies génétiques (J. de Grouchy).

Un de ses aboutissements actuels, l'homme, est le fruit du hasard et de la nécessité. Mais le fonctionnement humain lui-même va être le résultat de la nécessité et des hasards, et c'est cela que je voudrais souligner.

Les conditions du fonctionnement même de l'individu sont élaborées alors qu'il n'est âgé que de quelques années, mais surtout son inconscient est structuré, c'est-à-dire ce qui va régler sa vie pulsionnelle, ses goûts personnels, ses réponses fondamentales aux demandes venant de l'extérieur.

Tout ce qui s'est fabriqué en nous et commande nos réponses fondamentales et nos comportements pulsionnels représente *la nécessité.* De ce point de vue, le rôle des premières années de l'enfance ne saurait être surestimé.

L'aptitude à la réflexion se greffe sur ces comportements de base, mais il est bien rare qu'elle conduise vraiment les activités d'un homme. *La réflexion est, en réalité, le plus souvent la rationalisation de son désir.*

Le hasard est représenté par les choix qui se présentent à nous à chaque instant de notre vie. Les réponses que nous y apportons commandent, de jour en jour, le déroulement de notre existence. *Mais si les hasards sont fortuits, les choix, eux, ne le sont pas.* Ils peuvent être expliqués et compris par l'histoire de chacun.

Il est bien curieux d'observer combien, à chaque tentative d'analyser, à un moment donné, un comportement infantile, on retombe sur l'enfance du père, de la mère ou de la grand-mère si on veut comprendre comment se sont fabriqués les processus qui ont conduit l'enfant à être ce qu'il est aujourd'hui.

Chacun de nous est, qu'il le veuille ou non, l'héritier, le dépositaire d'une histoire qui le façonne véritablement. Il est bien dommage que les parents ne parlent plus guère à leurs enfants de leur enfance et de leur histoire. Ou bien cela se fait dans le fracas de la politique et de la revendication. Et c'est vraiment, me semble-t-il, dans la connaissance de sa propre histoire que l'homme peut arriver au mieux à se comprendre et à maîtriser, dans la mesure du possible, son destin, en comprenant ce qui est bien ou moins bien pour lui, en sachant, dans les choix que le hasard met à sa portée, décider à bon escient.

« Connais-toi toi-même » est une grande maxime. La liberté commence peut-être avec la connaissance de lui-même qui va conduire l'homme à faire des choix raisonnables pour lui.

On ne peut manquer d'être frappé par la lenteur de l'évolution de la conscience humaine et la faiblesse de l'impact des connaissances techniques sur la capacité de l'espèce humaine à y adapter ses conduites.

Nous allons être confrontés à des situations et à des choix de plus en plus difficiles : c'est dans une qualité humaine de plus en plus riche que pourront être trouvées les solutions raisonnables à ces situations complexes. Et cette qualité humaine se joue, pour l'essentiel, dans l'histoire individuelle des premières années de la vie.

Je crois que K. Lorenz, s'il a raison sur le plan des constatations, se trompe en partie sur les interprétations lorsqu'il écrit les phrases suivantes : « L'homme est l'être doué de raison. Mais il n'est pas seulement doué de raison, son comportement n'est pas — il s'en faut — aussi déterminé par la raison que le supposent la plupart des philosophes anthropologues : il est gouverné par des *types d'action et de réaction spécifiques innés* dans des proportions beaucoup plus importantes que nous ne le croyons généralement, et que nous le souhaiterions. Cette remarque s'applique avant tout au comportement social de l'homme. » Et plus loin : « Le fait que l'esprit le plus médiocre puisse saisir ce qui, en droit, ne devrait pas arriver et que, ce qui ne devrait pas arriver, arrive cependant donne à méditer. Chaque fois qu'il se passe quelque chose de semblable dans la zone du comportement de l'individu qu'il nous est loisible de scruter, qui est accessible à l'introspection, c'est-à-dire chaque fois qu'en dépit de la parfaite connaissance d'une certaine situation qui a une importance vitale on voit à chaque fois se produire le contraire de ce que requiert la raison, on peut presque toujours dire que l'action de la pensée rationnelle a été *bloquée* par la puissance incoercible des modes d'action et de réaction spécifiques innés. »

Pour l'ensemble, la remarque est juste. Bien souvent l'homme fait le contraire de ce qu'une analyse logique de la situation lui commanderait de faire et son comportement n'est pas dicté par la raison mais par des pulsions incontrôlables. Toutefois on peut penser que, justement, par rapport à d'autres espèces animales, il agit selon un mode d'activité pulsionnelle commandée par la structuration de son inconscient qui, compte tenu de sa longue histoire personnelle, module, freine ou laisse passer des schèmes d'action spécifiques innés. Lesquels ne concernent éventuellement que des comportements de base très élémentaires et non les comportements complexes et élaborés exigés par une vie normale en société. Car : « Ce qui semble donc très caractéristique des vertébrés supérieurs c'est précisément la propriété d'échapper au déterminisme absolu menant aux comportements stéréotypés du type de ceux décrits par K. Lorenz ; c'est la propriété de posséder à la naissance certaines structures cérébrales non déterminées qui, par la suite, sont *spécifiées* par une *rencontre* le plus souvent imposée, parfois fortuite, avec l'environnement physique, social, ou culturel. » (J.-P. Changeux.)

Concernant les comportements humains, cette formulation d'H. Atlan est très importante et plus satisfaisante que celle de K. Lorenz : « En effet, les choses qui arrivent sont rarement celles que nous avons voulues. Il semble que ce ne soit pas nous qui les fassions, alors même que nous savons que c'est nous qui les avons faites. Et ceci ne devrait pas nous étonner puisque nous ne nous sentons vouloir qu'avec une partie de nous-mêmes — la conscience volontaire — alors que nous faisons avec le tout de nous-mêmes...

... Autrement dit, le véritable vouloir, celui qui est efficace parce que celui qui se réalise — le pseudo — « programme » tel qu'il apparaît *a posteriori — le véritable vouloir est inconscient* (souligné par moi). Les choses se font à travers nous. Le vouloir se situe dans toutes nos cellules, au niveau très précisément de leur interaction avec tous les facteurs aléatoires de l'environnement. C'est là que l'avenir se construit. »

Tous les comportements humains vont être déterminés par une nécessité et des hasards. La nécessité me paraît représentée par les structures de l'individu qui, se construisant peu à peu en fonction de son environnement au cours des premières années de la vie, vont commander ses pulsions profondes et ses choix fondamentaux. Tout n'est pas terminé à deux ans, loin de là, mais des éléments essentiels des capacités de développement se sont sans doute mis en place progressivement à partir desquels se poursuivra l'évolution individuelle.

Les hasards de la vie proposeront des choix successifs

pour lesquels chacun se déterminera en raison de motivations profondes sur lesquelles la réflexion pourra avoir une certaine prise, mais la marge de manœuvre paraît bien étroite. Et c'est là où nous rejoignons cette formulation fondamentale : « Le véritable vouloir est inconscient. »

C'est pourquoi, pour comprendre l'homme, on attachera sans doute de plus en plus d'importance aux premières années de la vie.

CONCLUSION

J'ai abordé, dans ce travail commencé il y a maintenant plus de cinq ans, une tentative de démonstration fondée sur l'observation et la référence à quelques notions fondamentales, de l'importance du rôle des premières années de la vie dans le devenir de la personnalité et de l'importance des premières relations au cours de ces premières années.

Il est frappant de constater la concordance des opinions de tous ceux qui actuellement observent et étudient les comportements infantiles précoces, s'occupent *réellement* de ces problèmes et connaissent *réellement* les nourrissons, quelle que soit leur formation de base, pédiatres, psychiatres, psychologues ou psychanalystes. Tous sont d'accord pour souligner le rôle fondamental de ces premières années. Toutes ces études ne peuvent constituer une démonstration péremptoire, mais ce que je pensais, à partir d'une expérience vécue, je l'ai retrouvé, parfois exprimé de la manière même dont je me le formulais, dans les travaux que j'ai pu lire de médecins et de psychologues abondamment cités tout au long de ce travail.

« Aux niveaux les plus fondamentaux de la formation de la personnalité, l'expérience vécue dans la première enfance est cruciale », écrit Bower. Les observateurs ont donc de bonnes raisons de penser que les impressions nées de l'expérience clinique sont justes et valables.

Il est remarquable d'observer combien les comportements de l'enfant se modèlent en fonction des conditions de l'existence, de l'expérience vécue, de la qualité des premières relations nouées par l'enfant lui-même.

Certes, tout n'est pas joué à deux ans, loin de là, et si cette limite est arbitraire, elle correspond à peu près à la fin de la première période de la vie à partir de laquelle le bébé devient petit enfant. Sa maturation cérébrale est très avancée, il a acquis l'aptitude à la pensée réflexive et peut observer un certain détachement par rapport à son environnement immédiat. Il a acquis des bases indispensables pour son développement futur qui commandent et commanderont nombre de ses comportements.

Si l'on ne peut plus dire avec Delgado : « les êtres humains naissent sans esprit », du moins peut-on dire, sans plaisanter, « ils naissent avec fort peu d'esprit », au sens de fonctionnement mental. Celui-ci va se construire peu à peu, comme nous y avons si souvent insisté, en fonction de l'ensemble des stimulations extérieures et de la relation avec le monde ambiant.

Dans le cours de ces deux premières années il existe trois éléments fondamentaux qu'Anna Freud avait déjà soulignés : l'amour, la régularité du contact et des soins, et un environnement stimulant. Si cela est vrai, on voit bien mal ce qui pourrait remplacer la famille si les idéologues, qui ont tant d'aptitudes à prendre leurs désirs ou leurs idées pour la réalité, venaient à la détruire.

Ces données sont résumées, je crois, par *la notion de la qualité des objets d'attachement.*

La manière dont il sera répondu à trois questions conditionnera beaucoup d'éléments du développement futur : comment se nouent les liens durant les premières semaines et les premiers mois ? ; comment se développera et se résoudra l'angoisse du huitième mois ? ; comment se développera et se résoudra l'épreuve de force dans le cours de la deuxième année ?

« L'homme n'a pas de nature, il a une histoire », disait Ortega y Gasset, de façon peut-être excessive, car sa nature est le reflet de son histoire passée. Et chacun d'entre nous a sa propre histoire, qui le façonne avec autant et plus de force que son patrimoine génétique. *Tout être est unique, mais tout est lié en lui.* Il est aujourd'hui aussi néfaste de souligner le rôle soi-disant prépondérant des données génétiques que de nier l'infinie diversité humaine.

Mais c'est sur les conditions d'ambiance, les conditions de développement que nous pouvons agir. Il est donc logique de privilégier cet aspect des choses, d'y réfléchir et d'envisager par quelles actions de type social ou individuel nous pouvons aider à l'acquisition de la meilleure qualité humaine possible pour la moyenne des individus. Dans l'état actuel des connaissances, il me paraît n'y avoir aucune possibilité, concernant une espèce telle que l'homme, de relier des comportements à des données génétiques, en dehors de la pathologie avérée ; mais la biologie n'est qu'au tout début de son développement.

Bien sûr, les interrelations entre des données commandées par la génétique, telles que l'aspect physique, les capacités motrices, les aspects concernant la santé, influenceront grandement les manières d'être.

Mais il est raisonnable de souligner aujourd'hui la difficulté, voire l'impossibilité d'analyser les parts respectives de l'inné et de l'acquis dans le développement humain. Tout porte à penser que, dans les comportements, ne sont innées qu'un certain nombre de capacités de base, simples, élémentaires dont la multiplicité dans les combinaisons, et le développement en fonction des interrelations conduisent à la grande diversité humaine. Des prédispositions innées se réaliseront, ou non, selon le contexte environnant.

L'homme est fondamentalement un être culturel car c'est un être social dont la plus grande partie du développement s'effectue dans un univers de relations et de stimulations. Mais il n'est pas inconsidérément malléable ; toute son histoire, sociale et biologique, l'a conduit à un certain niveau de développement qui commande, sans aucun doute, beaucoup de ce qui est bon ou moins bon pour lui. Les prospectives historiques ou économiques qui ne tiennent pas compte des connaissances psychobiologiques sur l'homme lui-même, conduisent à des impasses dramatiques dont les exemples ne manquent pas.

Quelle part « l'éducation » a-t-elle dans le développement ? La réponse à cette question dépend de la signification que l'on donne à ce mot. Tout ce qui compose l'ambiance d'une famille, tout ce qui constitue les motivations et les intérêts réels joue un rôle formateur prépondérant. Comme le dit B. L. White : « L'éducation informelle que les familles donnent à leur enfant a une incidence plus grande sur le développement éducatif total que le système éducatif formel. »

Il est très difficile de définir une bonne attitude éducative ; sinon *ceux qui savent* auraient des enfants bien équilibrés, intelligents, réussis en un mot. Or c'est bien loin d'être toujours le cas car la connaissance intellectuelle ne coïncide pas forcément avec des comportements bien adaptés. Ce qui paraît compter le plus, au cours du premier développement, est bien l'affectivité, la chaleur réelle de la relation, l'intelligence avec tout ce que cela suppose, la culture au sens général du terme.

La meilleure formulation pour expliquer cette difficulté à définir une bonne attitude éducative est je crois que l'enfant est en communication avec l'inconscient parental, maternel en particulier.

Ce qui commande son développement est la qualité de la relation entre les parents, la personnalité de la mère, son amour réel de son enfant, la qualité des objets d'attachement que peut avoir l'enfant.

« Des soins maternels de qualité au cours de la première enfance, soins qui garantissent le développement de conduites de communication profonde et intime, semblent produire des effets bénéfiques irréversibles. La carence de ce type de soins produit des effets négatifs, réversibles, mais à grand-peine. »

J'ajouterai que, au-delà de sept-huit mois, les effets paraissent difficilement réversibles sur le comportement émotionnel, et au-delà de vingt-deux, vingt-quatre mois, sur le comportement intellectuel.

« La première enfance est vraiment le segment le plus important de la vie pour le développement des capacités interpersonnelles que nous appelons personnalité. » (Bower.)

Lorsqu'on est conduit à examiner un enfant présentant des difficultés de comportement importantes : grande instabilité, grande agressivité, inaptitude sévère à fixer son attention, importantes difficultés de sommeil ; quand les relations sont mauvaises entre l'enfant et les parents, quand ceux-ci ne le supportent plus et le critiquent sévèrement, même tout petit, en l'accusant d'être méchant, instable et difficile, il n'est jamais vrai que les choses en soient arrivées à ce point parce que les parents ont manqué de sévérité ou ont « gâté » leur enfant.

Tout enfant est difficile vers dix-huit, ou vingt mois et ce moment n'est commode pour aucun parent. En réalité, c'est toujours dans la relation agréable, tolérante et facile que *les parents ont su* nouer avec leur petit enfant, et dans la chaleur affective réelle qu'ils lui ont effectivement témoignée que se sont jouées les choses.

Je crois ne pas me tromper en affirmant que toute difficulté importante de comportement d'un enfant normal, sans tare particulière, vers deux ans et demi ou trois ans, relève en réalité d'une profonde quête d'amour et d'une demande d'intérêt réel de la part de ses parents.

L'enfant dit gâté, insupportable, exigeant, incapable de se contrôler, n'est jamais ainsi parce qu'il a été trop aimé, mais au contraire mal ou insuffisamment aimé, et que l'on a remplacé un défaut d'intérêt réel par des compensations matérielles. Il a pris l'habitude de les exiger mais n'en est pas plus heureux pour cela.

Mais les attitudes de l'enfant sont-elles en tout point commandées par les comportements de son environnement immédiat ? Est-il de plus en plus difficile d'être parent ? Culpabilise-t-on les parents en soulignant à quel point est grande leur influence dans le développement de leurs enfants ?

On ne change pas en devenant parent, on est comme on est, et le mieux est sans doute de s'assumer ainsi. On ne peut conseiller aux parents : « Aimez davantage vos enfants », cela n'a guère de sens. Mais on peut dire : « Regardez comme le développement d'un enfant est extraordinaire et intéressant. » Et si l'on comprend les phases du développement, si on ne prend pas pour du caprice une demande légitime, si on ne réprime pas une quête d'affection, si pour paraphraser Kipling on sait être juste sans cesser d'être calme, être calme sans cesser d'être ferme, être ferme sans cesser d'être aimant, et comprendre qu'au début de leur vie les enfants n'ont que nous pour objet d'amour, qu'il est normal de les aimer davantage qu'ils ne nous aimeront plus tard, alors les bonnes relations instaurées entre parents et enfants pourront rester bonnes au long des jours.

POSTFACE A L'ÉDITION 1992

Voilà dix ans que *Les deux premières années de la vie* est paru, et si le livre a été réédité, rien n'y a été changé. Dix ans plus tard, il m'a paru nécessaire d'évoquer (par une courte postface) quelques données sur les apports considérables des travaux des dernières années. Je n'ai pas souhaité faire une remise à jour qui aurait dû être alors une véritable refonte du livre, mais surtout je suis heureux et fier de constater que je n'ai rien à changer à ce qui a été écrit, sur le plan des conceptions générales, même si cette approche de clinicien, qui est la mienne, peut paraître simpliste au regard des multiples recherches et des nombreuses généralisations théoriques élaborées ces dix dernières années.

Car il me semble que les observations et les travaux expérimentaux récents, s'appuyant sur des méthodes fiables d'analyse, et utilisant des moyens d'investigation sophistiqués, confirment les idées que j'exprimais, résultat d'observations cliniques effectuées pendant 10 à 15 ans.

Ce que j'appelais « concordance » s'appelle « accordage affectif » (D. Stern). Ce que j'appelais « dépendance affective » s'appelle, en partie, « résonance émotionnelle », mais ces notions reposent désormais, fondamentalement, il faut bien le dire, sur les études passionnantes, d'une finesse d'observation extraordinaire, de ce que l'on nomme « l'interaction », la bonne ou mauvaise « synchronie interactionnelle », notion qu'Ajuriaguerra avait ébauchée sous la dénomination de « dialogues », et dont je parle dans ce livre sous les termes de « plus ou moins bonnes réponses aux demandes, en fonction des rythmes propres du bébé ».

Il est très important de souligner que la compréhension du développement du petit enfant repose dorénavant, en grande partie, sur l'étude et l'analyse de ces interactions, entre le bébé et les personnes de son environnement immédiat, sa mère en particulier.

Si nous parlons toujours de « la mère », ce n'est pas pour lui donner le rôle exclusif dans « l'élevage » du bébé, ni la culpabiliser le moins du monde lorsque quelque chose ne va pas. La mère n'est pas isolée ; son équilibre repose sur sa propre histoire, les relations qu'elle a eues et a encore avec sa propre mère et son père, sa relation amoureuse avec le père de son enfant, l'ensemble des soutiens qu'elle reçoit de son propre environnement, l'ensemble de sa vie, affective et professionnelle. Il n'en reste pas moins qu'elle représente, pour le petit enfant, le personnage central de sa vie relationnelle, et c'est par elle que passent, pour beaucoup, les contacts qu'il noue avec le monde ambiant.

Dire « la mère » pour désigner l'objet relationnel fondamental pour le bébé représente, à la fois, une réalité incontestable, et une commodité pour nommer la personne avec laquelle il tisse des liens privilégiés, l'objet essentiel de son attachement et de son amour.

L'interaction est une succession d'actes, de comportements, de demandes et de réponses, par lesquels la mère et le bébé communiquent entre eux, par les regards, les contacts, les pressions, le gazouillis du bébé, les réponses de la mère. Elle dépend de la capacité innée du bébé, dès la naissance, à nouer des relations sociales, par périodes très courtes d'éveil calme d'abord, puis de plus en plus longuement et au fur et à mesure que les semaines avancent. Elle est rendue possible par son intérêt, dès la naissance, pour le regard, le visage, la voix humaine, et par ses besoins en nourriture, en chaleur, en contacts, en soins.

Une bonne interaction repose avant tout sur la capacité de la mère à rythmer et à adopter son attitude selon l'état et les demandes du bébé.

Une partie des progrès dans l'analyse de cette interaction et dans la compréhension des micro-événements qui la composent, qu'il s'agisse de mouvements, de regards, de pressions, de manières instinctives de faire, a été rendue possible par les études cinématographiques et magnétoscopiques ; celles-ci permettent ensuite une analyse image par image, et les équipes de chercheurs ont accumulé aussi des kilomètres de film et des milliers d'heures de travail. « Mère et enfant, comme tous les humains, interagissent socialement dans un système de fractions de seconde. Nos attitudes sociales passent comme des éclairs et sont perçues beaucoup plus rapidement que nous ne l'imaginons généralement. En moyenne, les vocalisations, les expressions faciales, ou tout autre mouvement du visage de la mère durent moins d'une seconde. Il en va de même pour le comportement correspondant du bébé. Une analyse minutieuse, image par image, du film d'une interaction ludique, nous révèle que la majorité des gestes de la mère et de l'enfant durent entre 0,3 et 1 seconde » (D. Stern).

Ces études, attentives, précises, effectuées dans beaucoup d'actes de la vie quotidienne, tétées, soins, jeux, ont permis de bien analyser réponses, demandes, la bonne adaptation de la réponse à la demande. Confrontées aux observations cliniques, elles ont permis de comprendre comment se passe une bonne interaction, ou au contraire une « dysrythmie de l'interaction » durant les premières semaines de la vie. Et comment ainsi peuvent éventuellement s'installer des troubles qui vont, plus ou moins, dérégler ces témoins fondamentaux du bon équilibre du petit enfant : humeur, appétit, sommeil d'abord, et puis ses capacités de contact avec autrui, sa curiosité active pour le monde ambiant, le développement régulier — mais très individuel — de sa motricité et de son langage.

Progressivement l'interaction va devenir communication. On a parlé de « danse interactive » pour commenter cette évolution progressive. Mais surtout les interactions sont porteuses de signification et structurées pour se transformer peu à peu en communication. Elles sont utilisées par la mère et le bébé comme langage entre leurs états d'âme et leurs intentions.

« La sensibilité du bébé aux messages maternels est telle qu'on peut réellement considérer que — lors de leur interaction —, la mère et le bébé sont dans un état continu de conversation » (B. Cramer).

Et la réponse commence à être apportée à la question fondamentale suivante : Comment les états d'âme, de la mère en particulier, se transforment en agissements, en comportement, chez le petit enfant ? Autrement dit, on commence à apporter des preuves à cette constatation ancienne des psychanalystes (citée page 92) : « Le nouveau-né, le bébé, sont en communication directe avec l'inconscient maternel. »

Des travaux d'observation ou d'expérimentation, des études menées à l'occasion de « consultations thérapeutiques » commencent à y apporter des réponses.

L'expérience suivante, reprise par plusieurs observateurs, est rapportée par Restak :

Un petit enfant d'une dizaine de mois marche à quatre pattes pour aller vers sa mère, sur un plexiglas placé quelques centimètres au-dessus d'un carrelage très visible ; le bébé n'a pas la sensation de profondeur, la situation est sans problème pour lui. Mais, à un certain moment, l'espace situé sous le plexiglas devient plus profond et le carrelage se trouve alors situé à plusieurs dizaines de centimètres sous le plexiglas. Le bébé s'arrête, saisi par la sensation de vide, et regarde sa mère. Si celle-ci — et les séances ont été répétées, jouées par des professionnelles — manifeste une simple inquiétude, une angoisse, par des mouvements et des regards, le bébé reste devant cette limite et ne repart pas. Si par contre la mère ne manifeste aucune crainte et l'encourage à poursuivre, il continue son chemin sur le plexiglas malgré la sensation de profondeur qu'il peut éprouver.

Cela conforte l'idée, je crois, que l'état d'âme de la mère va se transformer en comportement chez le petit enfant, et commander son attitude par les signaux qu'il perçoit.

D'autres éléments de démonstration sont apportés par les études de l'interaction lors de « consultations thérapeutiques », au cours desquelles un couple parental, le plus souvent, vient consulter pour une difficulté comportementale d'un petit enfant (troubles du sommeil, de l'appétit, de l'humeur), ou un problème relationnel sévère avec l'un des deux parents. Ces études ont permis de mieux comprendre les symptômes de l'enfant et, écrit Cramer, « ont démontré qu'on assiste à des changements très importants des interactions entre la mère et son bébé, lorsqu'on transforme, par la psychothérapie, les représentations mentales de la mère ».

Ainsi donc, ce que je dénommais « dépendance affective » commence à devenir objet d'études et d'observations très approfondies. Tout ceci va nous permettre — peu à peu, ce sera une longue tâche jamais achevée — d'apporter des éléments de réponse à la question de savoir quelles parts respectives ont l'inné et l'acquis dans le développement humain. Question d'un intérêt relatif, il est vrai, car tout est étroitement lié chez l'homme, être à la fois d'une immense complexité génétique, et fondamentalement culturel et social ; l'évolution des premiers mois dépend totalement de la conjonction des manières d'être de base du nouveau-né et de la façon dont on se comporte par rapport à lui. Brazelton a établi une « échelle » d'appréciation des capacités de départ du nouveau-né, et décrit en même temps une série de tempéraments (bébés hypersensibles, par exemple) exigeant des attitudes différentes de la part des parents. Ces travaux iront en se développant et en s'approfondissant.

Il conviendrait de souligner les nombreuses connaissances acquises ces dernières années, par exemple sur le développement et les capacités fœtales et les relations fœto-maternelles, les divers stades d'éveil à la naissance, la discussion des capacités d'imitation des nouveau-nés.

Je voudrais évoquer encore seulement trois points.

Tous les travaux récents, en particulier ceux de J. Mehler, montrent à quel point le tout petit bébé est capable de discriminer les syllabes très proches et de reconnaître la voix maternelle. Il semblerait que, l'ayant entendue in utero, il la reconnaisse dès l'âge de quelques jours, et non plus vers trois ou quatre semaines comme on le pensait auparavant. Mais tout cela n'empêche pas ce décalage entre les capacités de compréhension et l'aptitude au langage parlé chez le petit enfant. Le bébé de treize ou quatorze mois, pour lequel le langage des proches est patient, gentil et attentif, comprend tout ce qu'on lui dit, et ce qu'il ne comprend pas il le « sent ». J'ai eu, au cours des dernières années, des exemples de bébés de trois mois, allaités au sein, qui s'agitaient et montraient leur bonne humeur lorsque la mère disait seulement, sans bouger et sans toucher à son corsage, « on va manger » ; ou, comprenant l'injonction « assieds-toi » lorsqu'on attrapait seulement leurs mains en position couchée, faisaient l'effort de s'asseoir, effort qu'ils n'effectuaient pas lorsque ces mots n'étaient pas prononcés.

Mais, à quinze ou seize mois, si le bébé comprend tout et peut exprimer ses désirs par les gestes et les mouvements, il n'a, à sa disposition, qu'une série de syllabes et n'arrive pas toujours à se faire comprendre. Il y a souvent alors une phase douloureuse pour lui ; il a parfois un air inquiet et angoissé, l'air de dire « que puis-je faire pour t'expliquer ce que je veux ? » ou bien « quand vas-tu donc me comprendre ?... » Et les parents doivent percevoir que cette difficulté peut être génératrice de colères, de mouvements d'humeur.

Le bon développement du petit enfant au cours des deux premières années mérite une attention permanente et une réflexion constante sur ses attitudes, ses comportements au cours des journées que la vie des parents le conduit à mener. Les mères ont une activité professionnelle de plus en plus habituelle et envahissante, et l'on ne peut dire vraiment que la société aide les jeunes parents à trouver chaque jour la quantité de temps de bonne qualité nécessaire à l'établissement de relations avec le bébé. Or tous les travaux modernes soulignent combien la qualité de ce temps passé est plus importante que la quantité même. Mais, pour en disposer, une jeune mère doit pouvoir rentrer chez elle assez tôt, n'être pas alors écrasée par des tâches ménagères, avoir la disponibilité d'esprit pour être à l'écoute de son bébé, et lui consacrer assez de temps pour satisfaire ses besoins relationnels. La mère et le père doivent avoir le temps de répondre ainsi aux demandes de leurs petits enfants.

Car plus je les observe et plus je suis persuadé que leur bon équilibre repose sur la juste compréhension de leurs demandes et la qualité de la réponse apportée. Et ceci dépend d'une réflexion et d'une adaptation quotidiennes, car l'évolution durant les premières semaines va commander les événements jusqu'à quatre ou cinq mois, et ceux-ci vont à leur tour régler peu à peu, et progressivement, l'évolution jusqu'à la fin de ces deux premières années. Un excellent exemple est constitué par les problèmes du sommeil. Ils représentent un motif de consultation majeur ; leur fréquence est importante, et beaucoup de jeunes parents en éprouvent bien des tourments.

Pour l'installation progressive d'un bon sommeil, à trois ou quatre mois, comme cela doit être habituel, il faut tenir compte de plusieurs facteurs. Le bébé, tout petit, ou plus grand, pleure souvent avant de s'endormir ; il faut le savoir et l'accepter. Si on se précipite pour le prendre, si on ne supporte pas ces pleurs au moins quelques minutes, alors que ce désir de dormir est évident, on interdit à l'enfant de s'endormir tranquillement, dans son lit, de trouver « son » sommeil, problème à résoudre par lui-même ; parfois il faut rester quelque temps auprès de lui, parfois il faut le laisser dans le noir, parfois conserver une petite lumière, mais c'est à lui à trouver le sommeil dans son propre lit. Croyant bien faire, les parents contrarient ainsi parfois son installation.

A l'opposé, si vous essayez de faire dormir un bébé qui n'a pas sommeil, sans l'avoir calmé, tranquillisé auparavant, vous déclencherez des cris, des difficultés. A propos de cet acte simple et physiologique va pouvoir s'installer l'habitude de s'opposer, comportement retrouvé alors à d'autres moments de la vie quotidienne. Par contre, mis au lit, en ayant vraiment sommeil, il va pleurnicher quelques instants puis s'endormir.

Ainsi tout concourt, études expérimentales, travaux d'équipes prestigieuses, observations cliniques, à mieux comprendre le petit enfant. L'étude de son développement est fascinante et toujours émouvante. Je ne sais si parler de la « vraie nature humaine » a une signification ; mais s'il s'agit de celle de l'enfant alors on peut encore nourrir quelques espoirs sur l'avenir des hommes.

OUVRAGES CONSULTÉS

1 – Adler A. : *L'enfant difficile ;* Payot, 1949.

2 – Aimard P. : *L'enfant et son langage ;* Simep, 1972.

3 – Ajuriaguera J. de : *Neuro-Psychologie du développement ;* Cours au Collège de France.

4 – Amiel-Tison C. — Grenier A. : *Evaluation neurologique du nouveau-né et du nourrisson ;* Masson, 1980.

5 – Aries P. : *L'enfant et la vie familiale sous l'Ancien Régime ;* Seuil, 1973.

6 – Bailey P. : *Sigmund le tourmenté ;* La Table Ronde, 1972.

7 – Bakan D. : *Freud et la tradition mystique juive ;* Payot, 1964.

8 – Bouchard R. : *Le pédiatre et le monde intérieur de l'enfant ;* Delachaux et Niestlé, 1970.

9 – Bower T. G. R. : *Le développement psychologique de la première enfance ;* Pierre Mardaga, 1978.

10 – Bringuier J. C. : *Conversations libres avec Jean Piaget ;* Robert Laffont, 1977.

11 – Brunod R. : *Le médecin, le poète et l'enfant ;* Comité National de l'Enfance et France Documentation Co-Ed., 1980.

12 – Busquet D. — Mottier Ch. : *L'enfant sourd — Développement psychologique et rééducation ;* J. B. Baillière, 1978.

13 – Caplan F. : *Les douze premiers mois de mon enfant ;* Editions de l'Homme L.T.E.E., 1975.

14 – Chauvin R. : *Les surdoués ;* Stock, 1975.

15 – CHAUVIN R. : *L'éthologie, Etude biologique du comportement animal* ; P.U.F., 1975.
16 – COHEN-SOLAL J. : *Comprendre et soigner son enfant* ; Robert Laffont — Nlle Edition, 1978.
17 – DEBRÉ R. — DOUMIC A. : *Le sommeil de l'enfant* ; P.U.F. 1959.
18 – DELACOUR J. : *Neurobiologie de l'apprentissage* ; Masson, 1978.
19 – DELGADO J. M. R. : *Le conditionnement du cerveau et la liberté de l'esprit* ; Charles Dessart, 1972.
20 – DODSON F. : *Tout se joue avant six ans* ; Robert Laffont, 1972.
21 – DOLTO F. : *Psychanalyse et pédiatrie* ; Seuil, 1971.
22 – DREIKURS R. : *Le défi de l'enfant* ; Robert Laffont, 1964.
23 – DUFRENNE M. : *La personnalité de base* ; P.U.F. 1953.
24 – EDSON L. : *L'apprentissage chez l'homme* ; Time Ed., 1975.
25 – EYSENCK H. J. : *Us et abus de la psychologie* ; Delachaux et Niestlé, 1956.
26 – EYSENCK H.J. : *Les dimensions de la personnalité* ; P.U.F., 1950.
27 – EYSENCK H. J. : *L'inégalité de l'homme* ; Copernic Ed., 1977.
28 – FEDIDA P. : *Dictionnaire de la Psychanalyse* ; Larousse, 1974.
29 – FREUD S. : *Psychanalyse* ; P.U.F., 1973.
30 – FREUD S. : *Métapsychologie* ; Gallimard, 1968.
31 – FREUD S. : *Abrégé de Psychanalyse* ; P.U.F., 1967.
32 – HUARD P. — LAPLANE R. : *Histoire illustrée de la puériculture* ; Roger Dacosta, 1980.
33 – GROUCHY J. (de) : *Jumeaux, Mosaïques, Chimères et autres aléas de la fécondation humaine* ; Medsi, 1980.
34 – GROUCHY J. (de) : *De la naissance des espèces aux aberrations de la vie* ; Robert Laffont, 1978.
35 – ILLINGWORTH R. S. : *Développement psychomoteur de l'enfant* ; Masson, 1978.
36 – JACOB F. : *La logique du vivant* ; Gallimard, 1970.
37 – JACQUARD A. : *Eloge de la différence* ; Seuil, 1978.
38 – KLAUS M. H. — KENNELL J. H. : *Maternal infant bonding* ; Mosby, 1976.
39 – KLEIN M. — RIVIÈRE J. : *L'amour et la haine* ; Payot, 1968.
40 – KOUPERNIK C. — DAILLY R. : *Développement neuropsychique du nourrisson* ; P.U.F., 1968.

41 – KREISLER L. : *L'enfant psychosomatique ;* P.U.F., 1976.
42 – LANGANEY A. : *Le sexe et l'innovation ;* Seuil, 1979.
43 – LAPLANCHE J. : *L'inconscient et le ça ;* P.U.F., 1981.
44 – LEAKEY R. E. : *Les origines de l'homme ;* Arthaud, 1979.
45 – LEBOVICI S. — SOULE M. : *La connaissance de l'enfant par la psychanalyse ;* P.U.F., 1972.
46 – LÉVI-STRAUSS C. : *La pensée sauvage ;* Plon, 1962.
47 – LEZINE I. : *Psychopédagogie du premier âge ;* P.U.F., 1974.
48 – LORENZ K. : *Trois essais sur le comportement animal et humain ;* Seuil, 1970.
49 – LORENZ K. : *Il parlait avec les mammifères, les oiseaux et les poissons ;* Flammarion, 1968.
50 – LORENZ K. : *L'envers du miroir ;* Flammarion, 1975.
51 – LORENZ K. : *L'agression ;* Flammarion, 1969.
52 – MONOD J. : *Le hasard et la nécessité ;* Seuil, 1970.
53 – MONTAGNER H. : *L'enfant et la communication ;* Stock, 1978.
54 – MORIN E. — PIATELLI-PALMARINI M. : *L'unité de l'homme —* Colloque de Royaumont
1. Le primate et l'homme
2. Le cerveau humain
3. Pour une anthropologie fondamentale
Seuil Ed., 1974.
55 – PIAGET J. : *Six études de psychologie ;* Gonthier, 1964.
56 – PIAGET J. — INHELDER B. : *La psychologie de l'enfant ;* P.U.F. 1968.
57 – POROT M. : *L'enfant et les relations familiales ;* P.U.F., 1967.
58 – Recherche en Ethologie (La) : les comportements animaux et humains ; Seuil, 1977.
59 – Recherche en Neurobiologie (La) ; Seuil, 1977.
60 – RAIMBAULT G. : *Médecins d'enfants ;* Seuil, 1973.
61 – ROBERTSON J. : *Kinder im krankenhaus ;* Ernst Reinhardt Verlag Munchen, 1974.
62 – ROYER P. : *18 leçons sur la biologie du développement humain ;* Fayard, 1975.
63 – RUFFIE J. : *De la biologie à la culture ;* Flammarion, 1976.
64 – RUWET J.-C. : *Ethologie : biologie du comportement ;* Dessart et Mardaga, 1975.
65 – SAINT-ANNE DARGASSIES S. : *Le développement neurologique du nouveau-né à terme et prématuré ;* Masson et Cie, 1974.

66 – SHAW SCHUSTER C. — SMITH ASHBURN S. : *The process of human development;* Little, Brown and C°, 1980.
67 – SMIRNOFF V. : *La psychanalyse de l'enfant;* P.U.F., 1974.
68 – SPITZ R. A. : *Le non et le oui;* P.U.F., 1962.
69 – SPITZ R. A. : *De la naissance à la parole — La première année de la vie;* P.U.F. Ed., 1978.
70 – STONE L. J., SMITH H. T., MURPHY L.B. : *Behaviour of the new born;* Basic Books, 1978.
71 – THEILHARD de CHARDIN P. : *Le phénomène humain;* Seuil 1955.
72 – THEWS K. : *La science du comportement;* Solar, 1977.
73 – TRONCHÈRE J. : *L'enfant qui va parler;* Masson, 1978.
74 – *Théories du langage — Théories de l'apprentissage,* Colloque de Royaumont, octobre 1975 ; Seuil, 1979.
75 – VAN DEN BROUCK : *Manuel à l'usage des enfants qui ont des parents difficiles;* Jean-Pierre Delarge, 1979.
76 – VOIZOT B. : *Le développement de l'intelligence chez l'enfant;* Armand Colin, 1973.
77 – WALLON H. : *L'évolution psychologique de l'enfant;* Armand Colin, 1968.
78 – WHITE B. : *Les trois premières années de la vie;* Buchet/Chastel, 1978.
79 – WHYTE L. : *L'inconscient avant Freud;* Payot, 1971.
80 – WILSON E. : *L'humaine nature;* Stock, 1979.
81 – WINNICOTT D. : *L'enfant et sa famille;* Payot, 1971.
82 – WINNICOTT D. : *L'enfant et le monde extérieur;* Payot, 1972.
83 – WINNICOTT D. : *Processus de maturation chez l'enfant;* Payot 1970.
84 – WINNICOTT D. : *De la pédiatrie à la psychanalyse;* Payot, 1969.

COMPLÉMENT DE BIBLIOGRAPHIE A L'ÉDITION DE 1992

1 – BACHMANN J.-P. — CRAMER B. : « Les premiers mois de la vie » (pp. 191-204) in *L'enfant et sa santé;* Doin, 1987.
2 – BRAZELTON T. B. : *L'âge des premiers pas;* Payot, 1985.
3 – BRAZELTON T. B. : *La naissance d'une famille;* Stock-Laurence Pernoud, 1981.

4 – BRAZELTON T. B. — CRAMER B. : *Les premiers liens;* Stock/ Laurence Pernoud-Calmann-Lévy, 1991.

5 – BRUNER Jérôme S. : *Savoir faire, savoir dire;* P.U.F., 1983.

6 – CAREL A. — HOCHMANN J. et VERMOREL M. (sous la direction de) : *Le nourrisson et sa famille;* Cesura Lyon, 1990.

7 – CHANGEUX J.-P. : *L'homme neuronal;* Odile Jacob, 1984.

8 – COHEN-SOLAL J. : « Développement de la sensorialité fœtale et relations fœto-maternelles » (pp. 183-190) in *L'enfant et sa santé;* Doin, 1987.

9 – COHEN-SOLAL J. (sous la direction de) : *Développement de l'enfant et engagement professionnel des mères,* 2e colloque de Lassay, nov. 89 ; S.T.H., 1992.

10 – CRAMER B. (sous la direction de) : *Psychiatrie du bébé, Nouvelles frontières;* Eshel, 1988.

11 – CRAMER B. : *Profession Bébé;* Calmann-Lévy, 1989.

12 – FERBER R. : *Protégez le sommeil de votre enfant;* E.S.F., 1990.

13 – FRYDMAN R. — COHEN-SOLAL J. : *Ma grossesse, mon enfant;* Odile Jacob, 1990.

14 – JOUEN F. — HENOCQ A. (sous la direction de) : *Du nouveau-né au nourrisson*, Recherche fondamentale et pédiatrie ; P.U.F., 1991.

15 – *La dynamique du nourrisson* (9e journée scientifique du centre de guidance infantile de l'Institut de puériculture de Paris) ; E.S.F., 1982.

16 – *La première année de la vie* (recueil de travaux internationaux présentés par René Zazro) ; P.U.F., 1983.

17 – LE CAMUS J. : *Les relations et interactions du jeune enfant;* E.S.F., 1985.

18 – LEBOVICI S. : *En l'homme le bébé;* Eshel, 1992.

19 – MEHLER J. — DUPOUX E. : *Naître humain;* Odile Jacob, 1990.

20 – MONTAGNER H. : *L'attachement, Les débuts de la tendresse;* Odile Jacob, 1988.

21 – PINOL-DOURIEZ M. : *Bébé agi, Bébé actif;* P.U.F., 1984.

22 – RESTAK R. : *Le cerveau de l'enfant;* Robert Laffont, 1988.

23 – STERN D. : *Le monde interpersonnel de l'enfant;* P.U.F., 1989.

24 – STERN D. : *Mère et enfant, les premières relations;* Pierre Mardaga, 1977.

25. THIRION M. : *Les compétences du nouveau-né;* Ramsay, 1986.

Achevé d'imprimer en février 1998
sur presse Cameron
par Bussière Camedan Imprimeries
à Saint-Amand-Montrond (Cher)
pour
les éditions Robert Laffont

Dépôt légal : mai 1982.
N° d'Édition : 038880/07. N° d'Impression : 981022/1.

